ARBITRAMENTO
DE REPARAÇÃO PROVISÓRIA

CÉLIA SOUSA PEREIRA
Advogada
Mestre pela Faculdade de Direito
da Universidade Católica Portuguesa

ARBITRAMENTO DE REPARAÇÃO PROVISÓRIA

Dissertação de Mestrado

ALMEDINA

TÍTULO:	ARBITRAMENTO DE REPARAÇÃO PROVISÓRIA
AUTOR:	CÉLIA SOUSA PEREIRA
EDITOR:	LIVRARIA ALMEDINA – COIMBRA www.almedina.net
LIVRARIAS:	LIVRARIA ALMEDINA ARCO DE ALMEDINA, 15 TELEF.239 851900 FAX. 239 851901 3004-509 COIMBRA – PORTUGAL livraria@almedina.net LIVRARIA ALMEDINA ARRÁBIDA SHOPPING, LOJA 158 PRACETA HENRIQUE MOREIRA AFURADA 4400-475 V. N. GAIA – PORTUGAL arrabida@almedina.net LIVRARIA ALMEDINA – PORTO R. DE CEUTA, 79 TELEF. 22 2059773 FAX. 22 2039497 4050-191 PORTO – PORTUGAL porto@almedina.net EDIÇÕES GLOBO, LDA. RUA S. FILIPE NERY, 37-A (AO RATO) TELEF. 21 3857619 FAX: 21 3844661 1250-225 LISBOA – PORTUGAL globo@almedina.net LIVRARIA ALMEDINA ATRIUM SALDANHA LOJAS 71 A 74 PRAÇA DUQUE DE SALDANHA, 1 TELEF. 21 3712690 atrium@almedina.net LIVRARIA ALMEDINA – BRAGA CAMPUS DE GUALTAR UNIVERSIDADE DO MINHO 4700-320 BRAGA TELEF. 253 678 822 braga@almedina.net
EXECUÇÃO GRÁFICA:	G.C. – GRÁFICA DE COIMBRA, LDA. PALHEIRA – ASSAFARGE 3001-453 COIMBRA Email: producao@graficadecoimbra.pt SETEMBRO, 2003
DEPÓSITO LEGAL:	201084/03
	Toda a reprodução desta obra, por fotocópia ou outro qualquer processo, sem prévia autorização escrita do Editor, é ilícita e passível de procedimento judicial contra o infractor.

*Aos meus Pais,
António Carlos e Maria Augusta Pereira,
pelo apoio incondicional.*

PREFÁCIO

O processo civil contemporâneo encontra-se dominado por algumas ideias centrais: uma delas é a da efectividade da tutela que, em consonância com o pedido formulado pela parte, é concedida pelos tribunais. Como bem se compreende, de pouco serve que a tutela que a parte requer venha a ser atribuída pelo tribunal se, nesse momento, a parte já não puder beneficiar dela por entretanto se ter modificado, de forma irreversível, a situação que se pretendia defender. Para assegurar a efectividade da tutela jurisdicional e para obstar a que, enquanto a decisão definitiva não for proferida, a parte venha a sofrer um dano de difícil reparação, o processo civil português – assim como a generalidade dos processos dos mais variados sistemas legais – serve-se de um meio bem conhecido: as providências cautelares.

Durante bastante tempo, as providências cautelares desempenharam essencialmente uma função de garantia de um direito a uma prestação (como sucede com o arresto) ou uma função de regulação provisória de uma situação até à sua definição através da decisão final proferida no processo. Porém, cedo se descobriu que essas providências também podiam cumprir uma outra função: a de antecipação da própria tutela requerida pela parte. Esta descoberta foi partilhada pelas jurisprudências nacionais e pelos respectivos legisladores: – as primeiras depressa se aperceberam de que a tutela efectiva dos interesses da parte podia implicar a antecipação dos efeitos da tutela definitiva, tendo sido nesta base que, por exemplo, foi largamente admitida a antecipação dos efeitos da tutela inibitória; – os segundos rapidamente consagraram nos regimes nacionais algumas providências cautelares de tipo antecipatório, como sucedeu, quanto ao direito português, com os alimentos provisórios.

Uma vez descoberto que alguns meios processuais podiam cumprir uma função de antecipação da tutela requerida pela parte, não mais parou de aumentar a apetência dos legisladores pela consagração de regimes que permitissem aquela antecipação. Quanto ao processo civil português, manteve-se, até ao presente, a opção por enquadrar a tutela antecipada no domínio das providências cautelares. Já é antiga a inclusão dos alimentos provisórios no elenco das medidas cautelares e a Reforma de 1995/1996 do Código de Processo Civil introduziu, igualmente como modalidade das providências cautelares de tipo antecipatório, a providência de arbitramento de reparação provisória.

A inclusão da tutela antecipada no âmbito das providências cautelares não pode deixar de ter importantes consequências, pois que dela decorre que aquela tutela deve comungar dos requisitos comuns àquelas providências, nomeadamente do conhecido periculum in mora. Isto significa que, atendendo a este enquadramento, a tutela antecipada constitui uma tutela com requisitos específicos e não uma mera técnica destinada a acelerar a obtenção da tutela definitiva. Aquela tutela antecipada constitui um complemento da tutela definitiva e não uma alternativa que é concedida à parte para conseguir, pela via da summaria cognitio, o mesmo que pode alcançar através da tutela definitiva. No caso específico do arbitramento de reparação provisória, o legislador português reforçou a preocupação de não permitir que essa providência se pudesse transformar num simples sucedâneo da tutela definitiva ao exigir que, para que ela possa ser concedida, devam estar preenchidos, além dos pressupostos comuns às providências cautelares, certos requisitos atinentes à situação de necessidade económica do requerente.

É sobre a providência cautelar de arbitramento de reparação provisória que incide a dissertação de Mestrado – que agora é publicada – da Mestra Célia Sousa Pereira. Não cabe ao autor deste prefácio formular críticas ou tecer elogios à obra: isso foi feito durante a arguição realizada na prova de Mestrado prestada pela sua autora na Universidade Católica Portuguesa. Cumpre-lhe, no entanto, salientar o interesse de que se pode revestir, especialmente para aqueles que exercem a digna função de praticar o direito, esta primeira obra de fôlego da doutrina portuguesa sobre o arbitramento de reparação provisória.

MIGUEL TEIXEIRA DE SOUSA

NOTA PRÉVIA

O presente trabalho corresponde à minha dissertação de Mestrado em Ciências Jurídico-Civilistas, cuja discussão pública teve lugar na Faculdade de Direito da Universidade Católica Portuguesa, no dia 28 de Janeiro de 2003, perante o júri constituído pelos Senhores Professores Doutores Inocêncio Galvão Telles, Miguel Teixeira de Sousa e Luís Carvalho Fernandes.

O tempo que decorreu desde a discussão até à presente publicação serviu para proceder a pequenos ajustamentos, resultantes de uma reflexão mais aprofundada de certas questões concretas do trabalho, tendo em consideração, e como apoio, as observações efectuadas pelo arguente – Senhor Professor Doutor Miguel Teixeira de Sousa –, a quem aproveito, desde já, para agradecer todas as palavras que me dirigiu durante a arguição realizada na prova de Mestrado, as quais contribuíram sobremaneira para a valorização do trabalho que ora se publica, bem como a disponibilidade demonstrada em redigir o prefácio do mesmo.

Aproveito ainda a oportunidade para agradecer ao Senhor Professor Doutor Luís Carvalho Fernandes, de quem fui aluna, por ter aceite ser meu orientador e pela permanente disponibilidade e apoio na elaboração deste trabalho.

Também deixo uma referência especial ao Mestre Manuel da Costa Martins, meu patrono durante o estágio da Ordem dos Advogados, por ter sido através do trabalho desenvolvido na M. Costa Martins, M. Helena Pimenta, Brito Salvador & Associados-Sociedade de Advogados, que tomei contacto directo com a providência cautelar de arbitramento de reparação provisória, e pela confiança depositada no tema e no teor deste trabalho.

CÉLIA SOUSA PEREIRA

INTRODUÇÃO

A norma jurídica materializa-se através da sua aplicação concreta.

O direito que não encontre aplicabilidade na multiplicidade das situações da vida propiciadoras e criadoras de conflitos é direito "morto", totalmente desajustado da realidade.

Desta forma, poder-se-á dizer que o litígio é o paradigma do direito.

Mas, se é verdade que o direito só ganha vida ao tentar dar solução aos problemas concretos que surgem a todo o momento na sociedade, não é menos verdade que as normas da lei processual civil são determinantes para a resolução dos mesmos. Nesta medida, quanto melhor as conhecermos mais correctamente as utilizaremos em benefício da tutela do direito das partes em litígio.

É, pois, dentro deste propósito que esperamos inserir o nosso trabalho.

A sociedade reclama, dia após dia, maior eficácia e celeridade no reconhecimento e efectivação dos direitos de que as partes são titulares. Isto porque a morosidade dos tribunais na resolução dos litígios, muitas vezes, é sinónimo de danos dificilmente reparáveis, ou até mesmo irreparáveis, na esfera jurídica do titular do direito em causa.

É neste contexto que o papel desempenhado pelos procedimentos cautelares na ordem jurídica se revela determinante, uma vez que permite assegurar a utilidade da decisão e a efectividade da tutela jurisdicional.

O objectivo fundamental deste trabalho é tratar detalhadamente uma medida cautelar especificada, criada recentemente em consequência da reforma processual de 1995 e 1996, a que a lei deu o nome de arbitramento de reparação provisória.

Estamos perante uma figura processual ainda pouco trabalhada pela doutrina portuguesa e, praticamente, sem precedentes em outras ordens jurídicas. Com efeito, teremos de enfrentar as dificuldades resultantes destas circunstâncias, embora consideremos que tais motivos são igualmente aliciantes para justificar o seu estudo.

O facto de a lei ter criado um verdadeiro processo cautelar geral destinado a regular os aspectos comuns a toda justiça cautelar e, como tal, subsidiariamente aplicável aos procedimentos cautelares especificados, em tudo o que neles não se encontre especialmente prevenido, faz com que iniciemos obrigatoriamente a nossa exposição por falar dos procedimentos cautelares em geral.

Neste âmbito torna-se fundamental enquadrar a figura dos procedimentos cautelares na lei processual civil, caracterizá-los em termos gerais, indicar as funções que desempenham no ordenamento jurídico, e referir quais os requisitos gerais de que depende o decretamento das providências cautelares não especificadas.

Feito este enquadramento geral trataremos concretamente da providência cautelar de arbitramento de reparação provisória.

Sobre ela temos de indagar o seu porquê e a razão de ser da sua criação e actualidade. Isto porque, se tivermos em conta que a tendência nos diversos ordenamentos jurídicos é cada vez mais no sentido de restringir a criação de medidas cautelares especificadas, a inserção recente desta providência na ordem jurídica portuguesa poderá suscitar alguma perplexidade.

Com o propósito de evidenciar as especificidades da medida cautelar objecto do nosso estudo, confrontá-la-emos com outros institutos que com ela parecem ter alguma identidade.

Seguidamente debruçaremos a nossa atenção no seu âmbito de aplicação e suscitaremos todas as questões que a este nível se podem levantar.

Uma vez que estamos perante um procedimento cautelar especificado, não podemos deixar de analisar concretamente todos os requisitos de que a lei faz depender a procedência da providência e indicar quem tem legitimidade para a requerer.

O facto de o tema central deste trabalho recair sobre a análise de uma figura processual faz com que tenhamos, necessariamente, de percorrer todo o seu processamento. Desta forma, focaremos todo o *modus operandi* da providência de arbitramento de reparação provisória e daremos especial atenção às suas particularidades processuais.

Como todas as medidas cautelares têm a sua duração limitada no tempo, enunciaremos ainda os casos que determinam caducidade da providência de arbitramento, apesar de estes serem comuns a todas as providências, e, fundamentalmente, analisaremos as consequências da sua extinção.

Tendo ainda em consideração que actualmente as decisões judiciais traduzem a aplicação do direito ao caso concreto, não podemos ser alheios à importância da actividade jurisprudencial no tratamento, desenvolvimento, e aprofundamento das diferentes questões jurídicas subjacentes aos inúmeros litígios que diariamente são julgados e decididos pelos nossos tribunais. Nesta medida, e porque também a propósito da providência de arbitramento de reparação provisória têm vindo a ser proferidas decisões que se revelam uma mais valia no seu conhecimento, ao longo do nosso trabalho não as deixaremos de citar.

É deste modo que esperamos dar o nosso modesto contributo para a clarificação, compreensão e correcta aplicabilidade da figura cautelar da providência cautelar de arbitramento de reparação provisória na ordem processual civil portuguesa.

CAPÍTULO I
DOS PROCEDIMENTOS CAUTELARES EM GERAL

1. PROCEDIMENTOS CAUTELARES E PROVIDÊNCIAS CAUTELARES

A prática judiciária tem utilizado indistintamente as expressões "procedimentos cautelares" e "providências cautelares" para designar a mesma realidade substancial e processual, como se estivessemos perante expressões alternativas. Dentro desta perspectiva, as expressões são comummente utilizadas para designar o conjunto de medidas que a lei coloca à disposição dos interessados para acautelar o efeito útil da acção.

No entanto, pela leitura atenta que se pode fazer dos diversos artigos constantes do capítulo do Código de Processo Civil reservado à adopção e regulamentação das medidas cautelares, facilmente se conclui que a utilização das diferentes expressões terminológicas é intencional.[1]

Daí que se mostre sobremaneira importante proceder, desde já, ao esclarecimento e à demarcação rigorosa das diferenças terminológicas existentes entre a expressão "procedimentos cautelares" e a expressão "providências cautelares", com vista a sua correcta utilização.[2]

Tendo em conta o contexto em que cada uma das expressões se insere, a expressão "procedimentos cautelares" respeita ao conjunto de actos ou mecanismos processuais que são colocados ao dispor do inte-

---

[1] O exemplo mais evidente demonstrativo dessa diferenciação consta do art. 389.º, n.º 1, do CPC, quando refere que "...o procedimento cautelar extingue-se e, quando decretada, a providência caduca...". Da leitura deste artigo não restam dúvidas que estamos perante conceitos distintos.

[2] Segundo Abrantes Geraldes, a rigorosa distinção dos conceitos impõe-se "como forma de evitar os efeitos negativos derivados da utilização indistinta de uma e de outra das fórmulas legais, para traduzir (...) uma só realidade substancial" (*Temas da Reforma do Processo Civil*, III Volume, 2ª edição, Coimbra, 2000, pág. 36).

ressado para obter determinada providência cautelar.[3] Por sua vez, a expressão "providência cautelar" reporta-se à medida concreta que é requerida pelo interessado ou é deferida pelo juiz.[4]

O critério seguido pelo legislador na distinção das referidas expressões tem por base uma diferenciação que opera em dois planos distintos: o plano do geral e do processual e o plano do concreto e do substancial.

Desta forma, quando se fala de procedimentos cautelares tem-se em vista designar os meios processuais em geral, bem como a sua tramitação, que o interessado pode utilizar para acautelar com maior eficácia o seu direito.

Diferentemente, quando se fala de providências cautelares estamos a reportar-nos directa e concretamente à medida cautelar de que o interessado lança mão para acautelar o seu direito. Na prática, corresponde à pretensão de direito material requerida. No caso concreto do nosso ordenamento jurídico processual, essas pretensões consistem concretamente na restituição da posse de determinado bem (art. 393.º do CPC – restituição provisória da posse), na suspensão de determinada deliberação social (art. 396.º do CPC – suspensão de deliberações sociais), no pagamento de determinada quantia (arts. 399.º e 403.º do CPC – alimentos provisórios e arbitramento de reparação provisória), na apreensão de bens (art. 406.º do CPC – arresto), na suspensão de determinada obra, trabalho ou serviço (art. 412.º do CPC – embargo de obra nova), ou na entrega a depositário de bens ou documentos (arts. 421.º a 427.º do CPC – arrolamento).

Foi com base neste critério que se intitulou "Dos Procedimentos Cautelares" o capítulo do CPC que trata das medidas cautelares, uma vez que nele estão definidos os pressupostos de cada uma das medidas cautelares previstas, bem como a respectiva tramitação processual das mesmas.

---

[3] No dizer de Antunes Varela, os procedimentos cautelares são os "meios de que o titular do direito pode lançar mão (...) com o fim de *acautelar o efeito útil da acção*" (*Manual de Processo* Civil, 2ª edição, Coimbra, 1985, págs. 22 e 23).

[4] A este propósito, cfr. a fundamentação do Acórdão da Relação de Coimbra, de 04/11/98, CJ, Tomo V, pág. 11.

2. ENQUADRAMENTO SISTEMÁTICO DOS PROCEDIMENTOS CAUTELARES

A reforma do processo civil operada pelo Decreto-Lei n.º 329-A/95, de 12 de Dezembro, e pelo Decreto-Lei n.º 180/96, de 25 de Setembro, introduziu relevantes alterações na redacção original do Código de Processo Civil em sede de procedimentos cautelares.[5]

Na redacção original do Código vigente, a matéria dos procedimentos cautelares encontrava-se regulada no Capítulo IV ("Dos Procedimentos Cautelares") do Título I ("As Disposições Gerais") do Livro III ("Do Processo") do Código de Processo Civil.

O Capítulo IV era composto por oito secções, sendo a secção I intitulada de "Disposições gerais" (arts. 381.º a 387.º do CPC) e o seu âmbito reservado às regras gerais aplicáveis à generalidade dos procedimentos cautelares. A secção V, intitulada "Providências cautelares não especificadas", encontrava-se regulada nos arts. 399.º a 401.º do CPC e continha os pressupostos genéricos a que estavam sujeitas as providências cautelares não especificadas. As restantes secções do Capítulo IV tinham como título as providências cautelares especificamente previstas pelo legislador para serem aplicadas a determinados casos concretos. Assim, encontravam-se especialmente regulados na secção II os alimentos provisórios (arts. 388.º a 392.º do CPC), na secção III a restituição

---

[5] A matéria dos procedimentos cautelares, já ao longo da vigência dos diferentes Códigos de Processo Civil, foi sofrendo alterações na sua sistematização. No Código de 1876 os procedimentos cautelares eram regulados nos arts. 357.º a 393.º, sob a rubrica *Dos actos preventivos e preparatórios para algumas causas*, onde se incluíam a conciliação, o embargo ou arresto, o embargo de obra nova, as denúncias e tomadias, os depósitos e protestos, e os alimentos provisórios. Posteriormente, o Código de 1939 regulou esta matéria sob a rubrica *Dos procedimentos preventivos e conservatórios*, substituindo a anterior epígrafe. Do elenco dos processos preventivos excluiu a conciliação e as denúncias e tomadias, passando a incluir no elenco dos processos conservatórios a restituição provisória da posse, a suspensão de deliberações sociais, as cauções, e, ainda, as providências cautelares, a imposição de selos, e o arrolamento, como providências preparatórias do inventário. A propósito das providências cautelares, figura desconhecida na legislação processual anterior, Antunes Varela, *Manual de Processo Civil*, cit., pág. 27, refere que as providências cautelares não especificadas foram "generalizadas a todas as situações em que, na iminência ou na pendência da acção, haja *periculum in mora*".

Neste sentido, cfr. Alberto dos Reis, *Código de Processo Civil Anotado*, 3ª edição, volume I, Coimbra, 1948, pág. 619.

provisória da posse (arts. 393.º a 395.º do CPC), na secção IV a suspensão de deliberações sociais (arts. 396.º a 398.º do CPC), na secção VI o arresto (arts. 402.º a 411.º do CPC), na secção VII o embargo de obra nova (arts. 412.º a 420.º do CPC), e na secção VIII o arrolamento (arts. 421.º a 427.º do CPC).

Havia, portanto, uma figura genérica e residual, que a lei chamou de Providência Cautelar Não Especificada, a que se podia recorrer sempre que se pretendesse obter o decretamento de uma providência cautelar e a situação carecida de tutela não estivesse já especialmente prevista, através das providências nominadas, e desde que os seus requisitos gerais, constantes do art. 399.º do CPC, se encontrassem preenchidos. Existiam ainda as Providências Cautelares Especificadas ou Nominadas, as quais se encontravam devidamente previstas e reguladas no Código de Processo Civil, e que tinham o seu âmbito de aplicação limitado à providência específica a que se destinavam.

O Anteprojecto do CPC de 1993, também conhecido por Projecto da Comissão Varela, ao ter aperfeiçoado a sugestão do Conselheiro Campos Costa,[6] fazia já prever que a matéria dos procedimentos cautelares iria sofrer alterações na sua sistematização, desde logo pelo facto de se ter dividido esta matéria em dois únicos títulos ("Das providências cautelares não especificadas" e "Das providências cautelares especificadas"), antevendo-se, pela primeira vez, a reunião num único título dos princípios gerais aplicáveis a todos os procedimentos cautelares, bem como os pressupostos relativos aos procedimentos cautelares não especificados, com vista a prevenir situações de perigo não acauteladas pelos procedimentos cautelares especificados.[7]

---

[6] Nos trabalhos preparatórios da reforma do Código de 1961, foi proposto pelo Conselheiro Campos Costa, com o apoio de Lopes do Rego, a divisão em três títulos do capítulo referente aos procedimentos cautelares: um primeiro título que contivesse as disposições de ordem geral, aplicáveis tanto às providências não especificadas como às especificadas, um segundo título, intitulado procedimento cautelar comum, a que corresponderia o regime das providências não especificadas, e um terceiro título, designado providências cautelares especiais, subdividido pelos regimes específicos de cada uma das providências cautelares especificadas.

Segundo Antunes Varela, desta proposta aproveitou-se a ideia de "reunir num título autónomo os princípios gerais dos procedimentos cautelares e de colocar essas regras comuns, como normas subsidiárias, antes da regulamentação dos diversos procedimentos cautelares especificados" (RLJ, Ano 122.º, pág. 323).

[7] Neste sentido, cfr. Lopes do Rego, *Comentários ao Código de Processo Civil*, Coimbra, 1999, pág. 273.

A sistematização imposta pela reforma de 1995 e 1996 acarretou alterações sistemáticas na matéria dos procedimentos cautelares, subdividindo-a nos princípios gerais aplicáveis a toda esta matéria, concentrando-os na secção do Procedimento cautelar comum, e nas regras especiais aplicáveis aos procedimentos cautelares nominados, concentrando-as na secção dos procedimentos cautelares especificados.

As alterações introduzidas nesta matéria pela reforma processual traduziram-se na criação de um verdadeiro procedimento cautelar comum com carácter residual,[8] tornando mais evidente a existência de uma tutela cautelar generalizada.

Com este propósito, a lei, paralelamente à previsão de procedimentos especificados com um âmbito de aplicação devidamente definido pelos seus pressupostos, criou um forma de procedimento residual comum, ao qual se pode recorrer sempre que seja necessária a tutela cautelar e inexista procedimento especificado já devidamente regulado.

Ou seja, em substituição dos procedimentos não especificados, o legislador criou um verdadeiro procedimento cautelar comum composto pelo regime jurídico aplicável às pretensões de natureza cautelar que não se encontrem devidamente definidas na lei através dos procedimentos cautelares especificados.

Desta forma, o Capítulo IV ("Dos Procedimentos Cautelares") do Título I ("As Disposições Gerais") do Livro III ("Do Processo") do CPC passou a ter uma sistematização diferente.[9]

O Capítulo IV foi dividido em apenas duas secções: a secção I, intitulada "Procedimento cautelar comum" e constante dos arts. 381.º a 392.º do CPC, e a secção II, intitulada "Procedimentos cautelares especificados" e constante dos arts. 393.º a 427.º do CPC. A secção dos procedimentos cautelares especificados foi ainda subdividida em subsecções, tendo cada uma delas a denominação de cada um dos procedimentos cautelares especificados especialmente regulados pela lei: a restituição provisória da posse (subsecção I – arts. 393.º a 395.º do CPC), a

---

[8] No Preâmbulo do Decreto-Lei n.º 329-A/95, de 12 de Dezembro, diz-se expressamente: "instituiu-se um verdadeiro procedimento cautelar comum – em substituição das actuais e subsidiárias providências cautelares não especificadas – comportando a regulamentação dos aspectos comuns a toda a justiça cautelar".

[9] No Anteprojecto e no Projecto da Comissão Varela os procedimentos cautelares integravam um livro próprio. No entanto, a redacção final não manteve este enquadramento.

suspensão de deliberações sociais (subsecção II – arts. 396.º a 398.º do CPC), os alimentos provisórios (subsecção III – arts. 399.º a 402.º do CPC), o arbitramento de reparação provisória (subsecção IV – arts. 403.º a 405.º do CPC), o arresto (subsecção V – arts. 406.º a 411.º do CPC), o embargo de obra nova (subsecção VI – arts. 412.º a 420.º do CPC), e o arrolamento (subsecção VII – arts. 421.º a 427.º do CPC).

A novidade da reforma, no âmbito dos procedimentos cautelares especificados, traduziu-se na previsão e regulamentação de uma nova providência cautelar especificada, à qual se chamou "Arbitramento de Reparação Provisória". É esta inovadora figura processual que vai ser objecto de análise pormenorizada no Capítulo II do presente trabalho.[10]

Dada a característica residual do procedimento cautelar comum, para se determinar o seu âmbito de aplicação há que ter em atenção o âmbito de aplicação dos procedimentos cautelares especificados. Isto porque apenas quando a medida que se pretende requerer não se insira num desses procedimentos é que se pode recorrer à figura residual genérica do procedimento cautelar comum.

Tal como sucedia anteriormente à reforma, em que havia uma secção constituída pelas disposições gerais aplicáveis a todos os procedimentos cautelares,[11] as regras aplicáveis ao procedimento cautelar comum são subsidiárias relativamente ao regime dos procedimentos cautelares especificados. Assim, e de acordo com o art. 392.º, n.º 1, do CPC, as disposições previstas para o procedimento cautelar comum aplicam-se subsidiariamente aos procedimentos cautelares especificados existentes, em tudo quanto nestes não se encontre regulado.

Através desta nova sistematização, de acordo com o disposto no Preâmbulo do Decreto-Lei n.º 329-A/95, de 12 de Dezembro, "instituiu-se uma verdadeira acção cautelar geral para a tutela provisória de quaisquer situações não especialmente previstas e disciplinadas, comportando o decretamento das providências conservatórias ou antecipatórias adequadas a remover o *periculum in mora* concretamente verificado e a assegurar a efectividade do direito ameaçado, que tanto pode ser um direito já efectivamente existente, como uma situação jurídica emergente de sentença constitutiva, porventura ainda não proferida".

---

[10] Ver *infra* Capítulo II – Arbitramento de reparação provisória, págs. 71 e segts..

[11] Na redacção original do Código vigente as disposições gerais aplicáveis a todos os procedimentos cautelares estavam consagradas nos arts. 381.º a 387.º.

De acordo com o entendimento de Lopes do Rego, procurou-se "através deste novo enquadramento sistemático, consagrar explicitamente a vigência de uma "cláusula geral" em sede de justiça cautelar, implicando a atribuição às partes de um poder genérico de requerer as medidas cautelares mais adequadas à garantia de efectividade de todo e qualquer direito ameaçado, com o consequente poder-dever de o juiz decretar a providência concretamente mais adequada à prevenção do risco de lesão invocado".[12]

No entanto, consideramos que as alterações introduzidas no âmbito dos procedimentos cautelares, apesar de relevantes e de extrema importância, ocorreram mais a nível sistemático que propriamente a nível substancial, uma vez que do regime anteriormente vigente à reforma processual já se deduzia a existência de uma bipolarização dos procedimentos cautelares: por um lado os pressupostos gerais aplicáveis a qualquer providência cautelar não especificada, por outro lado os pressupostos específicos das providências cautelares especificadas previstas e reguladas no CPC. O objectivo principal da reforma processual foi clarificar e reforçar este entendimento, assegurar o acautelamento do direito, garantir melhor o direito de defesa do requerido, e acentuar uma das características mais marcantes deste tipo de procedimentos: a urgência.[13]

3. TIPOS DE PROVIDÊNCIAS CAUTELARES

Face à multiplicidade das situações da vida social geradoras de conflito jurídico, ao legislador não foi possível prever, antecipadamente, todas as medidas cautelares susceptíveis de serem adoptadas com vista a garantir o efeito útil de uma acção.

---

[12] *Comentários ao Código de Processo Civil*, ob. cit., pág. 274.

[13] Para garantia da urgência dos procedimentos cautelares, o legislador tomou as seguintes medidas: a) o estabelecimento de um prazo máximo de dois meses para os procedimentos instaurados em 1ª instância serem decididos (art. 382.º, n.º 2, do CPC); b) a restrição da possibilidade de adiamentos da audiência final (art. 386.º, n.º 2, do CPC); c) a inexistência de citação edital quando haja impossibilidade de citação pessoal (art. 385.º, n.º 3, do CPC – com a entrada em vigor do Decreto-Lei n.º 38/2003, de 8 de Março, esta norma passará a constar do n.º 4 do referido artigo).

Neste sentido cfr. Lebre de Freitas, *Código de Processo Civil Anotado*, Volume 2.º, Coimbra, 2001, págs. 2 e 3, e cfr. Preâmbulo do Decreto-Lei n.º 329-A/95, de 12 de Dezembro.

Isto porque, como refere Abrantes Geraldes, as diferentes e diversas providências cautelares dependem "não apenas da natureza dos direitos que visam tutelar mas ainda dos efeitos que produzem na esfera jurídica do requerido ou do interessado a que elas recorre".[14]

Deste modo, a medida cautelar adequada à tutela do direito que se pretende acautelar vai depender da natureza do direito em causa, podendo essa medida traduzir-se de diferentes formas na esfera jurídica do requerido.

Na versão de 1961, a propósito dos fundamentos genéricos das providências cautelares não especificadas, o art. 399.º do CPC[15] enumerava, a título exemplificativo, algumas medidas que podiam ser requeridas pelo requerente com vista à tutela do seu direito, como sejam a autorização para a prática de determinados actos, a intimação para que o réu se abstenha de determinada conduta, a entrega de bens.[16] No entanto, estes exemplos traduziam-se em medidas de carácter demasiado generalizado[17] e susceptíveis de integrarem, também elas, inúmeros tipos de actos, consoante a lesão concreta que o requerente quisesse, no momento, evitar que o seu direito sofresse.

---

[14] *Temas da Reforma do Processo Civil*, III Volume, cit., pág. 90.

[15] O art. 399.º do CPC, cuja epígrafe era "Fundamento genérico", tinha a seguinte redacção: "*Quando alguém mostre fundado receio que outrem, antes de a acção ser proposta ou na pendência dela, cause lesão grave e dificilmente reparável ao seu direito, pode requerer, se ao caso não convier nenhum dos procedimentos regulados neste capítulo, as providências adequadas à situação, nomeadamente a autorização para a prática de determinados actos, a intimação para que o réu se abstenha de determinada conduta, ou a entrega dos bens móveis ou imóveis, que constituem objecto da acção, a um terceiro, seu fiel depositário*".

[16] Tal como resultava da anterior redacção do art. 399.º, segundo Fernando Luso Soares, as providências inominadas tanto podiam ser inibitórias, restitutórias ou antecipatórias, consoante visassem, respectivamente, a intimação para que o réu se abstivesse de determinada conduta, a entrega de bens móveis ou imóveis que constituíssem o objecto da acção, a autorização para a prática de determinados actos. Também as providências cautelares individualizadas ou especificadas na lei processual se podiam integrar nesta classificação da seguinte forma: " a) como *processos cautelares inibitórios* – a suspensão de deliberações sociais, o arresto, o embargo de obra nova e o arrolamento; b) como *processo cautelar restitutório* – a restituição provisória de posse; c) como *processo cautelar antecipatório* – os alimentos provisórios " (*Processo Civil de Declaração*, Coimbra, 1985, págs. 216 e segts.).

[17] A propósito destes exemplos Antunes Varela, *Manual de Processo Civil*, cit., pág. 27, refere que estão em causa três tipos genéricos de providências inominadas (ou não especificadas), meramente exemplificativos, sendo intenção da lei "abrir portas ao requerimento *de toda a providência que se mostre adequada à situação*".

Pelo facto de não ser possível prever todo o tipo de medidas que podem ser adoptadas, por forma a evitar lesões no direito do seu titular, o legislador aderiu à classificação defendida por Anselmo de Castro,[18] e apontada pelo Projecto de Directiva para a Aproximação do Direito Processual Civil da União Europeia,[19] e classificou as providências cautelares em dois tipos diferenciados: as providências conservatórias e as providências antecipatórias.[20]

A norma que declaradamente assume esta classificação foi introduzida no Código de Processo Civil pelo Decreto-Lei n.º 329-A/95, de 12 de Dezembro, e pelo Decreto-Lei n.º 180/96, de 25 de Setembro,

---

[18] *Direito Processual Civil Declaratório*, vol. I, ob. cit., págs. 131 e segts..

[19] Em conformidade com o teor do artigo 10.1.1 e 10.1.2 do referido Projecto estatui-se: "Além das medidas destinadas, de uma forma típica, à protecção de um direito subjectivo determinado os Estados membros concedem ao juiz o poder de ordenar uma medida para a protecção provisória de todo o direito, fixando ele próprio o seu conteúdo consoante as circunstâncias"; "Esta medida pode visar: a) a salvaguarda e a regulação provisória da situação de facto de modo a preservar o "statu quo"; b) a antecipação provisória, total ou parcial, da pretensão litigiosa; c) a antecipação provisória da execução, a menos que esta última tenha já sido objecto de medidas específicas" (*Rapprochement du droit judiciaire de l'Union européenne*, Dordrecht, Kluwer, 1994, pág. 203).

[20] Teixeira de Sousa, *Estudos sobre o Novo Processo Civil*, 2ª Edição, Lisboa, 1997, págs. 235 e segts., defende outra classificação: *Providências de garantia*, destinadas a garantir a realização de uma pretensão e assegurar a sua execução, como ocorre com o arresto ou com o arrolamento; *Providências de regulação provisória*, destinadas a definir uma situação provisória ou transitória até à composição definitiva da acção, como acontece com a restituição provisória da posse, com o embargo de obra nova e com a suspensão de deliberações sociais; *Providências de antecipação*, com efeitos semelhantes aos da decisão definitiva, uma vez que se antecipa a tutela pretendida ou requerida, como sucede com os alimentos provisórios e o arbitramento de reparação provisória.

Calamandrei, em consonância com o regime instituído em Itália, classifica os processos ou as providências cautelares em quatro grupos: 1º grupo – *Providências instrutórias antecipadas*, destinadas à produção antecipada de provas (exames, vistorias, depoimentos de testemunhas ou de parte antes de começar a causa; 2º grupo – Providências destinadas a *facilitar o resultado prático de uma execução*, que evitam a dissipação ou o extravio de bens sobre que poderá recair a execução futura (arresto); 3º grupo – Providências que antecipam a decisão do litígio, isto é, que se destinam a provocar uma decisão provisória ou interina, enquanto não se obtém a decisão final e definitiva (embargo de obra nova e alimentos provisórios); 4º grupo – *Cauções* (*Introduzione allo studio sistematico dei provvedimenti cautelari,* Padova, 1936, págs. 31 a 51).

aquando da reforma processual, e está consagrada no actual art. 381.º, n.º 1, na secção relativa ao procedimento cautelar comum.

De acordo com esta classificação, as providências conservatórias têm como finalidade conferir utilidade à decisão que vai ser proferida na acção principal, assegurando a permanência da situação de facto existente no momento imediatamente anterior àquele em que se iniciou o litígio que vai ser objecto de resolução na acção principal.[21] No caso de a acção principal já se encontrar proposta, e só no decorrer desta se verificar a situação de *periculum in mora*, a providência conservatória visará igualmente assegurar a situação de facto existente no momento anterior à ocorrência desse perigo.

Como refere Lopes do Rego, as providências conservatórias visam "manter inalterável a situação de facto que preexiste à acção, tornando-a imune à possível ocorrência de eventos prejudiciais".[22]

Este tipo de providências, embora não proporcione ao requerente uma tutela imediata do seu direito, contrariamente ao que acontece com as providências antecipatórias,[23] previne a ocorrência ou a continuação da produção de danos graves e de difícil reparação no direito do seu titular, acautelando o efeito útil da acção principal.

Diferentemente, as providências antecipatórias, como indica a sua própria designação, destinam-se a antecipar os efeitos jurídicos da decisão a ser proferida na acção principal, viabilizando a realização antecipada do direito.[24]

---

[21] Neste sentido Abrantes Geraldes, *Temas da Reforma do Processo Civil*, III Volume, *cit.*, págs. 90 e 91.

Segundo Sónia Teixeira, "as medidas conservatórias têm por móbil conservar, assegurar, manter o *status quo*", ROA, Ano 58.º, pág. 893.

[22] *Comentários ao Código de Processo Civil*, ob. cit., pág. 75.

[23] Nas providências antecipatórias antecipam-se os efeitos que se pretendem alcançar através das medidas definitivas que vão ser proferidas nas respectivas acções principais.

[24] Lopes do Rego, defende que as providências antecipatórias visam obstar ao prejuízo decorrente do retardamento na satisfação do direito ameaçado, através de uma provisória antecipação dos efeitos da decisão a proferir sobre o mérito (*Comentários ao Código de Processo Civil*, ob. cit., pág. 275).

Segundo Abrantes Geraldes, "atenta a situação jurídica carecida de tutela, o tribunal pode antecipar a realização do direito que previsivelmente será reconhecido na acção principal e que será objecto de execução" (*Temas da Reforma do Processo Civil*, III Volume, *cit.*, pág. 92).

O conteúdo destas medidas vai muito além da mera garantia de uma situação de facto. Embora tenham um carácter provisório,[25] elas traduzem-se numa antecipação do pedido formulado pelo autor na acção principal respectiva.

Apesar de se encontrar expressamente consagrada no art. 381.º, n.º 1, do CPC a possibilidade de serem decretadas medidas com carácter antecipatório, no âmbito do procedimento cautelar comum,[26] certo é que, pelo facto de estas providências se reflectirem de forma directa e imediata na esfera jurídica do requerente e requerido, a prudência no seu decretamento é ainda maior do que quando estamos perante uma providência cautelar conservatória.

Os riscos de uma decisão injusta são muito maiores neste tipo de providências, se atendermos a que os efeitos destas medidas são irreversíveis, no sentido em que o requerente, através da antecipação proporcionada pelo decretamento das mesmas, goza provisoriamente de um direito que, a final, pode não lhe ser reconhecido.

A distinção feita entre providências conservatórias e antecipatórias deve ser estendida às providências tipificadas pela lei nos arts. 393.º a 427.º do CPC, uma vez que as medidas que caracterizam cada uma das providências cautelares especificadas são integráveis nesta classificação.

---

[25] Ver *infra* Capítulo I – 6.3 Provisoriedade das medidas cautelares, págs. 53 e 54.

[26] Ao abrigo da antiga redacção do art. 399.º do CPC, no âmbito das providências cautelares não especificadas, já eram proferidas medidas com carácter antecipatório, sendo disso exemplo o Acórdão da Relação de Évora, de 03/07/80, ao impor ao requerido medidas para impedir a infiltração de águas num prédio (CJ, Tomo IV, pág. 250), o Acórdão da Relação de Coimbra, de 02/05/84, ao intimar o senhorio a efectuar reparações imediatas no locado (BMJ, 337º, pág. 420), e o Acórdão da Relação de Lisboa, de 19/05/94, ao intimar o requerido a reparar um dos elevadores de um prédio de oito andares (CJ, Tomo III, pág. 94).

Actualmente, e de acordo com a redacção do art. 381º, n.º 1, do CPC, continuam a ser requeridas, e proferidas pelos tribunais, providências cautelares não especificadas com carácter antecipatório. A este propósito, ver Acórdão do STJ, de 14/12/95, que ordena a suspensão da actividade de tiro aos pratos em campo próximo da residência do requerente (BMJ, 452º, pág. 400), Acórdão da Relação de Lisboa, de 02/11/99, que obriga o senhorio do prédio habitado pelo requerente a autorizar a colocação na sua parede exterior do cabo necessário a acesso a programas da TV Cabo (CJ, Tomo V, pág. 73), e o Acórdão da Relação de Évora, de 08/02/01, que condena os requeridos a colocarem imediatamente fora de serviço a máquina de dar tiros, deixando assim de incomodar os requerentes na sua habitação (CJ, Tomo I, pág. 267).

Quando se procede ao arresto, ao arrolamento, ao embargo de obra nova, e à suspensão de deliberações sociais, estamos perante medidas com efeito conservatório. Isto porque, no caso de serem decretadas estas providências cautelares, são tomadas as seguintes medidas:

a) No caso do arresto, procede-se à apreensão judicial de bens suficientes para garantia do cumprimento de uma obrigação pecuniária que constitui o objecto da acção principal;

b) No caso do arrolamento, procede-se à descrição, avaliação e depósito dos bens com o propósito de que os mesmos não sejam extraviados, ocultados ou dissipados, durante a acção que fixe a titularidade dos bens em causa;

c) No caso do embargo de obra nova, procede-se à suspensão imediata da obra, trabalho ou serviço que está a ser realizada e que está a ofender o direito do seu titular, até se decidir na acção principal se esse direito está efectivamente a ser ofendido;

d) No caso da suspensão de deliberações sociais, procede-se à suspensão de determinada deliberação social ainda não executada, até ao momento em que o tribunal decrete ou não a anulação ou declare a nulidade dessa deliberação.

Por sua vez, quando se procede à concessão de alimentos provisórios, à restituição provisória da posse, e ao arbitramento de reparação provisória, estão a ser decretadas providências com conteúdo antecipatório, traduzindo-se estas nas seguintes medidas cautelares:

a) No caso da restituição provisória da posse, tal como indica a expressão, procede-se à restituição provisória do bem esbulhado ao possuidor, passando este, durante a pendência da acção principal, a ter a posse do bem;[27]

b) No caso dos alimentos provisórios, procede-se à fixação de uma prestação alimentícia, provisória, enquanto é fixada pela acção principal a prestação de alimentos definitiva;

c) No caso do arbitramento de reparação provisória, procede-se ao arbitramento provisório de uma prestação mensal ao lesado, até que a acção principal lhe atribua o direito à indemnização pelos

---

[27] Neste sentido Abrantes Geraldes, *Temas da Reforma do Processo Civil*, III Volume, *cit.*, pág. 92. Em sentido contrário, Teixeira de Sousa considera a restituição provisória da posse uma providência de regulação provisória (*Estudos sobre o Novo Processo Civil, cit.*, págs. 235 e segts.).

danos sofridos e, consequentemente, fixe definitivamente o valor da indemnização a que tem direito.

Lebre de Freitas considera, no entanto, que "a função conservatória e antecipatória acabam por convergir" se atendermos a que as "providências conservatórias tomadas na dependência da acção declarativa antecipam, em parte, a decisão".[28]

Quando se está perante uma providência antecipatória e a decisão definitiva da acção principal é proferida no mesmo sentido, ocorre como que uma substituição da medida provisória pela medida definitiva, visto a decisão proferida no âmbito da providência ter antecipado os efeitos da própria acção principal. Na prática, a decisão de mérito, uma vez proferida, absorve a decisão da providência cautelar.[29]

Esta consequência já não se verifica nas providências conservatórias. Nestas, como a providência visa garantir a executoriedade da sentença a ser proferida na acção principal, a providência apenas produz os seus efeitos conservatórios até à efectiva execução da sentença, sendo o conteúdo desta completamente diverso do conteúdo da medida cautelar respectiva.

Esta diferença resulta, desde logo, da própria definição e função de cada um destes tipos distintos de providência.

Desta forma, é de acordo com o efeito produzido na esfera jurídica do requerido e do requerente que se caracterizam as providências cautelares. Serão conservatórias se mantiverem determinada situação de facto com vista a assegurar o efeito útil da acção principal. Serão antecipatórias se anteciparem os efeitos que serão produzidos pela decisão definitiva a ser proferida na acção principal.

No entanto, qualquer uma destas providências tem como objectivo assegurar os resultados da acção principal, prevenindo o perigo de lesão grave e dificilmente reparável do direito do seu titular.

---

[28] *Código de Processo Civil Anotado*, Volume 2.º, cit., pág. 9. Como exemplo dessa convergência, é referido que o arresto constitui antecipação da penhora e que o arrolamento de bens e a apreensão de coisa litigiosa antecipam a apreensão na acção executiva para entrega de coisa certa. Por sua vez a suspensão da deliberação social e o embargo de obra nova integram-se, respectivamente, no âmbito da ineficácia da deliberação social e na ordem de demolição da obra.

[29] Neste sentido Lebre de Freitas, *Código de Processo Civil Anotado*, Volume 2.º, cit., pág. 9.

4. FUNÇÃO DOS PROCEDIMENTOS CAUTELARES

A morosidade dos tribunais na resolução dos diversos tipos de conflitos judiciais obriga, muitas vezes, uma das partes envolvidas no litígio a lançar mão de um instrumento jurídico que se pretende célere e eficaz na salvaguarda dos direitos: as providências cautelares.

As providências cautelares têm a sua justificação no princípio processual civil segundo o qual a demora de um processo não pode, nem deve, traduzir-se em prejuízo para a parte que tem razão, ou na consideração de que "a realização jurisdicional do direito deve proporcionar ao autor satisfação idêntica de interesses à que ele obteria através da realização pacífica e pontual do seu direito".[30]

Para que seja proferida uma decisão justa, segura, devidamente ponderada e reveladora da verdade, que garanta plenamente o direito ou o interesse do seu titular, decorre, normalmente, desde a propositura da acção até ao termo do respectivo processo, um largo período de tempo.

Esta demora no proferimento da decisão é, dentro de certo parâmetro de razoabilidade, normal e difícil de ultrapassar. Acaba por ser "um facto *fisiológico*, porque visa dar às partes e ao tribunal garantias de segurança e justiça na decisão".[31]

No entanto, esta normalidade não exclui a possibilidade de, durante o período de tempo que medeia a instauração da acção e a sua decisão definitiva, o titular do direito sofrer danos em resultado dessa demora. Isto porque, muitas vezes, se o autor esperar pelo desfecho normal de uma acção, e eventualmente da execução, corre o risco de obter uma decisão que não é eficaz, do ponto de vista prático, pelo facto de uma determinada situação se ter alterado de tal maneira entre as partes que a sentença que, mais, tarde vem a ser proferida para regular tal situação se torna inútil e ineficaz.

É por esta razão que a ordem jurídica colocou ao dispor dos interessados meios que permitem acautelar o direito invocado na acção

---

[30] Cfr. Anselmo de Castro, *Direito Processual Civil Declaratório*, vol. I, Coimbra, 1981, pág. 130. No mesmo sentido Abrantes Geraldes, *Temas da Reforma do Processo Civil*, III Volume, *cit.*, pág. 39, ao referir que "tendencialmente, o processo deve dar ao autor, quando vencedor, a tutela que receberia se não ocorresse o litígio".

[31] Cfr. Alberto dos Reis, *Código de Processo Civil Anotado*, Volume I, *cit.*, pág. 624.

principal, procurando evitar-se, desta forma, o risco de lesão do mesmo, ou a atenuação dos prejuízos provenientes da demora natural da decisão definitiva.

É dentro deste contexto que o art. 2.º, n.º 2, do CPC se refere aos procedimentos cautelares quando alude à finalidade de *acautelar o efeito útil da acção*.

Em regra, a justiça deve ser o corolário visado por qualquer decisão judicial, sendo preferível aguardar algum tempo por uma decisão justa do que ter em mãos uma decisão célere mas injusta. Isto porque, para que haja justiça no julgamento de um qualquer caso concreto, é necessário tempo: tempo para ser proposta a acção, tempo para o réu apresentar a sua defesa, tempo para serem produzidas todas as provas, tempo para se discutir as razões das partes, tempo para o juiz reflectir sobre toda a prova produzida e tempo para decidir. Só com a conjugação destes elementos poderá o juiz proferir uma decisão segura e justa.

A este propósito, segundo Alberto dos Reis, "convém que a justiça seja pronta; mas, mais do que isso, convém que seja justa. O problema da política processual consiste exactamente em saber encontrar o equilíbrio razoável entre as duas exigências: a celeridade e a justiça".[32]

Já Manuel de Andrade ensinava, ao regular a matéria dos procedimentos cautelares, que "a lei pretendeu seguir uma *linha média* entre dois interesses conflituantes: o de uma *justiça pronta*, mas com o risco de ser precipitada; e o de uma *justiça pronta* e *ponderada*, mas com o risco de ser platónica, por chegar a destempo".[33]

A segurança e a celeridade são interesses contrapostos que, em certas circunstâncias, necessitam de ser compatibilizados, nomeadamente quando se esteja perante o perigo de lesão grave e de difícil reparação de um determinado direito.

Porque se dá maior relevo à celeridade, o risco de decisões injustas é mais acentuado em sede de procedimentos cautelares, nomeadamente quando são proferidas medidas antecipatórias, do que nos casos de medidas definitivas. No entanto, o legislador só assumiu este risco depois de

---

[32] *Código de Processo Civil Anotado*, Volume I, cit., pág. 624. No mesmo sentido, Maria dos Prazeres Beleza, *Procedimentos Cautelares*, Pólis, Enciclopédia Verbo da Sociedade e do Estado, Antropologia do Direito, Economia, Ciência Política, Vol. IV, Coluna 1502.

[33] *Noções Elementares de Processo Civil*, ob. cit., pág. 10.

ter ponderado devidamente os diversos interesses em jogo: o interesse da segurança jurídica, da celeridade, e da eficácia das decisões judiciais.

A segurança jurídica apela a que os efeitos das medidas cautelares sejam reduzidos à função de garantia da utilidade da decisão definitiva, prevenindo-se os prejuízos de difícil reparação, ou até mesmo irreparáveis, que possam ser provocados na esfera jurídica do requerido em consequência do decretamento das mesmas.

Por sua vez, em prol do interesse da celeridade e da eficácia das decisões judiciais, deve, na medida do possível, conceder-se ao interessado a mesma tutela que obteria se não tivesse de recorrer aos meios de tutela jurisdicional.[34]

É conjugando estes interesses, os quais, como já se viu, nem sempre são conciliáveis que a lei, através dos procedimentos cautelares, visa impedir o perigo de lesão grave e dificilmente reparável do direito do seu titular, que detenha o potencial de esvaziar ou tornar inócuos os efeitos da futura decisão judicial, a ser proferida no processo competente, e resultante da demora excessiva no decorrer da acção destinada à sua tutela.

A morosidade natural na resolução definitiva de um qualquer litígio pode trazer consigo, porque tardia, danos para o interessado. Este, "obrigado a esperar longo tempo pelo seu direito", pode ser "vítima de prejuízos que a sentença não pode apagar". Pode assim acontecer que se forme "uma sentença justa, mas inútil".[35]

A função das providências cautelares consiste, precisamente, em evitar a ocorrência dos prejuízos iminentes, ou a continuação da produção dos mesmos, decorrentes da demora da decisão definitiva.

No dizer de Calamandrei, "entre o *fazer depressa* e o *fazer bem*, mas tardiamente, as providências cautelares visam, antes de tudo, fazer depressa".[36] Dão, assim, azo a que o processo principal funcione "devagar e com segurança", porque permitem que a decisão definitiva, quando for tomada, tenha a mesma eficácia prática de uma hipotética decisão tomada imediatamente de seguida à propositura da acção.

---

[34] Neste sentido Abrantes Geraldes, *Temas da Reforma do Processo Civil*, III Volume, *cit.*, pág. 94.

[35] Cfr. Alberto dos Reis, *Código de Processo Civil Anotado*, Volume I, *cit.*, págs. 624 e 625.

[36] Citado por Alberto dos Reis, *A figura do processo cautelar*, BMJ, n.º 3, pág. 35.

Assim, o que faz surgir o processo cautelar é a impossibilidade de decisão imediata da acção principal e a necessidade de evitar o dano resultante do *periculum in mora*.[37]

Desta forma, os procedimentos cautelares constituem mecanismos jurisdicionalizados, eficazes e expeditos, que têm em vista assegurar os resultados práticos da acção, evitar prejuízos graves, ou antecipar a realização do direito, por forma a obter-se a conciliação, tanto quanto possível, entre o interesse da celeridade e o da segurança jurídica.

Estas medidas visam "assegurar a efectividade do direito ameaçado" (art. 381.º, n.º 1, *in fine*, do CPC), apresentando-se como instrumentos de tutela da satisfação dos direitos subjectivos ou dos interesses do seu titular.

Resumindo a análise perfeita de Calamandrei acerca das providências cautelares, "a actividade cautelar preanuncia e prepara a realização das outras garantias jurisdicionais, propondo-se a assegurar antecipadamente o rendimento prático, mais eficaz, dessas garantias".[38]

Em consequência da morosidade normal da justiça, o recurso às providências cautelares é cada vez mais frequente, o que é revelador da importância acrescida desta figura na tutela e efectivação dos direitos das partes.

5. REQUISITOS LEGAIS DAS PROVIDÊNCIAS CAUTELARES NÃO ESPECIFICADAS

São diversos os direitos subjectivos que podem ser tutelados através dos procedimentos cautelares. Nessa medida, e como forma de assegurar a efectividade do direito ameaçado que se pretende acautelar, a lei teve de estabelecer os requisitos gerais fundamentais de que depende a concessão das providências cautelares não especificadas.

Quanto aos procedimentos cautelares especificados, constantes da secção II do Capítulo IV, do Livro III, do CPC, o legislador determinou, para cada uma das providências tipificadas, os requisitos concretos de que depende o seu decretamento, apesar de, na maioria delas, a regulamentação obedecer a requisitos semelhantes aos do procedimento cautelar comum.[39]

---

[37] No mesmo sentido Calamandrei, citado por Alberto dos Reis, BMJ, n.º 3, pág. 35.
[38] Citado por Alberto dos Reis, *A figura do processo cautelar*, BMJ, n.º 3, pág. 35.
[39] No caso da restituição provisória da posse e do embargo de obra nova, a lei é menos exigente quanto à prova dos danos que visam acautelar, contentando-se com

Tem sido acolhido uniformemente pela doutrina[40] e pela jurisprudência,[41] embora com algumas variantes,[42] que para ser decretada uma providência cautelar não especificada é necessário que se mostrem preenchidos, cumulativamente, os seguintes requisitos legais:
1) A probabilidade séria de existência do direito alegadamente ameaçado (também chamado *fumus boni iuris*);
2) O fundado receio de que outrem cause lesão grave e dificilmente reparável ao direito (também chamado *periculum in mora*);
3) A providência requerida tem ser adequada a remover o *periculum in mora* concretamente verificado e a assegurar a efectividade do direito ameaçado;

---

qualquer prejuízo, partindo do pressuposto de que se verifica o *periculum in mora*. Neste sentido Abrantes Geraldes, *Temas da Reforma do Processo Civil*, III Volume, *cit.*, pág. 82, e Alberto dos Reis, *Código de Processo Civil Anotado*, Volume I, *cit.*, pág. 622.

[40] A propósito ver Abrantes Geraldes, *Temas da Reforma do Processo Civil*, III Volume, *cit.*, pág. 81, Adelino da Palma Carlos, *O Direito*, Ano 105, 1973, pág. 240, Alberto dos Reis, *Código de Processo Civil Anotado*, Volume I, *cit.*, pág. 621, Anselmo de Castro, *Direito Processual Civil Declaratório*, vol. I, *ob. cit.*, pág. 139, Galvão Telles, *Introdução ao Estudo do Direito*, *cit.*, pág. 53, Lebre de Freitas, *Código de Processo Civil Anotado*, Volume 2.º, *cit.*, pág. 34, Moitinho de Almeida, *Providências Cautelares Não Especificadas*, Coimbra, 1979, pág. 18, e Teixeira de Sousa, *Estudos sobre o Novo Processo Civil*, *cit.*, pág. 243.

[41] A este propósito ver Acórdão da Relação de Lisboa, de 08/06/93, CJ, Tomo III, pág. 123, Acórdão da Relação do Porto, de 11/12/95, CJ, Tomo V, pág. 122, Acórdão da Relação de Évora, de 28/05/98, CJ, Ano XXIII, Tomo III, pág. 262, Acórdão da Relação de Coimbra, de 03/10/00, CJ, Tomo IV, pág. 28, e Acórdão do STJ, de 14/04/99, CJSTJ, Ano VIII, Tomo III, pág. 42.

[42] Varia de autores para autores o número de requisitos que consideram fundamentais para o decretamento das providências cautelares sendo, no entanto, comum a todos que o *fumus boni iuris* e o *periculum in mora* têm que se verificar. Quanto aos restantes requisitos, embora alguns autores não os considerem propriamente requisitos, também os consideram essenciais para o decretamento da providência.
A título de exemplo, poder-se-á referir que, de acordo com o pensamento de Moitinho de Almeida, *Providências Cautelares Não Especificadas*, *cit.*, págs. 18 e segts., e de acordo com o disposto no Acórdão do STJ, de 28/09/99, CJSTJ, Ano VIII, Tomo III, págs. 42 e segts., as providências cautelares não especificadas exigem a verificação de quatro requisitos principais e um requisito secundário: "1º Não estar a providência a obter abrangida por qualquer dos procedimentos cautelares especificados nos arts. 393.º a 427.º do CPC; 2º A existência de um direito; 3º Fundado receio de que esse direito sofra lesão grave e de difícil reparação; 4º A adequação da providência solicitada para evitar a lesão;" O requisito secundário consiste em não resultar da providência prejuízo superior ao dano que ela visa evitar.

4) Não pode ser aplicável ao caso nenhuma das providências tipificadas nos arts. 393º a 427º do CPC ou em legislação avulsa;
5) O prejuízo resultante da providência não pode exceder consideravelmente o dano que se pretende evitar.

Estamos perante cinco requisitos, sendo três de natureza ou conteúdo positivo e dois requisitos de natureza ou conteúdo negativo. Isto porque, no caso dos três primeiros requisitos, é necessária a sua verificação para que a providência seja decretada e, diferentemente, nos dois últimos requisitos a sua verificação obsta ao decretamento da providência.

Os dois primeiros requisitos traduzem-se nos requisitos fundamentais e principais de que a lei faz depender cumulativamente o decretamento das providências cautelares não especificadas, e vêm enunciados, respectivamente, nos arts. 387.º, n.º 1, e 381.º, n.º 1, do CPC.

Por sua vez, os restantes requisitos estão consagrados, respectivamente, nos arts. 381.º, n.ºs 1 e 3, e 387.º, n.º 2, todos do CPC.

Analisemos, pois, isoladamente cada um destes cinco requisitos:

5.1 *"Fumus boni iuris"*

Num processo de cognição normal, o juiz, para julgar a relação litigiosa, carece de uma prova plena obtida através de um exaustivo contraditório. Por esse motivo, a demonstração firme e segura do direito invocado pelo autor é requisito essencial, sob pena de não se dar acolhimento à sua pretensão.

Diferentemente, no âmbito dos procedimentos cautelares não é possível, dada a urgência dos mesmos, obter-se a certeza da existência do direito. Nesta medida, o juiz satisfaz-se com a sua aparência. Nisto consiste o *"fumus boni iuris"*.

Como observa Ovídio Baptista, "a diversa finalidade do procedimento cautelar faz com que ele se contente com uma demonstração mais singela do direito ameaçado, diferenciando-se em intensidade e em profundidade quanto às exigências probatórias do procedimento comum".[43]

O *fumus boni iuris* consiste, precisamente, nesta probabilidade da existência do direito invocado. Ou seja, para que a providência seja

---

[43] *As Acções Cautelares e o novo Processo Civil Forense*, 1980, n.º 3, pág. 53.

decretada, basta haver uma certa probabilidade da existência do direito que o requerente quer fazer valer em juízo, abdicando-se da convicção absoluta de que o resultado final no processo principal seja, de facto, coincidente com o pretendido pelo autor.

Em resultado de uma análise rápida sobre o direito material, para que a providência cautelar seja decretada, é suficiente que se verifique a aparência do direito invocado e seja provável que a decisão proferida na acção principal declare o direito que se pretende ver acautelado.

Sendo a providência cautelar caracterizada, como veremos,[44] pelo carácter sumário, célere e provisório da decisão, face aos interesses em jogo, é razoável que, para o deferimento da providência, seja suficiente a verificação da probabilidade da existência do direito e não seja exigível a certeza da sua real existência. Desta forma, o juiz não tem que estar convicto de que esse direito existe. Basta que esteja convencido da probabilidade da sua existência.

O juiz não pode ir além de "um exame e instrução sumários da questão, de uma *summaria cognitio*", uma vez que o conhecimento exaustivo traria inconvenientes pois, nesse caso, "o processo seria tão moroso como a acção principal".[45] Esta situação acabaria por não ser compatível com a função que as providências cautelares desempenham no nosso ordenamento jurídico.

Concluindo, para o decretamento da providência cautelar exige-se apenas uma prova indiciária,[46] um juízo de probabilidade ou verosimilhança, pelo que é suficiente a aparência do direito, ou seja, basta um *fumus boni iuris*.

5.2 *"Periculum in mora"*

Enquanto a acção segue os seus trâmites normais, ou até mesmo antes desta ser proposta, podem ocorrer situações que criem o receio de

---

[44] Ver *infra* Capítulo I – 6. Características gerais dos procedimentos cautelares, págs. 42 e segts..

[45] Cfr. Anselmo de Castro, *Direito Processual Civil Declaratório*, vol. I, *ob.cit.*, pág. 140.

[46] Por referência à prova plena, o conhecimento sumário corresponde a mera probabilidade ou verosimilhança, situando-se num grau inferior de convicção, sendo suficiente formular um juízo de previsão ou conjectura séria.

que se fruste a utilidade prática da sentença final ou que a sua apreciação seja prejudicada. Este fundado receio de que outrem cause lesão grave e dificilmente reparável ao direito alegadamente ameaçado constitui a manifestação do *periculum in mora*.

O requerente, pelo simples facto de esperar pelo desenvolvimento normal da acção principal, pode ser colocado numa situação em que o seu direito esteja a sofrer lesão grave e de difícil reparação, ou até mesmo irreparável.

Não estamos apenas perante o perigo de retardamento da decisão judicial final, até porque esta nunca poderá ser rápida, atenta a natureza relativamente complexa da actuação judicial. Estamos, antes, perante o risco de ineficácia da decisão final a ser proferida na acção principal.

Nas medidas cautelares não especificadas, o *periculum in mora* depende da existência de um fundado receio de lesão grave e dificilmente reparável.

Da letra da lei resulta que não é toda e qualquer consequência que previsivelmente ocorra, antes de uma decisão definitiva, que justifica o decretamento de uma medida provisória com reflexos imediatos na esfera jurídica da contraparte. Só lesões graves e dificilmente reparáveis podem justificar que o tribunal adopte uma decisão que proteja o direito do interessado.

Ainda que se mostrem irreparáveis ou de difícil reparação, ficam afastadas do círculo de interesses acautelados pelo processo cautelar comum as lesões sem gravidade ou de gravidade reduzida, tal como são excluídas as lesões que, apesar de graves, sejam facilmente reparáveis.

Deste modo, não basta que as lesões previsíveis sejam graves, do mesmo modo que não basta a irreparabilidade absoluta ou difícil das mesmas. Apenas é decretada a providência cautelar se estiver em causa o perigo de ocorrência de lesões que, além de serem graves, se mostrem ainda irreparáveis ou de difícil reparação, ou até mesmo irreparáveis.[47]

---

[47] O facto de a lei apenas se referir no, art. 381.º, n.º 1, do CPC, a lesões dificilmente reparáveis não exclui que quando estejam em causa lesões irreparáveis, estas não sejam igualmente acauteladas e, consequentemente, se decrete a providência. Isto porque, no caso de irreparabilidade, estamos perante uma situação mais gravosa. Pelo que deve aqui valer o entendimento de que se se tutela uma situação menos gravosa, ou seja uma lesão de difícil reparação, também se deve tutelar a situação mais gravosa de lesão irreparável.

A razão de ser desta dupla exigência extrai-se da literalidade do art. 381.º, n.º 1, do CPC, ao adoptar a conjugação copulativa "e", em vez da disjuntiva "ou", justificando-se a adopção da mesma em face da própria natureza das providências cautelares.[48]

Na determinação da gravidade da lesão previsível devem ser tidos em conta os prejuízos que ocorrerão na esfera jurídica do interessado, em consequência da mesma, quer sejam prejuízos de ordem material ou de ordem moral. No entanto, quanto aos prejuízos materiais o critério deve ser mais restrito do que o utilizado quanto à aferição dos danos de natureza moral, uma vez que, em regra, aqueles são passíveis de ressarcimento através de um processo de reconstituição natural ou de indemnização substitutiva, não sendo possível o ressarcimento destes últimos através do mesmo critério.

Para que a providência não especificada seja decretada, para além de a lesão ter de ser grave e de difícil reparação, determina a lei que o receio da lesão tem de ser fundado.

Desta forma, o *periculum in mora* tem igualmente de ser valorado, não bastando um juízo de mera verosimilhança, como sucedia com o requisito do *fumus boni iuris*.

Quanto a este requisito, o juiz tem de basear a sua decisão num juízo de quase certeza fundado em factos que permitam concluir pela verificação da previsível lesão.

Parece ser esta a melhor interpretação a dar ao art. 387.º, n.º 1, do CPC, uma vez que este preceito refere expressamente que se deve mostrar "suficientemente fundado" o receio da lesão do direito.

O advérbio de modo utilizado na redacção da norma revela que o julgador não se deve satisfazer com a mera probabilidade de existência do receio de lesão. Deve antes estar convencido de que o não decretamento da providência acarretará, necessariamente, lesão grave e dificilmente reparável ao direito do seu titular.

Uma vez que o referido advérbio apenas foi acrescentado pelo Decreto-Lei n.º 329-A/95, de 12 de Dezembro, a redacção original do art. 400.º, n.º 1, do CPC (actual art. 387.º, n.º 1) suscitava algumas dúvidas acerca do juízo de valor necessário para que se encontrasse preenchido o requisito do *periculum in mora*. A qualificação operada

---

[48] Neste sentido, Abrantes Geraldes, *Temas da Reforma do Processo Civil*, III Volume, *cit.*, pág. 85.

com a reforma processual de 95 parece ter tido o objectivo de esclarecer esta questão, acabando por tornar mais exigente a valoração dos factos subjacentes a este requisito, evitando, deste modo, que sejam abusivamente decretadas providências cautelares não especificadas.[49]

Daí que se deva utilizar um critério mais rigoroso que a mera probabilidade para a apreciação e valoração dos factos que fundamentam o *periculum in mora*.

Este maior grau de exigência relativamente ao *fumus boni iuris* foi considerado por alguns autores como a melhor solução, mesmo anteriormente à actual redacção do art. 387.º, n.º 1, do CPC.

Já Alberto dos Reis era da opinião de que quanto à *demonstração do perigo de insatisfação do direito aparente* se devia pedir ao tribunal um juízo, "senão de certeza e segurança absoluta, ao menos de probabilidade mais forte e convincente" do que era exigível quanto à verificação da aparência do direito.[50] Também Moitinho de Almeida estava convicto que era necessário "um juízo de realidade, ou de certeza" na apreciação do *periculum in mora*.[51]

No entanto, apesar de este maior rigor na apreciação dos factos que consubstanciam este requisito dever "tender para proporcionar ao juiz uma certeza",[52] nem sempre se torna possível obter a certeza absoluta ou inequívoca quanto à existência do *periculum in mora*.[53] Isto porque, se tivermos em conta as características e função dos procedimentos cautelares, chegaremos à conclusão que estes processos não são compatíveis com investigações profundas e exaustivas. Pelo que, tanto quanto possível, este pressuposto deve mostrar-se razoavelmente fundado.[54]

---

[49] Abrantes Geraldes, *Temas da Reforma do Processo Civil*, III Volume, *cit.*, pág. 87, chega mesmo a referir que desta forma se evita a "concessão indiscriminada de protecção provisória" e, consequentemente que se possam "alcançar efeitos inacessíveis ou dificilmente atingíveis" no processo definitivo.

[50] *Código de Processo Civil Anotado*, Volume I, *cit.*, pág. 621.

[51] *Providências Cautelares Não Especificadas*, *ob. cit.*, pág. 22.

[52] Cfr. Galvão Telles, *Introdução ao Estudo do Direito*, *cit.*, pág. 55.

[53] Castro Mendes, *Do conceito de prova em Processo Civil*, Lisboa, 1961, págs. 321 a 327, e 644, e Lebre de Freitas, *Introdução ao Processo Civil*, Coimbra, 1996, pág. 161, vai mais longe, defendendo mesmo que o juízo de certeza deve assentar no mesmo juízo de suficiente probabilidade ou verosimilhança que é exigível em qualquer demonstração probatória feita em juízo.

[54] Neste sentido, Abrantes Geraldes, *Temas da Reforma do Processo Civil*, III Volume, *cit.*, pág. 88, Antunes Varela, *Manual de Processo Civil*, *cit.*, pág. 25, e Galvão Telles, *Introdução ao Estudo do Direito*, *cit.*, pág. 53.

O advérbio suficientemente também pode ser entendido neste sentido. Ou seja, o juiz deve considerar que este pressuposto se encontra preenchido quando o mesmo se revelar suficientemente fundado, não lhe sendo exigível a certeza inequívoca da sua verificação.[55]

Certo é que o grau de convicção para se considerar o *"periculum in mora"* verificado é superior relativamente ao requisito do *fumus boni iuris*. Não basta a verosimilhança ou a simples probabilidade. Há que "obter uma convicção tão segura quanto as circunstâncias consintam".[56]

5.3 Adequação da medida

Cada direito subjectivo é susceptível de ser objecto de diversas providências. No entanto, só atendendo às circunstâncias concretas de cada caso é possível verificar qual a providência adequada à tutela da situação que se visa acautelar.

No requerimento inicial deve o requerente formular em concreto a medida que julga mais adequada para assegurar a "efectividade do direito ameaçado", ainda que o juiz, de acordo com o art. 392.º, n.º 3, do CPC, não esteja "adstrito à providência concretamente requerida".

A norma constante deste artigo tem origem no art. 307.º, n.º 3, do Anteprojecto da comissão Varela, datado de 1988, que propunha a seguinte redacção: "Na determinação da providência adequada não está o tribunal adstrito à *indicação* feita pelo requerente." Por sua vez, o art. 318.º, n.º 4, do Projecto da comissão Varela, datado de 1993, propôs uma redacção diferente: "O tribunal não está adstrito à *qualificação* da providência feita pelo requerente."

Já o art. 381.º, n.º 4, do Projecto de revisão do CPC, datado de 1995, apresentava uma redacção distinta, propondo que "o tribunal não está adstrito ao *tipo* de providência concretamente requerida."

A actual redacção do art. 392.º, n.º 3, do CPC é obra do Decreto-Lei n.º 180/96, de 25 de Setembro, que retirou do Projecto de revisão do CPC a palavra "tipo", firmando-se a norma com a seguinte redacção final: "O tribunal não está adstrito à providência concretamente requerida (...)".

---

[55] Neste sentido, Lebre de Freitas, *Código de Processo Civil Anotado*, Volume 2.º, *cit.*, pág. 36.

[56] Cfr. Galvão Telles, *Introdução ao Estudo do Direito*, *cit.*, pág. 55.

A justificação para as diferentes e sucessivas propostas de redacção do referido artigo encontra-se no facto de também as providências cautelares deverem respeitar as limitações impostas pelo princípio do dispositivo e, nessa medida, esclarecer até onde pode o juiz alterar a medida requerida.

O resultado final traduziu-se em permitir que o juiz recuse a medida requerida, decretando outra, desde que a matéria de facto alegada e provada permita que o juiz proceda ao decretamento de uma medida mais adequada a assegurar a efectividade do direito ameaçado.[57]

O que importa focar neste requisito é que a providência requerida deve ter como objectivo remover o *periculum in mora* devendo ser solicitada a medida cautelar que melhor se adeque e assegure a efectividade do direito ameaçado.

5.4 Subsidiariedade

Só é admissível o recurso a uma providência cautelar não especificada quando a lesão não possa ser acautelada pelo emprego de algum dos procedimentos especificados, previstos nos arts. 393.º a 427.º do CPC, bem como de outros regulados em legislação avulsa.[58]

---

[57] Teixeira de Sousa defende esta solução quando afirma que a faculdade concedida ao tribunal de decretar uma providência distinta da requerida, "pressupõe, naturalmente, que os factos alegados pelo requerente possibilitem essa conversão" (*Estudos sobre o Novo Processo Civil*, cit., pág. 248). Também Lopes do Rego, citando doutrina italiana, defende que a lei estabelece expressamente o "poder-dever de o juiz convolar da providência concretamente requerida para a que considere legalmente adequada ou mais eficaz à prolação do receado dano" (*Comentários ao Código de Processo Civil*, ob. cit., pág. 288).

A este propósito ver Lebre de Freitas, *Código de Processo Civil Anotado*, Volume 2.º, cit., págs. 67 e 68.

[58] Como exemplo de procedimentos cautelares previstos em legislação avulsa refira-se, entre outros, a apreensão de veículos automóveis (arts. 15.º a 22.º do Decreto-Lei n.º 54/75, de 24 de Fevereiro; cfr., ainda, art. 3.º do Decreto-Lei n.º 277/95, de 25 de Outubro), o embargo judicial de obras que atentem contra o património cultural português (art. 9.º da Lei n.º 107/2001, de 8 de Setembro), a providência de suspensão imediata de actividade causadora de dano ao ambiente (art. 42.º da Lei n.º 11/87, de 7 de Abril), Providências cautelares no domínio da propriedade industrial (art. 45.º do Código da propriedade Industrial), Providências cautelares no domínio da Código do Direito de Autor e Direitos Conexos (art. 209.º do citado Código).

É o que dispõe o art. 381.º, n.º 3, do CPC.

Desta forma, a determinação do campo de aplicação das providências cautelares não especificadas faz-se por exclusão de partes. Ou seja, primeiramente há que averiguar se a situação de facto carecida de tutela não se encontra já tutelada, através de uma providência especificada. Só no caso de não se encontrar tutelada é que é possível recorrer ao procedimento cautelar comum e verificar se ela preenche os requisitos deste para que possa ser decretada.

Há sempre que ter em atenção se o recurso a determinada providência cautelar não especificada não visará contornar os obstáculos colocados pela lei ao decretamento de determinadas providências cautelares especificadas.

A subsidiariedade resultante deste requisito refere-se mais ao risco de lesão especialmente tutelado por cada uma das providências específicas e não tanto ao direito ameaçado. Assim, para além de se dever ter em conta o direito ameaçado, há que atender essencialmente à situação de perigo de lesão.[59]

Desta forma, tal como refere Lebre de Freitas, para que a providência cautelar não especificada não seja admissível é necessário que "o risco de lesão que o procedimento específico visa afastar coincida com o risco de lesão que concretamente se verifique".[60] Pelo contrário, se o risco de lesão for diverso já o direito pode ser tutelado pela providência cautelar não especificada.

Concluindo, não se pode recorrer à figura residual do procedimento cautelar comum, prevista nos arts. 381.º a 392.º do CPC, quando se pretende acautelar o risco de lesão especialmente prevenido por algumas das providências tipificadas nos arts. 393.º a 427.º do CPC, ou por outras especialmente reguladas em legislação avulsa. O recurso às providências cautelares não especificadas apenas pode verificar-se quando estejam em causa pretensões de natureza cautelar que não encontrem acolhimento nos procedimentos especificados.

---

[59] Neste sentido, Abrantes Geraldes, *Temas da Reforma do Processo Civil*, III Volume, cit., pág. 53, Giuseppe Tarzia, *Providências Cautelares Atípicas*, RFDUL, 1999, pág. 244, Lebre de Freitas, *Código de Processo Civil Anotado*, Volume 2.º, cit., pág. 5, Lopes do Rego, *Comentários ao Código de Processo Civil*, ob. cit., pág. 276, e Teixeira de Sousa, *Estudos sobre o Novo Processo Civil*, cit., pág. 242.

[60] *Código de Processo Civil Anotado*, Volume 2.º, cit., pág. 5.

Mas, à semelhança do que ocorre na relação entre o processo comum e os processos especiais, a tramitação prevista para o procedimento cautelar comum aplica-se subsidiariamente aos procedimentos cautelares especificados, nos termos do art. 392.º, n.º 1, do CPC, em tudo quanto nestes não se encontre especialmente prevenido.

5.5 Proporcionalidade

No momento da decisão devem estar presentes os factores de ponderação, de bom senso e equilíbrio, com vista a ser alcançada a justa medida que melhor permita compor os interesses conflituantes.

É neste contexto que deve ser entendido o art. 387.º, n.º 2, do CPC, o qual consagra o princípio da proporcionalidade entre as medidas a adoptar e os interesses a acautelar, ao exigir que o prejuízo resultante dessa medida para o requerido não exceda consideravelmente o dano que com ela se pretende evitar.

A elaboração da decisão por parte do tribunal, ao basear-se na ponderação dos interesses em conflito, terá de assentar obrigatoriamente neste princípio. Daí que se torne necessário que o juiz, antes de decretar a providência, se certifique, para além do perigo que pretende evitar, quais os prejuízos que a eventual decisão pode acarretar para o requerido. Dependerá desta análise o deferimento ou indeferimento da providência cautelar.

As providências cautelares visam tutelar os direitos ameaçados, protegendo-se geralmente o interesse do requerente, embora sem deixar totalmente desprotegidos os interesses do requerido.[61]

A manifestação do princípio da proporcionalidade no decretamento das providências cautelares não especificadas vem provar este entendimento, uma vez que vem permitir que haja desproporção entre os prejuízos sofridos pelo requerido e as vantagens obtidas pelo requerente. Só quando essa desproporção seja excessiva é que o interesse do requerido se passa a sobrepor ao interesse do requerente e, consequentemente, a providência requerida não deve ser decretada.

---

[61] A tutela do interesse do requerido é devidamente assegurada nos casos em que ocorre o contraditório.

É o advérbio de modo "consideravelmente", acrescentado pelo Decreto-Lei n.º 180/96, de 25 de Setembro, que manifesta precisamente este entendimento.

O facto de o art. 387.º, n.º 2, do CPC começar a sua redacção por "a providência *pode* ser recusada" coloca a dúvida se estaremos perante um poder discricionário por parte do juiz. No entanto, parece-nos que o verbo utilizado "exprime apenas (mal) a necessidade da avaliação a fazer pelo julgador".[62] Isto porque estamos perante matéria de facto que é susceptível de recurso para a Relação, embora seja insusceptível de recurso para o Supremo, de acordo com o art. 387.º-A do CPC.[63]

Só após a verificação destes requisitos é que a providência cautelar não especificada pode ser decretada, bastando por isso a não verificação de apenas um destes requisitos para que a mesma seja indeferida.

6. CARACTERÍSTICAS GERAIS DOS PROCEDIMENTOS CAUTELARES

Segundo Alberto dos Reis, o *periculum in mora* constitui o "traço típico do processo cautelar".[64]

É precisamente este traço típico que determina a maioria das características gerais dos procedimentos cautelares.

Além de ser um dos pressupostos de que depende o decretamento das providências cautelares não especificadas faz com que a celeridade seja uma das características fundamentais dos procedimentos cautelares, uma vez que só uma decisão célere, caracterizada pela urgência, poderá atingir o fim essencial a que estes procedimentos se destinam: acautelar lesões graves e dificilmente reparáveis no direito do seu titular, evitando decisões desprovidas de qualquer efeito prático.

Perante a urgência característica dos procedimentos cautelares não se pode exigir a certeza inequívoca da existência do direito invocado,

---

[62] Cfr. Lebre de Freitas, *Código de Processo Civil Anotado*, Volume 2.º, *cit.*, pág. 37.

[63] Neste sentido, Alberto dos Reis, *Código de Processo Civil Anotado*, Volume I, *cit.*, pág. 679, Lebre de Freitas, *Código de Processo Civil Anotado*, Volume 2.º, *cit.*, pág. 37, e Moitinho de Almeida, *Providências Cautelares Não Especificadas*, *cit.*, pág. 28.

[64] BMJ, n.º 3, pág. 42.

nem do perigo da lesão. Daí que o processo cautelar se desenvolva sob a cognição sumária, uma vez que, diante da natureza urgente e função dos procedimentos cautelares, outra solução não poderia ser sequer pensada.

Neste âmbito não se procura alcançar uma certeza absoluta, mas apenas a plausibilidade e verosimilhança do direito invocado. Quanto à existência do perigo que ameaça o direito, deve buscar-se a sua certeza, embora esta nem sempre seja possível de obter, fruto da celeridade e da urgência que caracteriza este tipo de procedimentos.

Desta forma, o *periculum in mora* implica, necessariamente, a sumariedade na apreciação dos factos.

Uma das consequências desta cognição sumária traduz-se noutra característica comum aos procedimentos cautelares: a medida decretada neste âmbito é provisória.

Seria impensável que uma decisão proferida em sede de procedimentos cautelares fosse definitiva, se atendermos a que neste tipo de procedimentos o grau de certeza em que se funda a decisão, bem como a tramitação simplificada, não conferem ao julgador a certeza absoluta de uma decisão totalmente justa.

Daí que os procedimentos cautelares estejam sempre dependentes de uma acção principal, na qual se discuta o direito que provisoriamente se quis acautelar. Só esta acção é que será objecto de uma apreciação profunda, reveladora da verdade material, e com maior garantia de segurança quanto à decisão final a ser proferida.

Esta dependência acaba por se traduzir noutra das características fundamentais deste tipo de procedimentos.

Seguidamente, serão estas as características que passaremos a analisar.

6.1 Celeridade e urgência

A redacção actual do art. 2.º, n.º 1, do CPC é consequência da reforma processual de 1995/96 e visa acentuar o direito a "uma protecção jurídica eficaz e temporalmente adequada".[65]

A celeridade deve estar presente na generalidade das decisões proferidas em tribunal. Nesta medida, o referido artigo espelha o objectivo

---

[65] Preâmbulo do Decreto-Lei n.º 329-A/95, de 12 de Dezembro.

de o legislador implementar, em todo o sistema processual, a tomada de decisões céleres por forma a acautelar o efeito útil de qualquer acção proposta em tribunal.[66]

Uma decisão célere, segura e eficaz é sinónimo de uma resposta adequada do sistema jurídico aos interesses que se visam acautelar. Assim, qualquer que seja a decisão tomada em tribunal, ela deve, na medida do possível, compatibilizar os interesses da segurança, da celeridade, e da eficácia jurídica.

Ainda que através da morosidade normal de um processo surja uma decisão mais segura, a natureza e finalidade dos procedimentos cautelares não são compatíveis com excessivas delongas. Isto porque, muitas vezes, se se aguardar pelo desfecho final normal de uma acção corre-se o risco de a sentença proferida não ter qualquer efeito prático, porque ineficaz.

Daí que nos procedimentos cautelares, o legislador, com vista a acautelar os prejuízos decorrentes da demora processual, tenha privilegiado o interesse da celeridade em detrimento dos restantes interesses.

A razão de ser da celeridade nas medidas cautelares reside na intenção de acautelar o efeito útil da acção, fazendo com que uma sentença que venha a ser proferida tenha utilidade prática e não seja desprovida de qualquer sentido.

Foi atendendo a este objectivo que o legislador sentiu a necessidade de prever, expressamente, o carácter urgente deste tipo de procedimentos.

E, embora esta característica se inferisse da própria natureza, pressupostos e objectivos de tais procedimentos, só com as alterações introduzidas pelos Decreto-Lei n.º 329-A/95, de 12 de Dezembro, e pelo Decreto-Lei n.º 180/96, de 25 de Setembro, esta característica foi consagrada expressamente no art. 382.º do CPC, sendo igualmente aplicável, subsidiariamente, aos restantes procedimentos nominados, por remissão do art. 392.º, n.º 1, do CPC.

Assim, de harmonia com a celeridade exigível a estes procedimentos, dispõe o art. 382.º, n.º 1, do CPC que "os procedimentos cautelares revestem sempre carácter urgente, precedendo os respectivos actos qualquer outro serviço judicial não urgente". Do mesmo modo dispõe o art.

---

[66] Neste sentido, Abrantes Geraldes, *Temas da Reforma do Processo Civil*, III Volume, cit., pág. 110.

382.º, n.º 2, do CPC ao referir que os prazos máximos para os procedimentos serem decididos, em 1ª instância, devem ser de dois meses, ou de quinze dias, no caso de o requerido não ter sido citado.

No caso de o requerido não ser citado, a razão de ser do prazo de 15 dias reside na circunstância de o princípio do contraditório exigir, à partida, maior espaço temporal, por forma a ser garantida a defesa do requerido. Se não ocorre, *a priori*, este contraditório parece não haver razões para que a decisão não seja mais célere, pelo que, neste caso, a solução traduziu-se na diminuição do prazo máximo para o procedimento ser decidido em 1ª instância.

Apesar de esta norma estipular expressamente prazos máximos para a prolação da decisão, a lei não previu,[67] consequentemente, efeitos processuais para os casos em que se ultrapassem estes prazos, o que faz com que esta norma tenha carácter injuntivo e, sendo essencialmente dirigida aos magistrados, o seu desrespeito possa acarretar apenas, e só, consequências ao nível disciplinar.[68]

Assim, a fixação destes prazos tem por objectivo implementar "uma gestão do andamento do processo, quer para as partes quer para o tribunal", tal como refere o preâmbulo do Decreto-Lei n.º 329-A/95, de 12 de Dezembro. Este prazo deverá servir de guia ao julgador e orientá-lo no sentido de proferir uma decisão dentro dos limites dos prazos fixados pela lei.

A lei apenas fixa um limite temporal relativamente às decisões a serem proferidas em 1ª instância. Esta circunstância torna legítima a dúvida se, nos casos em que haja recurso da decisão proferida em 1ª

---

[67] O Decreto-Lei n.º 329-A/95, de 12 de Dezembro, dispunha, no art. 382.º, n.º 3, do CPC, que o juiz, no caso de exceder o prazo fixado no n.º 2 (de dois meses ou de quinze dias, consoante houvesse ou não citação do requerido) devia comunicar esse facto aos presidentes das Relações, bem como a razão da demora na prolação da decisão. No entanto, o Decreto-Lei n.º 180/96, de 25 de Setembro, revogou esta norma, por entender, conforme dispõe no seu Preâmbulo, que incumbe "ao órgão de gestão da magistratura judicial a verificação do incumprimento de prazos e a análise da sua justificação". Desta forma, uma vez que cabe nas competências do Conselho Superior da Magistratura a verificação do incumprimento dos prazos processuais por parte dos magistrados, podendo mesmo este incumprimento originar consequências disciplinares, esta norma acabou por ser suprimida.

[68] Neste sentido, Abrantes Geraldes, *Temas da Reforma do Processo Civil*, III Volume, cit., pág. 118, e Lopes do Rego, *Comentários ao Código de Processo Civil*, ob. cit., pág. 277.

instância, a Relação também se encontra obrigada a respeitar algum prazo, especificamente determinado, para proferir a sua decisão.

No caso de existência de recurso em sede de procedimentos cautelares, a lei não formulou expressamente qualquer norma que fixasse prazo para ser proferida a decisão pela Relação. No entanto, entendemos que, também neste âmbito, deve valer a regra constante do art. 382.º, n.º 1, do CPC, a qual refere expressamente que os procedimentos cautelares "revestem sempre carácter urgente". Assim, apesar de não ter sido imposto qualquer prazo específico em sede de recurso, também nesta fase processual se justifica a urgência na tomada de decisão. Não faria sentido que o processo cautelar corresse urgentemente até ao momento do recurso e, nesta fase, se arrastasse eternamente.

Também na Relação, os desembargadores deverão ter em conta a natural urgência dos procedimentos cautelares e dar-lhes prioridade relativamente às demais decisões a proferir. Pelo que, neste âmbito, a urgência é igualmente imposta.

Concordamos com Lopes do Rego[69] quando refere que nos casos de recurso não se justificava a imposição de prazos determinados para a decisão final. Isto porque, "se a providência foi decretada, o direito do requerente está já provisoriamente assegurado, através do efeito meramente devolutivo do recurso porventura interposto. Se, pelo contrário, a providência foi rejeitada em 1ª instância, existe já uma apreciação judicial desfavorável, que torna naturalmente menos provável a existência e relevância do direito ameaçado".[70]

Além da inequívoca consagração do carácter urgente dos procedimentos cautelares e da fixação de prazos máximos para a prolação da decisão em 1ª instância, o legislador determinou outras medidas adequadas à efectivação da celeridade no âmbito das providências cautelares.

Aliada à celeridade e à urgência tem de estar necessariamente a simplicidade da tramitação dos procedimentos. Seria injustificável, e incoerente, que se arrastasse, em demasia, a tramitação processual e se efectuassem averiguações pormenorizadas, e demasiado complexas, que retirassem à providência o efeito que ela visa salvaguardar.

---

[69] *Comentários ao Código de Processo Civil*, ob. cit., pág. 277. No mesmo sentido, Abrantes Geraldes, *Temas da Reforma do Processo Civil*, III Volume, cit., pág. 123.

[70] Em sentido contrário, Lebre de Freitas, *Código de Processo Civil Anotado*, Volume 2.º, cit., pág. 14, defende que a mesma razão de urgência que esteve na base da redacção do art. 382.º, n.º 2, do CPC justificava, igualmente, o estabelecimento de um prazo para a decisão de recurso interposta pelo recorrente da providência.

Concretizações da celeridade e consequente simplicidade da tramitação encontram-se em diversas normas constantes do capítulo relativo aos procedimentos cautelares, nomeadamente:

a) Prática de actos e contagem de prazos processuais mesmo em período de férias judiciais

A regra geral quanto à prática de actos e contagem dos prazos processuais vem prevista nos arts. 143.º, n.º 1, e 144.º, n.º 1, 1ª parte, ambos do CPC, onde se consagra a impossibilidade de prática de actos processuais nos dias em que os tribunais estiverem encerrados e durante o período de férias judiciais, bem como a aplicabilidade da regra da suspensão na contagem dos prazos durante as férias judiciais.

Aos procedimentos cautelares, por estarmos perante processos que a lei considera urgentes, são aplicáveis as excepções a estas regras, constantes dos arts. 143.º, n.º 2, e 144.º, n.º 1, *in fine*, ambos do CPC, traduzindo-se as mesmas na prática de actos e na contagem de prazos processuais durante o período de férias judiciais, não se suspendendo a sua contagem durante esse período.

b) Inadmissibilidade de citação edital do requerido

Atenta a celeridade que deve ser imprimida aos procedimentos cautelares, o legislador, nos termos do art. 385.º, n.º 3, do CPC,[71] considerou inviável a citação edital, nos casos em que não se consiga proceder à citação pessoal do requerido. Deste modo, o juiz deve dispensar a prévia audiência do requerido quando verifique que as diligências, com vista à obtenção da citação edital não permitem o decretamento, em tempo útil, da providência, nem o respeito pelos prazos máximos impostos pelo art. 382.º, n.º 2, do CPC para a decisão.

Atendendo a que as diligências impostas por lei, no caso em que ocorra a citação edital, provocam necessariamente o retardamento da tramitação normal do processo cautelar e tendo em conta a consequente ineficácia da citação edital para assegurar, eficazmente, o contraditório

---

[71] Com a entrada em vigor do Decreto-Lei n.º 38/2003, de 8 de Março, embora o teor do número do citado artigo mantenha na íntegra a sua redacção, passa a constar do número 4.

do requerido, a urgência na tomada de decisão da providência requerida exigiu que se tornasse inadmissível este tipo de citação. Desta forma, superou-se um obstáculo temporal gerador de excessiva delonga no proferimento da decisão, pelo tribunal, e propício a prejudicar seriamente os interesses do requerente.[72]

c) Especial forma de comunicação dos actos

De acordo com o art. 176.º, n.º 5, do CPC, a comunicação de actos urgentes por parte dos serviços judiciais pode revestir, para além da forma comummente utilizada para a sua transmissão (via postal, telecópia e meios telemáticos), a forma de telegrama, comunicação telefónica, ou outro meio análogo de comunicação.

Mais uma vez a urgência na prática dos actos processuais integrantes deste tipo de procedimentos justifica a excepcionalidade desta forma de comunicação.

d) Inexistência prévia do contraditório do requerido quando a sua audição puser em risco sério o fim ou a eficácia da providência

O requerido deve ser sempre ouvido pelo tribunal antes de ser proferida a decisão que decrete ou indefira a providência requerida. É esta a regra que impera no art. 385.º, n.º 1, do CPC em sede do procedimento cautelar comum.

Também neste âmbito se respeitou o princípio do contraditório já consagrado no art. 3.º, n.º 1, do CPC. No entanto, a lei permitiu que, em casos excepcionais, se possam "tomar providências contra determinada pessoa sem que esta seja previamente ouvida" (art. 3.º, n.º 2, do CPC).

---

[72] Apesar de nestes casos inexistir contraditório por parte do requerido, os seus interesses também são devidamente salvaguardados. Assim, de acordo com o art. 385.º, n.º 4, do CPC (com a entrada em vigor do Decreto-lei n.º 38/2003, de 8 de Março, esta norma passará a constar do n.º 5 do referido artigo), a revelia do requerido não citado não acarreta para este os efeitos cominatórios previstos no processo comum de declaração, tendo o tribunal de basear a sua decisão apenas nos factos alegados e provados pelo requerente. Além disso, de acordo com o art. 386.º, n.º 4, do CPC, proceder-se-á à gravação da prova produzida oralmente na audiência, por forma a que o requerido possa exercer cabalmente o contraditório após o decretamento da providência.

Um dos casos excepcionais, em que esta situação se pode verificar, ocorre no âmbito dos procedimentos cautelares, quando se preveja que a audiência do requerido põe em risco sério o fim ou a eficácia da providência.[73]

Neste caso, a urgência e a celeridade exigidas na tomada de decisão pelo tribunal, para salvaguarda dos interesses do requerente, impõem a prevalência da eficácia sobre o direito de defesa do requerido, sem prejuízo de serem colocados ao dispor do requerido meios de defesa eficazes para, *a posteriori*, salvaguardar o seu direito de defesa.[74]

No entanto, para que se prescinda previamente do contraditório, não basta o simples receio de que a audiência ponha em risco o fim ou a eficácia da providência. Esse risco tem de ser "sério" e deduzir-se suficientemente dos factos alegados.

É necessário estarmos perante um perigo excessivo, uma vez que, por si só, o recurso às providências cautelares já pressupõem a existência de uma situação de perigo de lesão grave e dificilmente reparável. Só assim se justifica, e se torna viável, prescindir da verificação do princípio do contraditório.

e) Existência de apenas dois articulados

No âmbito dos procedimentos cautelares apenas são permitidos dois articulados: o requerimento inicial e a oposição.

A celeridade exige que o requerente requeira a sua pretensão no requerimento inicial e o requerido se defenda através da oposição, concentrando-se nestes articulados a defesa de cada uma das partes.

---

[73] O legislador preveniu previamente o risco de ocorrência de prejuízos resultantes da audiência do requerido quando esteja em causa a restituição provisória da posse (art. 394.º do CPC) e o arresto (art. 408.º do CPC). Nestas duas situações específicas basta que através das provas apresentadas, respectivamente, se reconheça que o requerente tinha a posse e foi esbulhado dela violentamente, ou que há um receio justificado de que o requerente perca a garantia patrimonial do seu crédito para que o tribunal dispense a audiência prévia do requerido.

[74] O art. 388.º, n.º 1, do CPC coloca à disposição do requerido dois meios processuais alternativos para poder exercer o seu direito de defesa, caso não tenha havido contraditório prévio e a providência tenha sido decretada. Assim, quando entenda que não devia ter sido deferida a providência, pode o requerido recorrer, nos termos gerais, do despacho que a decretou ou, em alternativa, pode "deduzir oposição, quando pretenda alegar factos ou produzir meios de prova" que não foram tidos em conta pelo tribunal e que podem "afastar os fundamentos da providência ou determinar a sua redução".

A permissão de outras peças processuais neste âmbito retardaria o andamento do processo, o qual se pretende célere.

f) Indicação dos meios de prova juntamente com o requerimento inicial e com a oposição

De acordo com o art. 303.º do CPC, por remissão do art. 384.º, n.º 3, do CPC, as partes devem oferecer o rol de testemunhas e requerer outros meios de prova no requerimento inicial e na oposição.

Desta forma, a decisão é tomada com maior rapidez, uma vez que se poupa o tempo que seria perdido com a notificação das partes para apresentarem os seus meios de prova.[75]

g) Inadmissibilidade de articulados supervenientes[76] e dos incidentes de intervenção de terceiros

A inadmissibilidade de articulados supervenientes e dos incidentes de intervenção de terceiros é reflexo da celeridade e da eficácia que se impõe no âmbito dos procedimentos cautelares.

No domínio da legislação anterior, a inadmissibilidade de articulados supervenientes já era posição unânime na jurisprudência.[77] No entanto, quanto aos incidentes de intervenção de terceiros, a jurisprudência discutia e divergia sobre a sua admissibilidade.[78]

---

[75] Há divergência jurisprudencial relativamente à prova documental, nomeadamente quanto à aplicabilidade do art. 523.º, n.º 2, do CPC no âmbito dos procedimentos cautelares. A este propósito ver Abrantes Geraldes, *Temas da Reforma do Processo Civil*, III Volume, *cit.*, págs. 113 e 114, nota de rodapé n.º 165.

[76] Neste sentido, Abrantes Geraldes, *Temas da Reforma do Processo Civil*, III Volume, *cit.*, pág. 114, e Teixeira de Sousa, *Estudos sobre o Novo Processo Civil, cit.*, pág. 230.

[77] A este propósito ver Abrantes Geraldes, *Temas da Reforma do Processo Civil*, III Volume, *cit.*, pág. 114, nota de rodapé n.º 167, onde enuncia diversos acórdãos que defendem a inadmissibilidade de articulados supervenientes no âmbito dos procedimentos cautelares.

[78] Sobre esta questão ver Abrantes Geraldes, *Temas da Reforma do Processo Civil*, III Volume, *cit.*, pág. 115, nota de rodapé n.º 169, onde enuncia diversos acórdãos divergentes sobre esta matéria. Abrantes Geraldes defende como medida-regra, a inadmissibilidade de incidentes de intervenção de terceiros, embora considere que os embargos de terceiros e o incidente de intervenção provocada para assegurar a legitimidade litisconsorcial das partes, sob iniciativa dos interessados ou sugestão do juiz, é admissível no âmbito dos procedimentos cautelares.

h) Simplificação e concentração processual

Nas providências cautelares, da fase dos articulados passa-se directamente para a fase da audiência de julgamento, sendo eliminadas duas fases processuais: a audiência preliminar e a instrução.

Esta excepcionalidade de regime no âmbito dos procedimentos cautelares, relativamente ao regime previsto para o processo comum, tem o objectivo de respeitar a celeridade que é imposta a este tipo de procedimentos, como forma de proteger os interesses que através deles se visam tutelar.

Por esse motivo, os procedimentos cautelares devem ter um tratamento diferenciado por parte do juiz, e até mesmo da secretaria, por forma a evitar que a demora prolongada e excessiva na decisão, e, posteriormente, na execução da providência decretada, cause ou possa causar o prejuízo que se visa acautelar quando a mesma é requerida.

6.2 Instrumentalidade e dependência

Atenta a função de garantia que as providências cautelares desempenham, estas estão sempre dependentes de uma acção em que o autor faça valer o direito que pretende acautelar ou antecipar provisoriamente com a providência requerida. Esta acção pode estar já pendente no momento em que a providência é requerida ou apenas ser instaurada posteriormente ao seu decretamento. É o que dispõe o art. 383.º, n.º 1, do CPC.

Esta norma traduz o carácter de instrumentalidade e dependência que se estabelece entre as providências cautelares requeridas e as respectivas acções principais em que o direito em discussão é, definitivamente, decidido.

O processo cautelar não é um processo autónomo, mas um processo instrumental, no sentido de que pressupõe a existência de outra acção – a chamada acção principal –, da qual depende e cujo efeito útil visa garantir.

Como refere Alberto dos Reis, "o processo cautelar pressupõe necessariamente um outro processo (principal ou definitivo)", uma vez que aquele é o "instrumento apto para assegurar o pleno rendimento" deste.[79]

---

[79] BMJ, n.º 3, pág. 45.

Desta forma, é porque o processo cautelar serve o fim do processo principal que estamos perante uma relação instrumental.

Esta instrumentalidade caracterizadora dos procedimentos cautelares traduz-se na denominada *instrumentalidade hipotética*.[80] A razão de ser desta denominação está relacionada com o facto de as providências cautelares serem decretadas pelo juiz na pressuposição de que a decisão definitiva, a ser proferida no âmbito do processo principal, vai ser favorável ao requerente. É porque se antevê como provável determinada decisão final que é decretada a providência cautelar destinada a assegurar o efeito útil daquela.

Embora o procedimento cautelar possa ser preliminar da acção principal ou ser proposto já na sua pendência, em ambas as situações procede-se à apensação do procedimento à respectiva acção.[81]

A prova da instrumentalidade e dependência da providência cautelar face ao processo principal deduz-se, claramente, dos casos de caducidade, constantes do art. 389.º, n.º 1, do CPC, uma vez que as consequências da falta de instrumentalidade traduzem-se na caducidade da providência e, consequentemente, na extinção do procedimento cautelar. Esta situação ocorre quando a respectiva acção principal não é instaurada, quando esta seja julgada improcedente, quando se extinga o direito tutelado, ou quando haja desistência da instância.[82]

É neste contexto que o processo cautelar terá, necessariamente, de depender de uma acção principal. Se assim não fosse, a função e a finalidade que os procedimentos cautelares desempenham na legislação processual seria posta em causa e perderia toda a sua razão de ser.

---

[80] Neste sentido, Alberto dos Reis, BMJ, n.º 3, pág. 45, Castro Mendes, *Direito Processual Civil*, I Volume, Edição da Associação Académica, 1994, pág. 253, e Fernando Luso Soares, *Processo Civil de Declaração*, Coimbra, 1985, pág. 214.

[81] De acordo com o art. 383.º, n.ºs 2 e 3, do CPC, se o procedimento cautelar for requerido antes de proposta a acção principal, logo que esta seja instaurada, o procedimento deverá ser apensado. Se o procedimento cautelar for requerido no decurso da acção principal, o procedimento é igualmente processado por apenso, sendo instaurado no tribunal onde a acção principal corre.

[82] Cfr. Acórdão da Relação de Coimbra, de 17/11/87, BMJ, n.º 371, pág. 559.

6.3 Provisoriedade das medidas cautelares

A função exercida pelos procedimentos cautelares no ordenamento jurídico, bem como a consequente relação de interdependência existente entre as providências cautelares e as respectivas acções principais ou definitivas, determinam a caracterização destas figuras processuais como medidas provisórias.

Tendo em vista afastar as possíveis consequências nefastas da demora na resolução do litígio face a uma situação de perigo, as medidas cautelares permitem que, através de um julgamento rápido e muito sumário dos factos, o juiz profira uma decisão de natureza provisória que assegure a efectividade do direito ameaçado, enquanto a acção principal não seja julgada definitivamente.

Para decretar a providência o julgador apenas analisa sumariamente a relação jurídica substancial em causa, fundando a sua decisão, quanto à existência do direito alegadamente ameaçado, num juízo de mera probabilidade e verosimilhança. Ou seja, para proferir uma decisão célere e eficaz, o julgador corre o risco de proferir uma decisão injusta, uma vez que a lei exigiu um menor grau de certeza quanto à prova dos factos alegados.[83]

Atendendo a estas circunstâncias, uma decisão proferida nestas condições nunca poderia ser definitiva. Daí que a decisão proferida no âmbito dos procedimentos cautelares tenha natureza meramente provisória.

Teixeira de Sousa considera que a provisoriedade de qualquer providência cautelar resulta de duas circunstâncias essenciais. Uma dessas circunstâncias está relacionada com o facto de a tutela obtida na acção principal e a tutela obtida através do decretamento da providência serem *qualitativamente distintas*, se se atender aos pressupostos específicos de cada uma destas acções, nomeadamente ao grau de prova exigível quanto à existência do direito em causa. A outra circunstância está relacionada com o facto de a composição provisória fornecida pelas providências cautelares se "destinar a ser substituída por aquela que vier a resultar da acção principal da qual depende".[84]

---

[83] O grau inferior de certeza não sugere qualquer ligeireza na exigência da apreciação probatória, apontando a amplitude do princípio do inquisitório precisamente nesse sentido.

[84] *Estudos sobre o Novo Processo Civil*, cit., pág. 228.

Corroborando o pensamento de Teixeira de Sousa, julgamos que estas circunstâncias se traduzem na pedra de toque da característica que ora se evidencia.

"Porque é destinada a produzir efeitos somente até ao momento em que se forma a decisão definitiva"[85] e porque foi criada para permitir a elaboração ponderada e justa da decisão definitiva não poderíamos estar, nunca, perante uma medida definitiva ou determinante para o julgamento da acção principal.

É neste contexto que o art. 383.º, n.º 4, do CPC dispõe que "o julgamento da matéria de facto e a decisão proferida no procedimento cautelar não têm qualquer influência no julgamento da acção principal".[86]

A justificação deste regime não pode retirar-se senão da celeridade imprimida na resolução das providências e do carácter sumário da prova. Todos estes factores são determinantes para que a decisão provisoriamente tomada no âmbito dos procedimentos cautelares, independentemente do conteúdo que assuma, não possa, nem deva, influenciar a decisão a ser proferida na acção principal.[87]

"Pela sua própria natureza e pelas condições em que é decretada, a providência cautelar tem uma vida necessariamente limitada: só dura enquanto não é proferida a decisão final".[88] Isto porque, a partir do momento em que esta seja proferida a providência deixa de exercer a sua função preventiva, uma vez que o direito passará a estar definitivamente assegurado.

---

[85] Alberto dos Reis, *A figura do processo cautelar,* BMJ, n.º 3, pág. 45.

[86] Na anterior redacção da norma equivalente à disposição ora em causa (art. 386.º), a lei apenas referia que a decisão proferida no âmbito do procedimento cautelar não tinha influência na apreciação da causa. A actual redacção do art. 383.º, n.º 4, do CPC é mais esclarecedora e abrangente, não suscitando qualquer dúvida quanto á influência exercida na decisão final da acção principal pela decisão tomada em sede de procedimentos cautelares.

[87] No mesmo sentido, José João Baptista, *Processo Civil I – Parte Geral e Processo Declarativo,* 5ª Edição, Lisboa, 1998, pág. 92, ao referir "porque não oferecem as mesmas garantias de ponderação no seu julgamento, a decisão neles proferida, tenha ou não decretado a providência, não terá qualquer influência no julgamento da acção de que dependem".

[88] Alberto dos Reis, *Código de Processo Civil Anotado*, Volume I, *cit.*, pág. 626.

7. CADUCIDADE DAS PROVIDÊNCIAS CAUTELARES

As providências cautelares estão destinadas a perdurar por tempo limitado, até que seja proferida uma decisão final no âmbito da acção principal. Quando aquelas são decretadas vão permitir que as respectivas relações substanciais subjacentes à acção principal sejam objecto de uma apreciação profunda e ponderada, com vista a que se alcance uma decisão justa e reveladora da verdade material. Desta forma, a acção principal prosseguirá os seus trâmites normais até culminar com uma sentença que confirme, ou contrarie, a medida cautelar deferida.

Assim, as providências cautelares, além de terem carácter instrumental, por estarem sempre dependentes de uma acção, têm igualmente carácter provisório, uma vez que apenas a acção de que dependem decidirá definitivamente o litígio substancial.

São precisamente estas características que determinam o regime de caducidade previsto no art. 389.º do CPC.

O requerente da providência obtém, através do deferimento da providência requerida, uma tutela provisória baseada numa apreciação sumária do direito de que se arroga titular. Essa tutela, claramente favorável ao requerente, acarreta para a esfera jurídica do requerido prejuízos graves, uma vez que lhe impõe determinados comportamentos limitadores da sua actuação.[89]

"Urge que ao julgamento ligeiro e sumário se substitua um julgamento profundo e ponderado, que dê garantias de actuação do direito objectivo; urge que a relação litigiosa seja submetida a exame consciencioso, demorado, reflectido a fim de que o réu seja libertado do peso que se lhe impôs, se a análise amadurecida da relação jurídica revelar que o autor não tem razão".[90]

É atendendo à provisoriedade da medida decretada, bem como às limitações impostas ao requerido por essa medida, que se compreende a

---

[89] O decretamento de uma medida cautelar pode traduzir-se, para o requerido, na impossibilidade de praticar certos actos, como por exemplo ocorre no embargo de obra nova e na suspensão de deliberação social, na imposição de uma prestação mensal, como sucede no caso dos alimentos provisórios ou no arbitramento de reparação provisória, na apreensão de bens, o que sucede no caso do arresto e do arrolamento, podendo igualmente traduzir-se em tantas medidas quantas as requeridas com vista a tutela do direito do requerente.

[90] Alberto dos Reis, *Código de Processo Civil Anotado*, Volume I, *cit.*, pág. 630.

razão pela qual a lei condicionou a eficácia da providência decretada à propositura da respectiva acção principal dentro de um prazo determinado, contado a partir da data em que o requerente é notificado da decisão que a ordene.

É neste sentido que dispõe a alínea a) do n.º 1 do art. 389.º do CPC, ao impor ao requerente o ónus[91] de promover a instauração da acção principal, sob pena de suportar a caducidade da providência decretada e a consequente extinção do procedimento cautelar. No dizer de Alberto dos Reis, "o ónus da proposição da acção é a contrapartida lógica do benefício que o requerente obteve contra o requerido sobre a base duma apreciação jurisdicional sumária e provisória".[92]

Assim, se a providência cautelar não for requerida durante a pendência da acção principal ela caducará se o requerente não a propuser no prazo de 30 dias, a contar da data da decisão que a ordenou (art. 389.º, n.º 1, alínea a), do CPC). No entanto, este prazo é mais reduzido se o requerido não tiver sido ouvido antes do decretamento da providência. Neste caso, a acção principal deverá ser instaurada no prazo de 10 dias, contados a partir da notificação ao requerente de que o requerido foi notificado da decisão que ordenou o decretamento da providência, após a mesma ter sido realizada (arts. 389.º, n.º 2, e 385.º, n.º 5, do CPC).

O prazo de 30 dias fixado por lei para a propositura da respectiva acção principal conta-se a partir da notificação ao requerente da decisão que ordene a providência.[93] A norma que fixou este prazo tem a sua origem no Decreto-Lei n.º 180/96, de 25 de Setembro.

O Decreto-Lei n.º 329-A/95, de 12 de Dezembro, previa que a contagem do prazo se efectuasse a partir do momento em que o procedimento cautelar era instaurado, no entanto, o Decreto-Lei n.º 180/96,

---

[91] Neste sentido, entre outros, Abrantes Geraldes, *Temas da Reforma do Processo Civil*, III Volume, cit., pág. 271, Alberto dos Reis, *Código de Processo Civil Anotado*, Volume I, cit., pág. 629, Lopes do Rego, *Comentários ao Código de Processo Civil*, ob. cit., pág. 285, e Rodrigues Bastos, *Notas ao Código de Processo Civil*, vol. I, 3ª Edição, Lisboa, 1999, pág.171.

[92] Alberto dos Reis, *A figura do processo cautelar*, BMJ, n.º 3, págs. 72 e 73.

[93] O prazo conta-se a partir do momento em que o requerente ou o seu mandatário são notificados da decisão, nos termos dos arts. 254.º e 255.º do CPC, ou seja, por escrito através de carta registada, ou nos termos do art. 260.º do CPC, ou seja, oralmente no próprio acto de audiência de julgamento.

de 25 de Setembro, com o intuito de "evitar que o requerente tenha o ónus de intentar a acção principal sem conhecer a decisão que teve lugar no procedimento cautelar",[94] optou por manter vigente a redacção originária do Código.[95]

A redacção do n.º 2 do art. 389.º do CPC, que estabelece um prazo mais curto para a instauração da acção principal, quando o requerido não seja ouvido anteriormente ao decretamento da providência, deve-se igualmente ao Decreto-Lei n.º 180/96, de 25 de Setembro. Neste caso, além de o prazo ser de 10 dias, a sua contagem faz-se apenas a partir da notificação ao requerente de que a providência já se encontra executada e foi já comunicada ao requerido.

Com este regime pretendeu-se acautelar o interesse do requerente, não permitindo que o requerido dificulte a execução da providência decretada quando fosse citado para a acção principal.[96]

De acordo com a alínea a) do n.º 1 do art. 389.º do CPC, o ónus de propositura da acção principal apenas ocorre quando tenha sido decretada a respectiva providência. Ou seja, a caducidade da providência e consequente extinção do procedimento cautelar apenas ocorrem quando a decisão proferida, no âmbito da providência cautelar requerida, tenha sido favorável para o requerente. Pelo que, no caso de ter havido indeferimento da providência requerida, este ónus não existe, nem decorre da não propositura da acção principal a extinção do procedimento cautelar.[97]

A razão de ser desta solução, tal com defende Abrantes Geraldes,[98] reside no facto de estarmos perante uma decisão desfavorável para o

---

[94] Preâmbulo do Decreto-Lei n.º 180/96, de 25 de Setembro.

[95] Abrantes Geraldes, *Temas da Reforma do Processo Civil*, III Volume, *cit.*, pág. 273, nota de rodapé n.º 401, considerou que a redacção adoptada pelo Decreto-Lei n.º 180/96, de 25 de Setembro, se traduziu na pior de entre as soluções anteriormente propostas, defendendo a imediata instauração da acção após a instauração do procedimento cautelar. Esta sua posição está relacionada com o facto de defender que a opção feita pelo legislador, além de fomentar "o recurso aos procedimentos cautelares, sem que isso seja imediatamente acompanhado do accionamento dos mecanismos jurisdicionais definitivos", permite que se use inadequadamente o procedimento cautelar como meio de pressão sobre o requerido.

[96] Neste sentido, Lopes do Rego, *Comentários ao Código de Processo Civil*, ob. cit., págs. 285 e 286.

[97] Neste sentido, Abrantes Geraldes, *Temas da Reforma do Processo Civil*, III Volume, *cit.*, pág. 274, e Lebre de Freitas, *Código de Processo Civil Anotado*, Volume 2.º, *cit.*, pág. 51.

[98] *Temas da Reforma do Processo Civil*, III Volume, *cit.*, pág. 274.

requerente e que, à partida, beneficia o requerido, e da circunstância de a possível extinção do procedimento cautelar poder prejudicar o recurso eventualmente interposto da decisão que indeferiu a providência requerida.

É de acordo com este pensamento que a propositura da acção principal apenas faz sentido quando a providência cautelar tenha sido decretada.

Quanto ao fundamento de caducidade previsto pela alínea b) do art. 389.º do CPC, o mesmo decorre das razões que justificam a propositura da acção principal em determinado prazo.

Como estamos perante uma decisão provisória, é de todo conveniente que se obtenha a decisão definitiva, a ser proferida na acção principal, no menor espaço de tempo possível.

Além de se ter imposto ao requerente o ónus de propositura da acção principal, a lei também impôs "o ónus da diligência na promoção dos termos da causa".[99]

Desta forma, ainda que tenha sido proposta a acção principal no prazo estabelecido na alínea a) do n.º 1 e no n.º 2 do art. 389.º do CPC, de acordo com a alínea b) do n.º 1 do mesmo artigo, a providência caducará se o processo estiver parado mais de 30 dias por negligência do requerente.

Não seria coerente que o requerente após ter proposto a respectiva acção principal pudesse, através da sua inércia, adiar indefinidamente a decisão definitiva que garantirá às partes segurança e justiça na tutela dos seus direitos.

Daí que Alberto dos Reis refira que o ónus que a lei impõe traduz-se no "complemento natural e lógico do ónus da proposição".[100]

Deve entender-se, no entanto, que, caso a acção principal esteja parada mais de 30 dias por qualquer razão, não imputável ao requerente, este não pode ser prejudicado nem penalizado, não devendo, por esse motivo, caducar a providência deferida nem ser extinto o procedimento cautelar.

Só os actos que o requerente pratique, não devendo praticá-los, ou que não pratique, devendo praticá-los, e se reflictam na paralisação do

---

[99] Alberto dos Reis, *A figura do processo cautelar*, BMJ, n.º 3, pág. 74.
[100] Alberto dos Reis, *Código de Processo Civil Anotado*, Volume I, *cit.*, pág. 633. Cfr., ainda, Rodrigues Bastos, *Notas ao Código de Processo Civil*, Vol. I, *ob. cit.*, pág. 171.

processo principal durante mais de 30 dias,[101] é que são susceptíveis de provocar a caducidade da providência e a consequente extinção do procedimento cautelar.

A providência, por estar sujeita e dependente da acção principal, sofre as consequências da decisão final proferida neste âmbito. Desta forma, consoante a decisão definitiva, proferida na acção principal, condene ou absolva do pedido o réu, ou o absolva da instância, haverá consequências directas no âmbito da providência cautelar decretada.

O art. 389.º, n.º 1, alíneas c) e d), do CPC prevê a caducidade da providência cautelar caso a acção, por decisão transitada em julgado,[102] venha a ser julgada improcedente ou o réu venha a ser absolvido da instância e o requerente não proponha nova acção, por forma a aproveitar os efeitos da propositura da acção anterior.

No primeiro caso, a caducidade da providência e consequente extinção do procedimento é imediata. Contrariamente, no segundo caso, de acordo com o art. 289.º, n.º 2, do CPC, apenas ao fim de 30 dias decorridos, após o trânsito em julgado da decisão que absolveu o réu da instância, as consequências extintivas se verificam.

O fundamento para a caducidade no caso da improcedência da acção principal está relacionado com o facto de terem desaparecido as razões que estiveram na base do decretamento da respectiva providência. Ou seja, quando o réu é absolvido do pedido é porque o direito de

---

[101] Acerca de sobre quem recai o ónus da prova da negligência do autor ver as posições divergentes de Abrantes Geraldes, *Temas da Reforma do Processo Civil*, III Volume, *cit.*, pág. 276, Alberto dos Reis, *Código de Processo Civil Anotado*, Volume I, *cit.*, págs. 635 e 636, e Lebre de Freitas, *Código de Processo Civil Anotado*, Volume 2.º, *cit.*, pág. 52. Alberto do Reis e Abrantes Geraldes defendem que é ao requerido que cabe a prova da negligência do autor. Por sua vez, Lebre de Freitas é da opinião que essa posição era defensável quando na vigência do código anterior "o autor tinha o ónus geral de impulso subsequente do processo", contrariamente ao que sucede no Código actual. Defende ainda que, hoje em dia, "só em casos especiais", o autor tem esse ónus, o que faz "que lhe seja exigível que torne patentes as dificuldades que encontre na prática atempada do acto que a lei lhe impõe". Nessas situações, segundo Lebre de Freitas, é justo que caiba ao autor a prova de que o prazo não foi excedido por culpa sua.

[102] A medida cautelar mantém-se enquanto a sentença não transitar em julgado, por forma a que seja permitido ao autor recorrer da decisão proferida. Desta forma, uma vez que de acordo com o art. 387.º-A do CPC não cabe recurso para o Supremo Tribunal de Justiça, só após o acórdão que julgue o recurso interposto, confirmando a decisão tomada em 1ª instância é que a providência decretada caduca e o procedimento cautelar se extingue.

que o autor se arrogava titular não existia. Logo, tendo o juiz decretado a providência na convicção de que o requerente era titular do direito em discussão e apurando-se, posteriormente, na acção principal, que esse facto não é verdadeiro, não existem razões para que a providência cautelar se mantenha.

Também no caso de o réu ser absolvido da instância, se o autor não propuser nova acção no prazo de 30 dias, por forma a aproveitar os efeitos da propositura da acção anterior, não faz sentido que a providência cautelar se mantenha.

Estando em causa uma decisão que não julga do mérito da causa, é correcto dar-se ao autor um determinado prazo para corrigir os eventuais erros formais constantes da acção que propôs, daí que a lei tenha estipulado o prazo de 30 dias para o autor poder beneficiar dos efeitos da propositura da acção anterior. No entanto, se o autor não respeitar esse prazo a consequência será a caducidade da providência.

Já tudo se passa diferentemente se a decisão final for favorável ao requerente, condenando o réu no pedido.

Neste caso, "os efeitos da providência são absorvidos pelos efeitos da sentença – o que era provisório torna-se definitivo – ou perduram ainda, por anteciparem um acto executivo da sentença, transferindo-se para a acção executiva a propor a relação de subordinação existente entre o procedimento cautelar e o processo de que ele depende".[103] Desta forma, nesta situação, a providência não caduca nem o procedimento se extingue.

A última situação prevista no art. 389.º, n.º 1, do CPC, que determina a caducidade da providência cautelar decretada, consta da alínea e) e é aplicável nos casos em que o direito que o requerente pretende acautelar se tenha extinguido.

No caso de se extinguir o direito que o autor pretendia fazer valer na acção principal perde todo o significado a manutenção do procedimento cautelar. Deste modo, se o direito caducar ou prescrever, se houver desistência do pedido ou cumprimento da obrigação subjacente ao litígio, ou ainda qualquer outra forma de extinção do direito, a providência caducará e extinguir-se-á o procedimento cautelar.[104]

---

[103] Lebre de Freitas, *Código de Processo Civil Anotado*, Volume 2.º, *cit.*, pág. 53. No mesmo sentido, Alberto dos Reis, *Código de Processo Civil Anotado*, Volume I, *cit.*, pág. 639.

[104] No caso de as partes chegarem a acordo quanto ao objecto do litígio, ou no caso de o autor desistir da instância, a caducidade da providência não ocorre por aplicação

8. DIREITO COMPARADO: TUTELA ANTECIPADA

Sempre existiu uma inquietação na consciência jurídica universal em torno da necessidade de evitar o perigo de a demora do processo o transformar num instrumento inútil para cumprimento da sua função natural de defesa do direito subjectivo material da parte vencedora.[105]

Durante muito tempo as medidas de natureza preventiva tiveram uma função meramente instrumental neutra, ou seja, asseguravam a eficácia e tutela jurisdicional, mas não chegavam ao ponto de satisfazer, provisória e antecipadamente, o direito subjectivo material do litigante. No entanto, diante da necessidade de assegurar uma tutela mais pronta e eficaz do direito, a actividade legislativa foi no sentido de permitir a satisfação imediata desse direito, passando a tornar-se possível o decretamento de medidas cautelares com natureza antecipatória.

Daí que a matéria das providências cautelares mantenha sempre actualidade em todas as ordens jurídicas, sendo objecto de contínuo tratamento doutrinário e jurisprudencial, com vista a necessidade efectiva de afastar o receio da verificação de um dano jurídico.

É neste contexto que se revela deveras importante verificar se nos restantes ordenamentos jurídicos a figura da providência cautelar de arbitramento de reparação provisória se encontra prevista na lei processual e, em caso afirmativo, em que termos. No caso de não se encontrar regulada, ainda assim, importa averiguar se existem outros mecanismos jurídicos que permitam a aplicação de uma medida cautelar antecipatória com o mesmo conteúdo.

Na realidade, tal como refere Abrantes Geraldes, não se detecta noutras ordens jurídicas a existência de uma medida cautelar com contornos iguais, ou semelhantes, à providência de arbitramento de reparação provisória.[106] No entanto, esta circunstância não implica necessariamente que não possa ser decretada uma medida cautelar com o mesmo

---

da alínea e), n.º 1, do art. 389.º do CPC, uma vez que, nestas situações, o acto das partes tem de ser homologado pelo juiz e o conteúdo da sentença homologatória será de condenação ou de absolvição do pedido ou de absolvição da instância, sendo aplicáveis as alíneas c) ou d) do mesmo artigo, consoante as circunstâncias.

[105] Cfr. Calamandrei, *Introduzioni allo studio sistematico dei provvedimenti cautelari*, ob. cit., págs. 55 e segts..

[106] *Temas da Reforma do Processo Civil*, IV Volume, 2ª Edição, Coimbra, 2003, pág. 132, nota de rodapé n.º 224.

conteúdo antecipatório da providência em apreço, alcançando-se, na prática, os mesmos resultados em termos de tutela jurídica do direito da parte que o pretende fazer valer em juízo.

Importa, por isso, verificar de que forma é que esses resultados podem ser alcançados, nomeadamente através da análise da figura da tutela antecipada, ou também comummente chamada antecipação de tutela, a qual se tem vindo a manifestar, ao longo dos anos, em diversos ordenamentos jurídicos e a ser objecto de estudo pormenorizado pela doutrina.[107]

A pretensão de separar em campos diversos, e bem delineados, as medidas cautelares e as medidas de antecipação de tutela foi tarefa apenas do direito brasileiro, o qual introduziu no art. 273.º do Código de Processo Civil Brasileiro,[108] através da Lei n.º 8.952, de 13/12/94, a possibilidade da antecipação de tutela, como um incidente diverso das medidas cautelares,[109] situado dentro do próprio processo de conhecimento.

Diferentemente, no direito europeu[110] entendeu-se que a lei, em vez de criar uma nova figura jurídica com funções semelhantes à tutela cautelar, podia ampliar a tutela cautelar para incluir nela providências que satisfizessem antecipadamente o direito material do litigante.

---

[107] A este propósito ver, entre outros, Edoardo F. Ricci, *A tutela antecipatória no direito italiano*, Genesis – Revista de Direito Processual Civil, vol. 4, págs. 125 e segts., e Luiz Guilherme Marinoni, *Tutela cautelar e tutela antecipatória*, São Paulo, 1992, *Tutela antecipatória, julgamento antecipado e execução imediata da sentença*, 2ª Edição, São Paulo, 1998.

[108] O art. 273.º do CPC brasileiro tem a seguinte redacção: "O juiz poderá, a requerimento da parte, antecipar, total ou parcialmente, os efeitos da tutela pretendida no pedido inicial, desde que, existindo prova inequívoca, se convença da verosimilhança da alegação e: I – haja fundado receio de dano irreparável ou de difícil reparação; ou II – fique caracterizado o abuso de direito de defesa ou o manifesto propósito protelatório do réu. § 1.º Na decisão que antecipar a tutela, o juiz indicará, de modo claro e preciso, as razões do seu convencimento. § 2.º Não se concederá a antecipação da tutela quando houver perigo de irreversibilidade do provimento antecipado. § 3.º A execução da tutela antecipada observará, no que couber, o disposto nos incisos II e III do art. 588. § 4.º A tutela antecipada poderá ser revogada ou modificada a qualquer tempo em decisão fundamentada. § 5.º Concedida ou não a antecipação da tutela prosseguirá o processo até final julgamento".

[109] As medidas cautelares vêm tratadas nos arts. 796.º a 889.º, integrando o Livro III ("Do Processo Cautelar") do CPC brasileiro.

[110] Foi na Europa onde se sentiu primeiro a necessidade de conferir ao julgador a possibilidade de satisfação provisória da pretensão cuja realização se pretende alcançar com a decisão definitiva.

Desta forma, a criação de medidas com conteúdo antecipatório operou-se dentro da própria figura da tutela cautelar, passando a distinguir-se os procedimentos cautelares em duas grandes categorias: procedimentos cautelares conservatórios da situação de facto ou de direito, sobre os quais deverá incidir a futura sentença, e procedimentos cautelares antecipatórios da satisfação do direito.[111]

Assim, no direito comparado, particularmente nas fontes europeias, a distinção entre tutela cautelar e antecipatória é eminentemente teórica, para justificar os fundamentos de cada uma das medidas em questão, procurando-se harmonizá-las como integradas dentro do escopo geral da tutela cautelar.

O direito alemão juntou às tradicionais medidas cautelares preventivas outras que correspondem ao poder que se reconhece ao juiz de assegurar a paz entre os litigantes (ZPO, §940).

No âmbito desta actividade de antecipação da composição da lide, o direito germânico autoriza mesmo a condenação provisória (*Befriedigungsvefügung*), para evitar que o direito subjectivo da parte se torne *nudum jus*, por aguardar demasiado tempo por uma sentença de mérito que lhe é favorável. É através dessa condenação provisória que a lei alemã, ao permitir uma antecipação da tutela de mérito, pretende contribuir para a manutenção da paz jurídica.[112]

Da mesma forma, o direito suíço admite medidas provisórias equivalentes às do direito alemão. Entre elas surgem as que visam garantir o sucesso de uma execução forçada posterior e as que compõem provisoriamente a situação jurídica a ser solucionada de maneira definitiva na sentença final.[113]

Também no direito grego[114] e polaco[115] foi consentida a satisfação provisória de direitos, através da admissibilidade de medidas antecipatórias em relação à decisão de fundo.

---

[111] Cfr. Andrea Proto Pisani, *La nuova disciplina del Processo Civile*, Napoli, 1991, pág. 308.

[112] Cfr. Walther J. Habscheid, *Les mesures provisoires en procédure civile: droits allemand et suisse*, Atti del Colloquio Internazionale, coordenado por Giuseppe Tarzia, págs. 46 e 47.

[113] Cfr. Walther J. Habscheid, *Les mesures provisoires en procédure civile*, ob. cit., pág. 51.

[114] A este propósito ver K. D. Kerameus e K. P. Polyzogoulos, *Les mesures provisoires en procédure civile, ob. cit.*, pág. 57.

[115] A este propósito ver Witold Bronie Wicz, *Les mesures provisoires en procédure civile, ob. cit.*, pág. 25.

Em França e na Bélgica, através do instituto do "référé",[116] *maxime* o "référé-provision", torna-se possível "o juiz conceder uma *provision* a favor do credor, por conta da quantia a arbitrar na decisão final, o que abarca, entre outras situações, direitos atinentes à responsabilidade civil extracontratual".[117] Estamos perante um meio provisório de tutela imediata que não prejudica nem incide sobre o mérito da causa, apesar de, na maioria das vezes, antecipar medidas que satisfazem o direito de um dos litigantes.[118] Este instituto é ainda caracterizado pela sua autonomia, uma vez que a medida provisória conserva os seus efeitos, ainda que não seja seguida pela respectiva acção principal.

Em Itália a tutela antecipada é admitida, através da norma constante do art. 700.º do Codice di Procedura Civile,[119] ao permitir que se assegurem provisoriamente os efeitos da decisão de mérito.

Embora assegurar os efeitos da decisão de mérito não queira dizer, em rigor, antecipar tais efeitos, certo é que por meio de uma autêntica distorção do seu conteúdo literal, a palavra assegurar foi interpretada como se significasse também antecipar.[120]

No entanto, através desta norma, e face à interpretação dada ao pressuposto da irreparabilidade do dano, a jurisprudência negou a possibilidade de tutelar antecipadamente o direito da parte perante obrigações de carácter pecuniário ou perante obrigações cujo não cumprimento fosse

---

[116] Este instituto encontra-se previsto nos arts. 484.º e segts. do Code de Procédure Civile, tendo o art. 484.º a seguinte redacção: "L'ordonnance de référé est une décision provisoire rendue à la demande d'une partie, l'autre présente ou appelée, dans les cas où la foi confère à un juge qui n'est pas saisi du principal le pouvoir d'ordonner immédiatement les mesures nécessaires".

[117] Cfr. Abrantes Geraldes, *Temas da Reforma do Processo Civil*, IV Volume, *cit.*, pág. 134, nota de rodapé n.º 224, ao citar Roger Perot, *Les mesures provisoires en procédure civile, ob. cit.*, pág. 162.

[118] Cfr. Darci Ribeiro, *Aspectos relevantes da teoria geral da acção cautelar inominada*, acedido em *www.genedit.com*.

[119] O art. 700.º é uma norma inserida no Capítulo III, do Livro IV, do Codice de Procedura Civile, intitulado "Dei procedimenti cautelari" e tem a seguinte redacção: "Fuori dei casi regolati nelle precedenti sezioni di questo capo, chi há fondato motivo di temere che durante il tempo ocorrente per far valere il suo diritto in via ordinaria, questo sai minacciato da un pregiudizio imminente e irreparabile, può chieder com ricorso al giudice i provvedimenti d'urgenza, che appaiono, secondo le circostanze, più idonei ad assicurare provvisoriamente gli effetti della decisione sul merito".

[120] Cfr. Edoardo Ricci, *A tutela antecipatória no direito italiano, ob. cit.*, pág. 128, e G. Arieta, *I provvedimenti d'urgenza*, 2ª edição, Padova, 1985, pág. 68.

susceptível de reparação mediante ressarcimento pecuniário, apesar de essa admissibilidade ser defendida pela alguma doutrina, designadamente por Luigi Montesano,[121] e Salvatore Satta e Carmine Punzi.[122]

Assim, a admissibilidade de antecipação de prestações pecuniárias apenas está prevista no art. 24.º da Lei n.º 990, de 24 de Dezembro de 1969, para os casos de responsabilidade emergente de acidentes de viação, onde se prevê a possibilidade de ser atribuída uma prestação, até ao limite máximo de 4/5 do quantitativo a ser liquidado na sentença, verificada que seja uma situação de necessidade.[123]

Foi desta forma que a tutela antecipada ingressou no direito italiano, antes mesmo de o legislador se ter proposto a criá-la através de uma norma expressa.[124]

Do modo como a tutela antecipada está prevista em diversos ordenamentos jurídicos, facilmente se verifica que, em regra, a mesma se encontra inserida no âmbito da tutela cautelar, podendo esta traduzir-se num procedimento conservatório ou antecipatório, consoante, respectivamente, vise conservar a situação de facto ou de direito até ao momento da prolação da decisão final ou permita a satisfação provisória e efectiva do direito em causa no litígio.

É igualmente neste contexto que se insere o art. 381.º, n.º 1, do CPC, ao prever, no âmbito do procedimento cautelar comum, a possibilidade de ser requerida "a providência conservatória ou antecipatória concretamente adequada a assegurar a efectividade do direito ameaçado".

---

[121] *Les mesures provisoires en procédure civile*, ob. cit., pág. 117.

[122] *Dirritto Processuale Civile*, 12ª Edição, 1996, pág. 974, nota de rodapé n.º 125.

[123] Cfr. Proto Pisani, *Commentario Breve al Codice di Procedura Civile*, 1988, pág. 639.

[124] Entre Dezembro de 1994 e Julho de 1996, a Comissão Tarzia elaborou um projecto de reforma do Codice di Procedura Civile cujas principais novidades, no âmbito da tutela de urgência, se traduziram, por um lado, na previsão expressa de que os procedimentos cautelares constantes do art. 700.º do Codice di Procedura Civile podem assegurar e antecipar a tutela, e por outro, na eliminação do pressuposto da irreparabilidade do dano, substituindo-o pelo dano gravíssimo. O objectivo destas inovações seria o de evitar a interpretação forçada do referido art. 700.º, relativamente à tutela antecipada, e permitir a mesma nas hipóteses de obrigações pecuniárias e de obrigações cujo inadimplemento pode ser reparado através de ressarcimento pecuniário (Cfr. Edoardo Ricci, *Possíveis novidades sobre a tutela antecipada em Itália*, acedido em www.genedit.com).

Quanto à providência de arbitramento de reparação provisória, embora estejamos perante uma providência especificada, ela traduz-se numa medida de natureza antecipatória e, como tal, ainda que não se encontrasse especificamente prevista, poder-se-ia obter uma medida cautelar com o seu conteúdo, por aplicação das normas constantes do procedimento cautelar comum.

Desta forma, também nos ordenamentos jurídicos estrangeiros, através da previsão geral da tutela antecipada se torna possível obter o decretamento de uma medida provisória que tenha por objecto o arbitramento de uma renda mensal, desde que se verifiquem os pressupostos gerais de que as respectivas leis processuais fazem depender a atribuição das providências cautelares.

Por último, resta apenas referir que há uma semelhança entre a providência de arbitramento de reparação provisória e a norma constante do art. 24.º da Lei n.º 990, de 24 de Dezembro de 1969, vigente em Itália, embora esta se restrinja à responsabilidade emergente de acidentes de viação.

Desta forma, poder-se-á concluir que a previsão específica da providência de arbitramento de reparação provisória é singular no direito comparado, tendo em conta a preferência, nos ordenamentos jurídicos estrangeiros, pela previsão de uma cláusula geral susceptível de abarcar um número indeterminado de medidas cautelares de conteúdo muito diverso.

9. NATUREZA DOS PROCEDIMENTOS CAUTELARES

O art. 4.º do Código de Processo Civil de 1939 enumerava as acções conservatórias como espécie de acções consoante o seu fim, ao lado das acções de simples apreciação, de condenação, constitutivas e executivas.

Desta forma, autonomizavam-se os processos conservatórios (correspondentes aos actuais processos cautelares), distinguindo-os dos restantes processos e reconhecendo-os como verdadeiras acções quanto ao seu fim.[125]

---

[125] Neste sentido, Alberto dos Reis, *A figura do processo cautelar*, BMJ, n.º 3, pág. 32.

A solução adoptada pelo Código de Processo Civil de 1961 foi diferente da preconizada pelo Código de 1939, uma vez que a redacção actual do art. 4.º deixou de enumerar o processo cautelar como espécie de acção consoante o fim. Apenas manteve essa classificação quanto às acções declarativas (de simples apreciação, de condenação e constitutivas) e executivas.

Desta forma, os processos anteriormente designados preventivos e conservatórios deixaram de figurar nas espécies de acções enumeradas no art. 4.º do CPC e passaram a ser denominados por procedimentos cautelares, tendo sido regulados nos arts. 381.º e segts. no capítulo IV ("Dos procedimentos cautelares") do título I ("Disposições Gerais") do Livro III ("Do Processo").

A principal razão que terá levado o legislador a denominar os meios de tutela cautelar por procedimentos, e não por acções, está relacionada com o facto de os procedimentos cautelares carecerem de autonomia,[126] encontrando-se dependentes de uma acção, já pendente ou a propor, que tenha por fundamento o direito acautelado.

A prova desta dependência resulta, claramente, do disposto nos arts. 383.º e 389.º, ambos do CPC, ao referirem, respectivamente, a relação que se estabelece entre o procedimento cautelar e a acção principal e os casos que determinam a caducidade da providência.

Apesar de o Código de 1961 ter negado ao procedimento cautelar a natureza de acção,[127] a doutrina diverge quanto à sua efectiva natureza processual, ainda que seja unânime a aceitação da dependência[128] como característica fundamental dos procedimentos cautelares.

---

[126] Antunes Varela refere que o anteprojecto do Código de 1961 chamou-lhe procedimentos porque "a apreciação e o julgamento das providências preventivas obedecem a uma estrutura diferente das verdadeiras acções, principalmente no que respeita à fase instrutória de umas e outras" (RLJ, 122.º, pág. 297).

[127] Nos trabalhos preparatórios da reforma de 1961, Adelino da Palma Carlos propôs que aos procedimentos cautelares se desse o nome de acções cautelares (BMJ, n.º 102, pág. 5 e segts.). No entanto, a referida proposta não foi transposta para a redacção final do Código. Esta posição assentava no facto de Palma Carlos, *O Direito*, Ano 105, 1973, pág. 238, considerar que o processo civil tinha essencialmente três fins: "a) prevenção da violação do direito; b) declaração do direito controvertido ou incerto; c) efectivação do direito declarado ou consubstanciado em título bastante para tornar desnecessária a sua prévia declaração judicial". A estes três fins correspondiam, respectivamente, as acções cautelares, as acções declarativas e as acções executivas.

[128] Cfr. Alberto dos Reis, *A figura do processo cautelar*, BMJ, n.º 3, pág. 69, Anselmo de Castro, *Direito Processual Civil Declaratório*, vol. I, *ob. cit.*, pág. 136,

Segundo Galvão Telles, "nada há, conceitualmente, que leve a negar a existência de acções dependentes de outras", chegando mesmo a afirmar que "não se vê em que é que o vínculo de dependência seja inconciliável com a ideia de acção", uma vez que a própria lei reconhece expressamente casos de acções dependentes de outras.[129]

De igual modo, Anselmo de Castro não concorda com o facto de se ter excluído os procedimentos cautelares da enumeração do art. 4.º do CPC, uma vez que estes, tal como é característica fundamental das acções, "dependem igualmente de pedido, e a actividade dos tribunais só pode ser exercida dentro dos seus limites".[130]

Desta forma, o argumento da dependência do processo cautelar relativamente a uma acção que tenha por objecto o direito acautelado pela respectiva providência não é determinante para que estes autores não considerem os procedimentos cautelares como verdadeiras acções.

De facto, é inegável a relação de dependência existente entre os procedimentos cautelares e as respectivas acções principais. No entanto, para estes autores, é também certo que esta dependência não é impeditiva de que se qualifique o procedimento cautelar como acção, se atentarmos, única e exclusivamente, na função que desempenham e no fim que é prosseguido por esta figura processual.

Embora nenhum dos actuais artigos do CPC assuma claramente esta posição, é curioso notar que, apesar de a reforma processual de 1995 e 1996 não ter alterado a redacção do art. 4.º do CPC, o próprio preâmbulo do Decreto-Lei n.º 329-A/95, de 12 de Dezembro, a propósito das alterações introduzidas no âmbito dos procedimentos cautelares, mais concretamente com a instituição de um verdadeiro procedimento cautelar comum, refere expressamente a existência de uma verdadeira

---

Castro Mendes, *Direito Processual Civil*, I Volume, ob. cit., pág. 253, Galvão Telles, *Introdução ao Estudo do Direito*, cit., pág. 55, e Teixeira de Sousa, *Estudos sobre o Novo Processo Civil*, cit., pág. 245.

[129] Galvão Telles chega mesmo a dar como exemplo da dependência entre acções as situações previstas nos arts. 275.º, n.º 2, e 279.º, n.º 1, do CPC: 1º caso – Se forem deduzidos em acções separadas, direitos dependentes uns dos outros, a lei possibilita a sua apensação na respectiva ordem de dependência; 2º caso – A mesma relação de dependência pode ocorrer quando se ordene a suspensão de uma acção, na qual a decisão a ser proferida esteja dependente de outra decisão a ser proferida noutra acção. Nestes dois casos, apesar da relação de dependência, estamos perante acções distintas (*Introdução ao Estudo do Direito*, cit., pág. 55).

[130] *Direito Processual Civil Declaratório*, Vol. I, ob. cit., pág. 131.

acção cautelar geral, visando a tutela provisória de quaisquer situações de *periculum in mora* não especialmente previstas pelos procedimentos cautelares especificados.

Desta forma, apesar de se poder entender, tal como faz Lebre de Freitas, que estamos perante uma "terminologia discutível",[131] face à referida redacção do preâmbulo do Decreto-Lei n.º 329-A/95, de 12 de Dezembro, é legítimo questionar se o próprio legislador não terá considerado que os procedimentos cautelares consubstanciam uma verdadeira acção, tomando posição sobre a questão.

Para os defensores da caracterização dos processos cautelares como acções é o direito de cautela que distingue a figura dos processos cautelares das restantes acções declarativas e executivas. É o fim especialmente prosseguido através deste direito que coloca estes procedimentos na categoria geral de acções, ao lado das restantes espécies de acções.

A propósito dos fins prosseguidos pelos procedimentos cautelares importa ter em consideração os ensinamentos de Alberto dos Reis, seguidor da doutrina de Calamandrei e de Carnelutti, a quem faremos igualmente referência.

Carnelutti aponta como um dos fins do processo, ao lado da *jurisdição* e da *execução*, a prevenção, à qual corresponde a acção cautelar. Este fim de prevenção deriva do facto de poderem ocorrer, durante a pendência da acção, danos para o autor e prossegue-se através da *composição provisória da lide*, ou seja, através do decretamento de providências que afastem este perigo.[132]

Considera, pois, que existe substantivamente um verdadeiro direito de cautela que, processualmente, se projecta numa acção destinada a fazer valer esse mesmo direito.

Por sua vez, Calamandrei distingue a acção cautelar das restantes acções, não pela natureza intrínseca da actividade exercida pelo juiz neste tipo de acções, mas pelo fim que se propõe prosseguir. É através da sua função preventiva que se deve diferenciar das restantes acções, uma vez que se destina a evitar o *periculum in mora*, gerador de danos, resultante da demora na decisão definitiva.[133]

---

[131] *Código de Processo Civil Anotado*, Volume 2.º, *cit.*, pág. 5.
[132] *Sistema de Diritto Processual Civile*, Volume 1º, Padova, pág. 205.
[133] *Introduzioni allo studio sistematico dei provvedimenti cautelari*, ob. cit., págs. 15 e segts..

O carácter distintivo e caracterizador destes procedimentos é serem o meio idóneo e eficaz para se garantir a eficácia e utilidade da decisão final a ser proferida no âmbito da acção principal.

No seguimento destas posições, Alberto dos Reis, no seu notável trabalho intitulado *A figura do procedimento cautelar*,[134] considera que o "traço típico do processo cautelar está, por um lado, na espécie de perigo que ele se propõe conjurar ou na modalidade de dano que pretende evitar, e, por outro, no meio de que se serve para conseguir o resultado que visa".

Quanto ao perigo especial está a referir-se ao *periculum in mora*, ou seja, ao perigo resultante da demora processual. Quanto ao meio refere-se à "apreciação provisória da relação litigiosa".

É perante estas considerações, e atendendo ao fim preventivo que a figura cautelar desempenha, que consideramos estar perante uma verdadeira acção cautelar, conforme refere expressamente o preâmbulo do Decreto-Lei n.º 329-A/95, de 12 de Dezembro.

No entanto, não é pelo facto de não se atribuir expressamente a denominação de acção aos procedimentos cautelares que eles não continuam a ter na ordem jurídica uma importância fundamental na tutela dos direitos dos seus titulares.

Apesar das posições divergentes quanto a esta questão, parece tratar-se de uma mera divergência conceitual uma vez que não se vislumbra qualquer projecção no regime dos procedimentos cautelares.

---

[134] *A figura do processo cautelar*, BMJ, n.º 3, págs. 27 e segts..

CAPÍTULO II
ARBITRAMENTO DE REPARAÇÃO PROVISÓRIA

1. APARECIMENTO DA PROVIDÊNCIA NO ORDENAMENTO JURÍDICO PORTUGUÊS E SEU ENQUADRAMENTO SISTEMÁTICO

Com a entrada em vigor no dia 1 de Janeiro de 1997 do Decreto-Lei n.º 329-A/95, de 12 de Dezembro, e do Decreto-Lei n.º 180/96, de 25 de Setembro, a matéria dos procedimentos cautelares, constante do Capítulo V do Título I do Livro III do CPC, sofreu relevantes alterações, as quais se traduziram essencialmente em novidades de carácter sistemático.

Para além de se ter instituído um verdadeiro procedimento cautelar comum, formado pelo regime jurídico aplicável às pretensões de natureza cautelar que não encontrem acolhimento na previsão concreta dos procedimentos nominados, no âmbito dos procedimentos especificados, criou-se uma nova providência, à qual se chamou "Arbitramento de reparação provisória".

Esta figura processual tem a sua origem no Anteprojecto do Código de Processo Civil, datado de 1993, também conhecido por Projecto da Comissão Varela, uma vez que foi o art. 337.º deste projecto que, sob a epígrafe "Alimentos por conta da indemnização", propôs pela primeira vez o arbitramento de alimentos provisórios na dependência da acção de indemnização fundada na morte ou lesão corporal do ofendido.[135]

---

[135] O art. 337.º do projecto da Comissão Varela, sob a epígrafe "Alimentos por conta da indemnização", tinha a seguinte redacção: "1. *Como dependência da acção de indemnização fundada na morte ou lesão corporal do ofendido, podem os lesados, bem como os titulares do direito a que se refere o n.º 3 do art. 495.º do Código Civil, requerer que, por conta da indemnização e nos termos deste capítulo, lhes sejam arbi-*

A norma constante do citado art. 337.º encontrava-se inserida no título reservado às providências cautelares especificadas, mais concretamente, no capítulo dos alimentos provisórios, constituindo uma das possibilidades fixadas por lei de serem arbitrados alimentos provisórios. Deste modo, no âmbito do Projecto da Comissão Varela, o conteúdo deste artigo não se podia considerar uma providência cautelar especificada, autónoma e independente da figura dos alimentos provisórios, uma vez que a sua previsão estava inserida no âmbito desta providência.

No entanto, a autonomia do conteúdo desta norma não tardou a ocorrer.

A criação da providência cautelar de arbitramento de reparação provisória, como procedimento cautelar especificado, ficou a dever-se à redacção dada pelo Decreto-Lei n.º 329-A/95, de 12 de Dezembro, e pelo Decreto-Lei n.º 180/96, de 25 de Setembro, aos arts. 403.º a 405.º do CPC. A sua cuja redacção ainda hoje se mantém integralmente em vigor, não tendo sofrido qualquer alteração posterior.

São apenas três os artigos do CPC que regulamentam e fixam o regime jurídico da providência cautelar de arbitramento de reparação provisória.

O art. 403.º define o âmbito de aplicação da providência bem como os seus pressupostos. Por sua vez, o art. 404.º regula a sua tramitação processual. Por último, o art. 405.º dedica a sua redacção à matéria objecto da sua epígrafe, "Caducidade da providência e repetição das quantias pagas".

A redacção dos números 1, 3 e 4 do art. 403.º do CPC resulta do Decreto-Lei n.º 329-A/95, de 12 de Dezembro. Quanto ao número 2 do mesmo artigo, a redacção final resulta da alteração inserida pelo Decreto--Lei n.º 180/96, de 25 de Setembro, que retirou à anterior redacção dada pelo Decreto-Lei n.º 329-A/95, de 12 de Dezembro, a expressão "sem dependência da prestação de caução". Esta alteração deveu-se ao facto de o art. 392.º, n.º 2, do CPC, com a redacção dada pelo Decreto-Lei n.º 180/96, de 25 de Setembro, ter previsto, sem margem para quaisquer dúvidas, que apenas no caso dos procedimentos cautelares especificados do arresto e do embargo de obra nova pode o juiz tornar a concessão dessas providências dependentes da prestação de caução. De acordo

---

trados os alimentos provisórios que careçam. 2. Na falta de pagamento voluntário, a execução da sentença segue a forma da execução especial por alimentos."

com a alteração da redacção deste artigo, impunha-se a supressão da referida expressão da redacção do art. 403.º, n.º 2, do CPC, uma vez que a sua existência seria redundante, não trazendo qualquer novidade ao nível do regime jurídico aplicável à providência de arbitramento de reparação provisória.

A redacção dos arts. 404.º e 405.º do CPC é obra do Decreto-Lei n.º 329-A/95, de 12 de Dezembro. No entanto, a redacção do n.º 2 do art. 404.º tem a sua origem no n.º 2 do art. 337.º do Projecto da Comissão Varela, tendo o Decreto-Lei n.º 329-A/95, de 12 de Dezembro, apenas aditado a expressão "a decisão é imediatamente exequível".

Sistematicamente, a providência cautelar de arbitramento de reparação provisória foi inserida na subsecção IV, cuja epígrafe tem a sua denominação, da secção II ("Procedimentos cautelares especificados"), do capítulo IV ("Dos procedimentos cautelares"), do Título I ("Das disposições gerais") do Livro III ("Do Processo") do CPC.

É este procedimento cautelar especificado que vai ser objecto de estudo pormenorizado no presente capítulo.

2. RAZÕES QUE DETERMINARAM A SUA CRIAÇÃO COMO PROCEDIMENTO CAUTELAR ESPECIFICADO

Apenas a partir de 1997, com a entrada em vigor do Decreto-Lei n.º 329-A/95, de 12 de Dezembro, e do Decreto-Lei n.º 180/96, de 25 de Setembro, a ordem jurídica colocou à disposição dos interessados a possibilidade de fazerem uso de um novo instrumento de natureza cautelar.

Como resultado das alterações introduzidas por esta reforma processual no âmbito dos procedimentos cautelares, o legislador previu, abstractamente, uma específica situação de facto carecida de tutela urgente, inseriu-a na secção dos procedimentos cautelares especificados, ao lado das anteriormente denominadas providências especificadas, e, desta forma, criou uma nova providência cautelar a que deu o nome de "Arbitramento de reparação provisória".

A necessidade de o legislador prever e regular especificamente esta providência cautelar especificada está relacionada, para além dos motivos específicos que determinaram a sua criação, com as razões gerais que justificam a existência dos restantes mecanismos de tutela cautelar.

As razões que estão na base do regime jurídico previsto para o procedimento cautelar comum e para os procedimentos cautelares especificados estão directamente relacionadas com a função desempenhada por estes mecanismos processuais no nosso ordenamento jurídico.

A intervenção de um órgão judicial na resolução de interesses conflituantes traduz o meio mais eficaz na garantia dos direitos das partes envolvidas nos litígios. Todavia, em regra, a existência de um processo judicial traz consigo diversos inconvenientes, sendo um dos mais flagrantes a morosidade na resolução definitiva dos conflitos de interesse subjacentes ao mesmo.[136]

Embora esta morosidade seja uma consequência, de certa forma, normal, fruto da necessidade de se alcançar uma decisão suficientemente reflectida e segura,[137] muitas vezes, uma demora excessiva na resolução do litígio acarreta para os titulares do direito prejuízos irremediáveis na sua esfera jurídica.

Foi precisamente procurando evitar o risco de lesão ou a atenuação dos prejuízos decorrentes da demora da decisão definitiva que a lei criou as providências cautelares, traduzindo-se estas em mecanismos jurídicos destinados a garantir eficazmente, e com celeridade, os direitos das partes.[138]

É neste contexto de tutela urgente de situações que podem ser geradoras de prejuízos graves e dificilmente reparáveis que se encontra inserida a recente providência cautelar especificada.

---

[136] Na sessão solene de abertura do ano judicial de 1999, que teve lugar no dia 20 de Janeiro no Supremo Tribunal de Justiça, os discursos proferidos pelo Presidente da República, Jorge Sampaio, e pelo Presidente do Supremo Tribunal de Justiça, Jaime Cardona Ferreira, evidenciaram preocupação relativamente à demora processual, procurando definir as suas causas concretas e as soluções para a sua resolução. Nessa medida, o combate ao protelamento da decisão final foi indicado como um dos objectivos prioritários, com vista a proporcionar uma justiça pronta e eficaz (BMJ, n.º 482, págs. 7 e segts.).

[137] No dizer de Alberto dos Reis, "a demora no julgamento final e definitivo é, dentro de certos limites razoáveis, um facto normal e impossível de remover" (*Código de Processo Civil Anotado*, Vol. I, *cit.*, pág. 624).

[138] Ver a este propósito Abrantes Geraldes, *Temas da Reforma do Processo Civil*, III Volume, *cit.*, págs. 38 e segts., Alberto dos Reis, *Código de Processo Civil Anotado*, Volume I, *cit.*, págs. 624 e segts., e Eurico Dini e Giovani Mammone, *Provvedimenti d'Urgenza*, 6ª edição, 1993, págs. 3 e segts..

Todas as situações de facto que subjazem à previsão dos procedimentos cautelares especificados, atenta a sua importância prática e social, mereceram por parte do legislador a tutela directa e específica na secção respectiva do capítulo do CPC, reservado aos procedimentos cautelares, sem prejuízo de, caso não tivessem sido especialmente previstas, poderem igualmente ser tuteladas através do decretamento de determinada providência, através da aplicação da cláusula geral constante do art. 381.º do CPC.

À semelhança do que sucedeu com as restantes providências cautelares especificadas,[139] foram razões de ordem essencialmente social que justificaram a previsão específica da situação de facto que está subjacente à providência de arbitramento de reparação provisória.

O decretamento desta nova providência cautelar, para além da verificação de outros pressupostos,[140] está dependente de uma acção de indemnização fundada em morte ou lesão corporal, ou de uma acção fundada em dano susceptível de pôr seriamente em causa o sustento ou a habitação do lesado, como se prevê nos n.ºs 1 e 4 do art. 403.º do CPC, respectivamente.

É legítimo que se coloquem dúvidas acerca da necessidade de criação deste procedimento cautelar especificado, uma vez que a cláusula geral constante do art. 381.º do CPC era, por si só, suficientemente abrangente para que, nos casos em que estivesse em causa uma pretensão indemnizatória fundada em morte ou lesão corporal, ou em dano susceptível de pôr seriamente em causa o sustento ou a habitação do lesado, pudesse ser decretada uma providência não especificada adequada a assegurar a efectividade do direito ameaçado.[141]

---

[139] A título de exemplo refira-se que a previsão específica da providência cautelar de suspensão de deliberações sociais visa evitar a perturbação da actividade normal de uma sociedade e as repercussões nefastas para a mesma resultantes da execução de uma deliberação social contrária à lei, aos estatutos ou ao contrato, que pode causar dano apreciável. Quanto à providência dos alimentos provisórios, o legislador pretendeu proporcionar, aos titulares das prestações alimentícias as condições básicas necessárias para viverem condignamente quando, em consequência de circunstâncias económicas ou familiares, se encontrem numa situação de carência.

[140] De acordo com o art. 403.º, n.º 2, do CPC é necessário que se verifique uma situação de necessidade que seja consequência dos danos sofridos e que haja indícios da existência da obrigação de indemnizar, a cargo do requerido para que a providência de arbitramento de reparação provisória seja deferida pelo juiz.

[141] A Lopes do Rego parece-lhe duvidosa a necessidade de especial previsão do arbitramento de reparação provisória como providência cautelar especificada

As dúvidas ao nível da regulamentação deste novo procedimento cautelar especificado podem basear-se igualmente no facto de nos outros ordenamentos jurídicos, nomeadamente no brasileiro e francês, se assistir a uma redução das providências tipificadas, privilegiando-se a cláusula geral que pode abarcar um número ilimitado de medidas cautelares.[142] Isto para se dizer que os resultados práticos que se visam obter com a previsão da providência de arbitramento de reparação provisória poderiam ser alcançados através da aplicação da cláusula geral vigente no âmbito dos procedimentos cautelares, obviando-se à sua previsão específica.

Todavia, este argumento é falível, uma vez que, respeitado na sua plenitude, levaria à inexistência de qualquer procedimento cautelar especificado. Pelo que não nos repugna o facto de a ordem jurídica portuguesa ter acolhido a existência de uma nova providência especificada.

Além do mais, como refere Abrantes Geraldes, "a tipificação de uma tal providência tem a virtualidade de afastar dúvidas que, natural e previsivelmente, se suscitariam face à total ausência de tratamento doutrinal da figura e à inexistência de antecedentes jurisprudenciais que permitissem avançar, com mais segurança, para a defesa de medidas semelhantes".[143]

De facto, não podemos ignorar a circunstância de, apesar de a cláusula geral do art. 381.º do CPC prever a possibilidade de haver decretamento de providências cautelares não especificadas com conteúdo antecipatório, a adopção de medidas não especificadas com este carácter ser bastante mais reduzida que a adopção de medidas não especificadas de conteúdo conservatório, dado os efeitos que cada uma destas medidas acarreta na esfera jurídica dos interessados.[144]

(*Comentários ao Código de Processo Civil*, ob. cit., pág. 293). Também Abrantes Geraldes afirma que o "efeito prático-jurídico extraído desta nova providência poderia emergir directamente do modo como o legislador regulou as providências cautelares não especificadas" (*Temas da Reforma do Processo Civil*, IV Volume, cit., pág. 132).

[142] Cfr. Abrantes Geraldes, *Temas da Reforma do Processo Civil*, IV Volume, cit., pág. 133, nota de rodapé n.º 224.

[143] *Temas da Reforma do Processo Civil*, IV Volume, cit., pág. 134.

[144] Ver a este propósito *supra* Capítulo I – 3. Tipos de providências cautelares, págs. 17 e segts., Abrantes Geraldes, *Temas da Reforma do Processo Civil*, III Volume, cit., págs. 92 e segts., Anselmo de Castro, *Direito Processual Civil Declaratório*, vol. I, ob. cit., págs. 131 e segts., Lopes do Rego, *Comentários ao Código de Processo Civil*, ob. cit., pág. 275, e Teixeira de Sousa, *Estudos sobre o Novo Processo Civil*, cit., págs. 235 e segts..

Esta verificação é resultado do facto de serem poucas as decisões jurisprudenciais, anteriores à reforma de 1995, que admitiam uma antecipação dos efeitos da própria sentença final a ser proferida na acção principal.[145] Além do mais, da análise dessas decisões verifica-se que nenhuma delas se traduzia directamente numa obrigação de carácter pecuniário.

Pelo que, atendendo à cultura judiciária implantada nos nossos tribunais,[146] dificilmente uma providência com o objecto da providência cautelar de arbitramento de reparação provisória seria deferida ao abrigo da cláusula geral do art. 381.º do CPC.[147]

Neste contexto, o facto de os tribunais terem tomado, desde sempre, uma atitude muito prudente quanto à aplicação de medidas cautelares com carácter antecipatório relativamente ao resultado definitivo da acção principal, salvo nos casos em que se estivesse perante procedimentos cautelares especificados com esse conteúdo,[148] parece ter sido determinante para que, atendendo à natureza, bem como aos efeitos

---

[145] No âmbito das providências cautelares não especificadas foram proferidas medidas com carácter antecipatório cujo objecto se traduzia, exemplificativamente, na intimação do requerido para impedir a infiltração de águas num prédio (Acórdão da Relação de Évora, de 03/07/80, CJ, Tomo IV, pág. 250), na intimação do senhorio para efectuar reparações imediatas no locado (Acórdão da Relação de Coimbra, de 02/05/84, BMJ, 337.º, pág. 420), na intimação do requerido para reparar um dos elevadores de um prédio de oito andares (Acórdão da Relação de Lisboa, de 19/05/94, CJ, Tomo III, pág. 94), ou na suspensão da actividade de tiro aos pratos em campo próximo da residência do requerente (Acórdão do STJ, de 14/12/95, BMJ, 452.º, pág. 400).

[146] A propósito desta questão, Abrantes Geraldes refere que estamos perante uma "cultura judiciária eivada de excessivo positivismo, em demasia condicionada pela doutrina e pouco atreita a exercer um papel actuante no desenvolvimento do direito e na exploração de todas as potencialidades das normas vigentes" (*Temas da Reforma do Processo Civil*, IV Volume, cit., pág. 134, nota de rodapé n.º 225).

[147] Desde a reforma processual ocorrida em 1995/96 continuam a ser proferidas, ao abrigo do art. 381.º, n.º 1, do CPC, medidas com carácter antecipatório mas, na esteira do que já vinha ocorrendo, o número de decisões jurisprudenciais proferidas neste âmbito continua a ser reduzido e o seu conteúdo continua a não abranger obrigações de natureza pecuniária. É disso exemplo o Acórdão da Relação de Lisboa, de 02/11/99, ao obrigar o senhorio do prédio habitado pelo requerente a autorizar a colocação na sua parede exterior do cabo necessário a acesso a programas da TV Cabo (CJ, Tomo V, pág. 73), e o Acórdão da Relação de Évora, de 08/02/01, ao condenar os requeridos a colocarem imediatamente fora de serviço a máquina de dar tiros, deixando assim de incomodar os requerentes na sua habitação (CJ, Tomo I, pág. 267).

[148] Anteriormente à criação da providência de arbitramento de reparação provisória a única providência cautelar com conteúdo antecipatório era os alimentos provisórios.

práticos da providência cautelar de arbitramento de reparação provisória, se procedesse à sua regulação específica e se inserisse a mesma na secção dos procedimentos cautelares especificados.

A providência cautelar de arbitramento de reparação provisória tem um conteúdo antecipatório, uma vez que facilmente se verifica que o seu decretamento não se limita a assegurar o direito que se discute, ou que será discutido na acção principal, ou a suspender determinado acto. Esta providência, quando decretada, antecipa a própria realização do direito que será reconhecido na acção principal, tal como acontece com a providência cautelar dos alimentos provisórios. Isto porque, desde logo, se atribui ao lesado uma determinada prestação mensal, antes mesmo de haver uma decisão que condene o obrigado a esse pagamento. Ou seja, o objecto desta providência acaba por coincidir com o objecto da acção principal, na medida em que, ao abrigo da própria providência cautelar se concede uma prestação pecuniária ao lesado, antecipando-se, desta forma, o resultado previsível da decisão definitiva a ser proferida na acção principal.

A juntar a estes motivos pode dizer-se que a relevância prática e social que as acções de indemnização fundadas em morte ou em lesão corporal, essencialmente as destinadas a exigir a responsabilidade civil emergente de acidentes de viação,[149] passaram a ter no volume de processos judiciais que correm nos nossos tribunais foi também determinante e essencial para a introdução do arbitramento de reparação provisória no leque de medidas cautelares especificadas admissíveis no nosso ordenamento jurídico.

Além disso, não podemos ser ainda alheios ao facto de o legislador ter já tentado introduzir no ordenamento jurídico esta figura processual, embora integrada na previsão da providência cautelar dos alimentos provisórios.[150]

---

[149] A propósito da regulação do seguro obrigatório em matéria de responsabilidade civil automóvel, o Decreto-Lei n.º 165/75, de 28 de Março, permitia que, no caso de se verificar uma "situação de necessidade resultante do acidente" e de existirem "fortes indícios de responsabilidade do condutor", o juiz atribuísse "ao lesado uma indemnização provisória, sob a forma de renda mensal". Esta medida, apesar de nunca ter estado em vigor, em virtude do referido diploma ter sido suspenso pelo Decreto-Lei n.º 373/76, de 19 de Março, e, posteriormente, revogado pelo Decreto-Lei n.º 408/79, de 25 de Setembro, demonstra bem que é antiga a preocupação em salvaguardar os interesses dos lesados mais necessitados.

[150] Esta tentativa de consagração está expressa no n.º 1 do art. 337.º do projecto da Comissão Varela, datado de 1993.

Socialmente, a criação desta nova figura cautelar emergiu da necessidade de atribuir antecipadamente ao eventual titular uma determinada indemnização pecuniária, traduzida numa prestação periódica mensal, para salvaguarda de uma situação de necessidade gerada em consequência dos danos sofridos.

Durante o decurso da acção principal, com vista à obtenção de uma decisão segura e justa, o legislador permite que através do decretamento desta providência cautelar se tutele provisoriamente uma provada situação de necessidade económica do lesado. Desta forma, enquanto não houver uma decisão definitiva que determine e fixe o quantitativo indemnizatório, há necessidades básicas do lesado, directamente relacionadas com a sua condição humana, como sejam o sustento ou a habitação, que carecem de tutela.[151]

A tutela que pode ser conferida ao lesado, bem como aos titulares do direito a que se refere o n.º 3 do art. 495.º do CPC, através da providência cautelar de arbitramento de reparação provisória, traduz-se numa medida antecipatória, uma vez que as prestações mensais auferidas ao abrigo da providência serão imputadas na liquidação definitiva do dano. Na prática, com o deferimento desta providência estão a antecipar-se os efeitos da sentença definitiva que, a final, condenará o responsável, o requerido, no pagamento de determinada indemnização ao lesado, o requerente.

É com base nesta convicção que o juiz decreta a providência, depois de se certificar que se encontram preenchidos todos os pressupostos do art. 403.º do CPC.

Neste caso concreto, o legislador, prevendo uma demora natural da obtenção da decisão final, sobrevalorizou sobremaneira as necessidades vitais do lesado, concedendo-lhe consequentemente a possibilidade de, através do recurso a esta providência, ir satisfazendo essas necessidades por conta da indemnização que provavelmente lhe será fixada na acção principal.

Nesta perspectiva, são razões de justiça social que impõem a protecção do lesado ao nível das suas carências mais elementares.[152]

---

[151] Neste sentido, cfr. Acórdão da Relação de Coimbra, de 18/11/97, CJ, Ano XXII, 1997, Tomo V, pág.18.

[152] São idênticas as razões que justificaram a criação do procedimento cautelar especificado dos alimentos provisórios, uma vez que estão em causa circunstâncias de

Concluindo, o arbitramento de uma quantia mensal a título provisório tem por base valores ligados à própria condição humana. Daí que a lei, através desta providência, possa impor a quem é presumivelmente responsável pela obrigação de indemnizar o sacrifício de, antecipadamente, reparar provisoriamente os danos sofridos pelo lesado em consequência da lesão.

Assim, desde que a lei substantiva reconheça em abstracto o direito de o lesado ser indemnizado pelos danos sofridos, e se prove que este sofreu danos que o colocaram numa situação de necessidade, em que não lhe é possível obter os meios necessários ao pagamento das despesas com o seu sustento, com a habitação, ou para fazer face a despesas, que são consequência do dano sofrido, não nos repugna que a ordem jurídica tenha intervindo directamente no tratamento desta situação de facto, criando um instrumento tutelar com vista à protecção imediata da mesma, evitando-se, desta forma, prejuízos graves, e que podem ser irreparáveis, na esfera jurídica do lesado.

Desta forma, através da criação deste novo procedimento cautelar especificado, a lei assumiu que o direito de indemnização, em certas situações concretas, e enquanto decorre o julgamento da acção principal, tem de ser objecto de uma tutela mais eficaz, pois só dessa forma se podem evitar os prejuízos decorrentes da demora natural na resolução da respectiva acção judicial.

3. CONFRONTO COM A PROVIDÊNCIA CAUTELAR DOS ALIMENTOS PROVISÓRIOS

A providência cautelar dos alimentos provisórios está regulada nos arts. 399.º a 402.º do CPC e insere-se na secção relativa aos procedimentos cautelares especificados.

Quer processualmente, quer substantivamente, estamos perante a medida cautelar que mais se assemelha à providência de arbitramento de reparação provisória. No entanto, a similitude existente entre estas figuras processuais termina onde começa a especificidade de cada uma delas. Daí o interesse em verificar aos seus pontos de conexão e de divergência.

---

ordem familiar e económica que carecem de uma tutela provisória como forma de garantia da subsistência do alimentado durante a pendência da acção.

Tal como acontece com os restantes procedimentos cautelares, na base da criação da providência dos alimentos provisórios estão todas as razões de ordem geral que determinam a tutela do direito do requerente através do decretamento de uma providência cautelar. Quanto às razões específicas que estão na base desta providência, tal como sucede com a providência de arbitramento de reparação provisória,[153] elas relacionam-se com a necessidade de assegurar, aos interessados, meios de subsistência básicos como forma de os proteger de uma situação de carência. Com efeito, são circunstâncias de ordem essencialmente económica, as quais se projectam igualmente ao nível social, que justificam a tutela antecipada concedida através desta providência cautelar.

Tendo uma natureza antecipatória, a providência dos alimentos provisórios traduz-se numa antecipação do pedido formulado na acção principal respectiva, viabilizada através da fixação de uma prestação alimentícia mensal. Situação semelhante ocorre com a providência de arbitramento, uma vez que através do seu decretamento é arbitrada ao lesado uma prestação mensal, como reparação provisória dos danos sofridos, até que se decida acerca da procedência do pedido formulado na acção principal.

Outro aspecto determinante da similitude existente entre as providências em apreço respeita à tramitação processual das mesmas. Ao nível do processamento,[154] a providência cautelar de arbitramento de reparação provisória segue o regime previsto para os alimentos provisórios, em consequência da remissão expressa do n.º 1 do art. 404.º do CPC.[155] A razão de ser desta equiparação baseia-se nos fundamentos comuns que presidem à sua criação.

Quanto às divergências existentes entre estas duas figuras processuais, elas relacionam-se com as especificidades concretas que determinam a sua previsão como procedimentos cautelares especificados.

---

[153] Ver *supra* Capítulo II – 2. Razões que determinaram a sua criação como procedimento cautelar especificado, págs. 73 e segts..

[154] Ver *infra* Capítulo II – 9. Tramitação da providência, págs. 149 e segts..

[155] Apesar de, em termos gerais, a remissão operada pelo art. 404.º, n.º 1, do CPC se traduzir numa similitude de regimes, em alguns aspectos processuais, nomeadamente quanto ao valor da acção e tribunal competente, verificam-se algumas diferenças, as quais resultam da especificidade das respectivas acções principais de que estão dependentes.

Enquanto que a providência de arbitramento de reparação provisória está dependente de uma acção de indemnização fundada em morte ou lesão corporal, ou em dano susceptível de pôr seriamente em causa o sustento ou a habitação do lesado, a providência dos alimentos provisórios depende da instauração de uma acção que, a título principal ou acessório, se destine a fixar uma prestação de alimentos e a condenar o devedor no seu pagamento.[156]

A fixação de alimentos pode resultar, a título principal, de uma acção declarativa de alimentos, ou, a título acessório, de uma acção de reconhecimento judicial da paternidade ou da maternidade, ou ainda de uma acção de divórcio ou de separação de pessoas e bens.[157] A diferença reside apenas no facto de, no primeiro caso, o pedido de alimentos constituir o objecto da acção, diferentemente do que sucede nos restantes casos em que esse pedido é formulado conjuntamente com outros.

A obrigação de alimentos tem a sua origem em diversas normas legais[158] e pressupõe a existência de um vínculo familiar entre aquele que os requer e aquele que os presta.[159] Diferentemente, no caso da providência de arbitramento de reparação provisória, a existência de qualquer vínculo familiar entre as partes é totalmente irrelevante e, por regra, nem sempre existe, e a lei não procede à enumeração das pessoas legalmente obrigadas a reparar provisoriamente os danos sofridos pelo lesado. De acordo com a acção de indemnização de que depende esta providência, o requerido será aquele que, nos termos gerais da responsabilidade civil, se encontra obrigado a indemnizar os danos sofridos,

---

[156] Segundo Abrantes Geraldes, no caso de ser julgada procedente a acção principal de que depende a providência dos alimentos provisórios, será proferida uma "sentença de natureza mista, simultaneamente constitutiva da obrigação e condenatória no pagamento da prestação" (*Temas da Reforma do Processo Civil*, IV Volume, cit., pág. 112).

[157] O autor que, na acção de divórcio ou de separação de pessoas e bens, pretenda o estabelecimento de um regime provisório de alimentos pode recorrer ao procedimento constante do n.º 7 do art.º 1407.º do CPC. Ver a este propósito, Acórdão da Relação de Lisboa, de 05/02/82, CJ, 1982, Tomo I, págs. 182 e segts., e Acórdão da Relação de Lisboa, de 09/06/94, CJ, 1994, Tomo III, págs. 109 e segts..

[158] Acerca dos alimentos dispõem expressamente os arts. 1675.º, 1878.º, 1884.º, 2000.º, 2003.º e segts., todos do CC.

[159] No art. 2009.º do CC estão escalonadas as pessoas legalmente obrigadas a prestar alimentos, evidenciando-se claramente a relação familiar entre elas existente. A referida relação tanto pode estabelecer-se entre cônjuges ou ex-cônjuges, pais e filhos, ou ainda entre pessoas cujos laços familiares são bastante estreitos – como por exemplo entre irmãos e entre sobrinhos e tios.

enquanto que o requerente, por regra, será o próprio lesado. No entanto, no caso de morte ou lesão corporal, o art. 403.º, n.º 1, do CPC permite que os titulares do direito a que se refere o n.º 3 do art. 495.º do CC tenham, igualmente, legitimidade para recorrerem a esta providência.[160]

Outra das diferenças existente entre as duas providências respeita ao tipo de necessidade que o titular do direito pretende ver satisfeito com o deferimento da providência requerida.

No caso da providência dos alimentos provisórios, a prestação alimentícia é fixada em função do estritamente necessário para o sustento, habitação e vestuário do requerente.[161] Por sua vez, no caso da providência de arbitramento de reparação provisória, a lei apenas impõe o mesmo tipo de restrição, excluindo o vestuário, quando a pretensão indemnizatória se funde em dano que coloque em causa o sustento ou a habitação do lesado. Para os restantes casos que possam fundar a acção de indemnização tal limitação não é imposta pela lei, podendo o titular do direito à indemnização requerer a reparação provisória para satisfazer qualquer tipo de necessidade que seja consequência dos danos sofridos.[162]

Por último, refira-se ainda que, em consonância com o previsto no art. 2007.º, n.º 2, do CC, a lei estabeleceu no art. 402.º do CPC um regime excepcional que se afasta da norma constante do art. 405.º, n.º 1, do CPC, a qual impõe o dever de restituir o indevido nos termos do enriquecimento sem causa, e do disposto no art. 390.º, n.º 1, do CPC, aplicável à generalidade dos procedimentos cautelares.

Com efeito, no caso de improcedência ou caducidade da providência, a quantia mensal recebida a título de prestação de alimentos provisórios não é restituída, ainda que o requerente tenha agido de má-fé.[163] O legislador considerou que, neste caso, o requerente dos alimen-

---

[160] Ver *infra* Capítulo II – 7. Legitimidade activa e passiva, págs. 137 e segts..

[161] O legislador não pretendeu atribuir à expressão "alimentos" apenas o seu sentido literal. A este propósito ver, Abrantes Geraldes, *Temas da Reforma do Processo Civil*, IV Volume, cit., pág. 102, Antunes Varela, *Código Civil Anotado*, Vol. V, cit., págs. 587 e segts., Lebre de Freitas, *Código de Processo Civil Anotado*, Volume 2.º, cit., pág. 110, Vaz Serra, RLJ, Ano 102.º, págs. 262 e segts..

[162] Cfr. Lebre de Freitas, *Código de Processo Civil Anotado*, Volume 2.º, cit., pág. 110.

[163] O critério utilizado no art. 390.º, n.º 1, do CPC para responsabilizar o requerente pelos danos causados ao requerido, em consequência da injustificação ou caducidade da providência, é a actuação daquele fora dos padrões da prudência normal. Isto equivale a dizer que o requerente é responsável pelas suas actuações, mesmo agindo com mera culpa.

tos responderá pelos danos causados com a improcedência ou caducidade da providência, devendo ser fixada uma indemnização equitativa, não havendo, no entanto, lugar à restituição das prestações alimentícias recebidas.[164]

A razão de ser do regime excepcional previsto para a providência dos alimentos provisórios está relacionada com o facto de a quantia atribuída ao alimentado se destinar a ser consumida para fazer face às suas necessidades de sustento, habitação e vestuário. O legislador considerou que, atendendo às pessoas entre as quais se estabelece a obrigação de alimentos e às necessidades que estão na base da sua atribuição, a restituição dos alimentos provisórios recebidos tornar-se-ia num encargo excessivo para quem pretendeu, ao recorrer à providência, ver supridas necessidades básicas, salvo no caso do requerente ter agido de má-fé. Na verdade, tendo em conta estas considerações, o mais provável é o requerente já ter gasto as quantias recebidas, pelo que a restituição das mesmas, em regra, tornar-se-ia praticamente inviável.[165]

Assim, tendo em conta o regime aplicável à providência dos alimentos provisórios, o valor da indemnização a ser paga pelo requerente ao requerido variará de caso para caso, tanto podendo ser equivalente aos danos efectivamente sofridos por este, como ficar muito aquém deste valor. Será o julgador que, face às circunstâncias actuais e concretas de cada caso,[166] determinará o montante que considerar mais equitativo, diferentemente do que sucede nas providências em que é aplicável o art. 390.º, n.º 1, do CPC, em que a indemnização é fixada nos termos da responsabilidade civil.

---

[164] Lebre de Freitas refere que a ressalva da parte final do art. 402.º do CPC realça a "inexistência da obrigação de restituir **enquanto tal**, não impedindo que, a título de indemnização" os efeitos práticos sejam equivalentes aos que ocorreriam se tal obrigação de restituição estivesse prevista (*Código de Processo Civil Anotado*, cit., pág. 108).

[165] Segundo Antunes Varela, o regime previsto no art. 402.º do CPC evita que em situações de real necessidade a devolução obrigatória das quantias recebidas possa limitar o recurso à providência dos alimentos provisórios (*Código Civil Anotado*, Vol. V, cit., pág. 588).

[166] Segundo Abrantes Geraldes, na fixação do valor da indemnização dever-se-á dar especial realce à situação económica das partes e às reais motivações que levaram o requerente a fazer uso da tutela cautelar (*Temas da Reforma do Processo Civil*, IV Volume, cit., pág. 121).

Contrariamente ao disposto para os alimentos provisórios, no caso da providência de arbitramento de reparação provisória a lei impõe ao requerente o dever de restituir as prestações recebidas, nos termos previstos para o enriquecimento sem causa, no caso de o requerente não ter agido de má-fé.[167]

Desta forma, a aplicação, neste âmbito, a cada uma das providências de normas relativas a regimes jurídicos distintos revela outra das diferenças determinante da divergência existente entre as providências em confronto.

4. CONFRONTO COM OUTROS INSTITUTOS

Existem em vários ramos de direito determinados institutos jurídicos que, de alguma forma,[168] podem apresentar similitudes com a figura da providência cautelar de arbitramento de reparação provisória. Importa, por isso, demarcar o âmbito de aplicação de cada um desses institutos por forma a evitar que os mesmos sejam erradamente confundidos com a providência em apreço.

No campo do direito civil, e mais concretamente ao nível da responsabilidade civil, está prevista no art. 565.º do CC a figura da *indemnização provisória*.[169]

Embora terminologicamente pareça haver semelhanças entre a denominação das duas figuras, após a leitura dos respectivos preceitos facilmente se conclui que estamos perante figuras jurídicas completamente distintas, cuja aplicação depende de pressupostos diferentes.

Contrariamente ao que sucede com a providência cautelar de arbitramento de reparação provisória, a indemnização provisória surge perante a impossibilidade de o tribunal, face à existência, na acção declarativa, de danos que não se apresentam de imediato determináveis,

---

[167] A este propósito, ver *infra* Capítulo II – 10. Caducidade da providência, págs. 175 e segts..

[168] Essa similitude pode ocorrer, ente outros aspectos, ao nível da terminologia, dos pressupostos ou requisitos de aplicação, ou do regime jurídico.

[169] A este propósito, ver entre outros, Almeida Costa, *Direito das Obrigações*, ob. cit., págs. 717 e segts., Antunes Varela, *Das Obrigações em Geral*, cit., págs. 909 e segts., Pires de Lima e Antunes Varela, *Código Civil* Anotado, cit., págs. 581 e segts., e Vaz Serra, *Obrigação de indemnização*, BMJ, n.º 84, págs. 5 e segts..

quantificar todos os prejuízos sofridos pelo lesado. Em consequência desta impossibilidade, o apuramento da indemnização total é relegado para execução de sentença, conforme resulta da conjugação das regras contidas nos arts. 564.º, n.º 2, do CC, e 661.º, n.º 2, do CPC.

No entanto, e uma vez que a sentença proferida na acção declarativa, além de ter relegado para execução de sentença os danos ainda indetermináveis, já fixou o valor dos danos determináveis, o lesado pode ser imediatamente compensado por estes, podendo o tribunal condenar "o devedor no pagamento de uma indemnização provisória, dentro do quantitativo que considere já provado".[170] É dentro destes parâmetros que a indemnização é fixada.

Deste modo, facilmente se verifica que o enquadramento jurídico processual destas figuras é completamente distinto, ocorrendo a sua aplicação em momentos também eles diferentes.

Enquanto que no arbitramento de reparação provisória, em virtude da função cautelar que esta figura desempenha, se pretende que o seu deferimento seja anterior à decisão final a ser proferida na acção principal, por forma a que o lesado vá sendo ressarcido dos prejuízos que o colocaram numa situação de necessidade, na indemnização provisória, independentemente da situação económica do lesado, é possível que este obtenha o pagamento apenas parcial do seu crédito, uma vez que o montante global da indemnização, a ser-lhe fixado, ainda não se encontra totalmente apurado, tendo sido o seu apuramento relegado para execução de sentença.

Além do mais, a indemnização insere-se na própria sentença final da acção declarativa, na qual se discute o direito de indemnização do lesado. Nesta medida, contrariamente ao que sucede com a providência cautelar de arbitramento de reparação provisória, a sua atribuição está já dependente da determinação dos pressupostos da responsabilidade civil e nunca poderá ser anterior a essa mesma determinação.

Assim, torna-se impossível confundir as duas figuras.[171]

---

[170] O art. 661.º, n.º 2, do CPC abrange na sua redacção genérica este tipo de casos ao referir que "o tribunal condenará no que se liquidar em execução de sentença, sem prejuízo de condenação imediata na parte que já seja líquida". Com a entrada em vigor do Decreto-Lei n.º 38/2003, de 8 de Março, a expressão "no que se liquidar em execução de sentença" será substituída por "no que vier a ser liquidado".

[171] No mesmo sentido, cfr. Abrantes Geraldes, *Temas da Reforma do Processo Civil*, IV Volume, *cit.*, págs. 135 e 136.

No campo do direito civil, e igualmente a propósito da responsabilidade civil, encontra-se prevista no art. 567.º do CC a *indemnização em forma de renda*, a qual pode ser vitalícia ou temporária.[172]

Neste caso concreto estamos perante uma das formas de indemnização possível, alternativa ao pagamento na íntegra da indemnização devida e dependente de requerimento do lesado.[173] Os casos correntes de aplicação deste preceito estão relacionados com a natureza continuada dos danos, cabendo tipicamente nele a diminuição permanente da capacidade de trabalho.

Facilmente se verifica que a similitude entre as duas figuras reduz-se, única e simplesmente, à existência de um pagamento sob a forma de renda. Tal como sucede com a indemnização provisória, esta modalidade de pagamento resulta da decisão proferida no âmbito da acção que teve por objecto a determinação da responsabilidade do lesante, não antecipando de nenhuma forma o pagamento de uma indemnização que poderá ou não ser fixada, como acontece no caso da providência de arbitramento de reparação provisória. Nesta medida, e atendendo ao âmbito de aplicação concreto da providência cautelar em apreço não há razões para confundir as duas figuras.

Pode ainda referir-se, a propósito da responsabilidade civil do produtor,[174] que o n.º 2 do art. 9.º do Decreto-Lei n.º 383/89, de 6 de Novembro, previa a possibilidade do juiz "fixar uma reparação de montante provisório a cada um dos lesados, tendo em conta a eventualidade de novas lesões causadas pelo mesmo facto virem a ser deduzidas em juízo".[175]

---

[172] A este propósito ver, entre outros, Almeida Costa, *Direito das Obrigações*, ob. cit., págs. 719 e segts., Antunes Varela, *Das Obrigações em Geral*, cit., págs. 941 e segts., Pires de Lima e Antunes Varela, *Código Civil* Anotado, cit., págs. 585 e segts., e Vaz Serra, *Obrigação de indemnização*, BMJ, n.º 84, págs. 5 e segts..

[173] Afigura-se-nos que o art. 567.º, n.º 1, do CC exige uma manifestação expressa do lesado. Todavia, Vaz Serra considera que o tribunal pode optar por esta forma de indemnização sem que essa tenha sido requerida pelo lesado, "quando em atenção às circunstâncias do caso concreto, ela se mostre mais conveniente para o lesado e seja de presumir que ele a preferiria" (RLJ, 112.º, pág. 130).

[174] Sobre o tema ver Calvão da Silva, *Responsabilidade Civil do Produtor*, reimpressão, Coimbra, 1999.

[175] Este artigo foi revogado pelo Decreto-Lei n.º 131/2001, de 24 de Abril, o qual passou a ter uma redacção totalmente distinta, uma vez que se eliminou o limite máximo de indemnização a aplicar em cada caso concreto.

De acordo com o disposto nesta norma, as vítimas podiam receber um montante provisório da indemnização a que tinham direito, sem sacrifício daqueles lesados que podiam ainda vir a juízo deduzir as suas pretensões.[176]

Do exposto facilmente se conclui que a finalidade deste montante provisório em nada coincidia com a da providência cautelar de arbitramento de reparação provisória, pelo que nos escusamos de enunciar as evidências quanto à referida distinção.

Ainda em consequência da similitude terminológica, mas no âmbito do direito processual penal, encontramos nos arts. 82.º, n.º 2, 82.º-A, e 83.º do CPP meios que permitem ao lesado ver ressarcidos os prejuízos sofridos em consequência do crime que contra si foi praticado.

A redacção do art. 82.º, n.º 2, foi introduzida no CPP pelo Decreto--Lei n.º 423/91, de 30 de Outubro,[177] e veio permitir a possibilidade de o tribunal, oficiosamente ou a requerimento, estabelecer uma indemnização provisória por conta da indemnização a fixar posteriormente pelo tribunal civil, conferindo-lhe uma exequibilidade provisória.

No entanto, não podemos ler este preceito sem atendermos ao disposto no n.º 1 do mesmo artigo, uma vez que só através da leitura conjugada das duas disposições legais chegamos à conclusão de que a possibilidade de fixação de uma indemnização provisória, nos termos do art. 82.º, n.º 2, do CPP, vem apenas prevista para os casos em que o tribunal, apesar de verificar que há lugar à atribuição de uma indemnização ao lesado, por não dispor de elementos bastantes para a fixar, se limita a proferir condenação na indemnização que vier a ser liquidada em execução de sentença, a qual correrá perante o tribunal civil tendo por título executivo a sentença penal.[178]

Neste caso concreto, tal como acontece na situação prevista no art. 565.º do CC, a atribuição desta indemnização provisória, para além de não exigir que o lesado se encontre numa situação de necessidade, está

---

[176] Cfr. Calvão da Silva, *Responsabilidade Civil do Produtor*, ob. cit., pág. 695.

[177] Este diploma "deu um primeiro passo no sentido da criação de um seguro social (...) destinado a assegurar a indemnização do lesado, quando ela não possa ser satisfeita pelo delinquente, limitando-se por ora a prever as indemnização das vítimas de criminalidade violenta, em consonância com actos internacionais, nomeadamente do Conselho da Europa" (Maia Gonçalves, *Código de Processo Penal Anotado*, Coimbra, 1999, pág. 234).

[178] Cfr. Maia Gonçalves, *Código de Processo Penal Anotado*, ob. cit., pág. 233.

dependente de já se ter determinado a responsabilidade do lesante, diferentemente do que acontece na providência cautelar de arbitramento de reparação provisória em que o apuramento da responsabilidade do requerido resultará da decisão a proferir em sede de acção principal.

Desta forma, a diferença entre os dois institutos jurídicos em apreço reside essencialmente no facto de a indemnização provisória se inserir na própria sentença condenatória proferida no âmbito da acção penal, sendo por isso acompanhada da certeza da responsabilidade do lesante, ao passo que o decretamento da providência de arbitramento é anterior à decisão que determina a responsabilidade do requerido, a qual pode não vir a ser coincidente com a decisão proferida no âmbito da providência.

Por sua vez, o art. 83.º do CPP prevê a possibilidade de exequibilidade provisória da condenação em indemnização civil.[179]

"Este artigo destina-se a dar execução prática à indemnização aos lesados mais carecidos, de uma forma rápida e expedita", tendo o seu "campo de aplicação privilegiado nos casos de interposição de recurso".[180] Assim, permite-se que o pagamento da indemnização fixada possa ocorrer antes da decisão ter transitada em julgado ou enquanto está a ser decidido o recurso eventualmente interposto.

Além do mais, tal como sucede na situação prevista no art. 82.º, n.º 2, do CPP, a aplicação desta norma está dependente da atribuição efectiva ao lesado do direito de obter uma indemnização, pressupondo, por este motivo, a existência de uma decisão condenatória em pedido cível.[181]

As diferenças deste preceito, relativamente à providência de arbitramento de reparação provisória, são praticamente as mesmas que foram indicadas a propósito do confronto daquela com a indemnização provisória, prevista no art. 82.º, n.º 2, do CPP, razão pela qual nos abstemos de as repetir.

No entanto, neste caso concreto, tal como acontece com a providência em apreço, a aplicação do art. 83.º pode "trazer dificuldades,

---

[179] A diferença entre a situação prevista nos arts. 82.º, n.º 2, e 83.º, ambos do CPP, reside apenas no facto de naquele se ter relegado para execução de sentença o apuramento do quantitativo total da indemnização, enquanto neste esse quantitativo já se encontra totalmente determinado.

[180] Maia Gonçalves, *Código de Processo Penal Anotado*, ob. cit., pág. 236.

[181] Cfr. M. Leal Henriques, M. Simas Santos, e Borges Pinho, *Código de Processo Penal Anotado*, I Vol., 1996, pág. 372.

principalmente no que concerne à garantia de restituição no caso de a decisão condenatória ser revogada ou alterada".[182]

Na medida em que a norma visa facilitar a execução da indemnização no caso em que o lesado tem carências económicas, é provável que, no caso da decisão ser alterada pelas instâncias superiores, o lesado não tenha possibilidade de restituir as quantias provisoriamente recebidas, uma vez que as gastou para satisfazer necessidades imediatas. Com efeito, ao nível das consequências decorrentes do pagamento de prestações mensais, podem colocar-se os mesmos problemas que surgem no âmbito da providência de arbitramento de reparação provisória, embora para esta o legislador tenha previsto uma forma especial de restituição das mesmas.[183]

O art. 82.º-A do CPP foi introduzido na lei processual penal pela Lei n.º 59/98, de 25 de Agosto, e veio possibilitar que o tribunal arbitre oficiosamente, na sentença, uma reparação pelos prejuízos sofridos, como efeito penal da condenação, quando esta medida se imponha por particulares exigências de protecção da vítima, devendo essa quantia ser descontada na indemnização que venha a ser concedida na acção que conheça do pedido de indemnização civil.[184]

Tal como refere Maia Gonçalves, na atribuição desta quantia a título de reparação, o julgador "deve ser exigente quanto à indagação da necessidade da vítima e módico na quantia que arbitra". Isto porque esta atribuição não pressupõe necessariamente que o lesado tenha direito à indemnização civil, uma vez que a sentença de condenação, por não ter sido deduzido pedido de indemnização civil no processo penal, ou em separado nos termos dos arts. 72.º e 77.º do CPP, apenas se ocupou de matéria penal.

---

[182] Cfr. Maia Gonçalves, *Código de Processo Penal Anotado*, ob. cit., pág. 236.

[183] Acerca desta questão refira-se que Maia Gonçalves considerou que a prestação de caução, como forma de garantia da recuperabilidade das somas prestadas, não faz sentido pelo facto de estarmos perante lesados carecidos, tal como sucede com a providência de arbitramento de reparação provisória. Pelo que apenas conclui, como forma de evitar a ocorrência deste tipo de situações, que a faculdade concedida pelo art. 83.º do CPP "deve ser usada com prudência e moderação" (*Código de Processo Penal Anotado*, ob. cit., pág. 236).

[184] Cfr. Maia Gonçalves, *Código de Processo Penal Anotado*, ob. cit., pág. 235. Em consonância com o referido por Maia Gonçalves, não está afastada a possibilidade de esse pedido não chegar sequer a ser formulado nos tribunais cíveis.

Nesta medida, embora todas as figuras tenham um âmbito de aplicação distinto, de entre as até agora analisadas, estamos perante aquela que mais se assemelha à providência cautelar de arbitramento de reparação provisória, no que respeita às razões que estão na base da sua atribuição.

Para concluir o confronto entre institutos, resta apenas referir, no âmbito da processo para efectivação de direitos decorrentes de acidente de trabalho, a medida de fixação de pensão ou de indemnização provisória, prevista e regulada nos arts. 121.º a 125.º do CPT.

Em termos muito gerais, de acordo com os referidos artigos, na fase contenciosa do processo especial para efectivação de direitos resultantes de acidente de trabalho, pode o juiz fixar provisoriamente a pensão ou indemnização que for devida pela morte ou pela incapacidade atribuída ao trabalhador sinistrado.

Embora, formalmente, não estejamos perante uma providência cautelar, a atribuição desta pensão ou indemnização provisória ao lesado, ou seus beneficiários, traduz-se numa medida de natureza cautelar,[185] com efeitos claramente semelhantes aos produzidos através do deferimento da providência cautelar de arbitramento de reparação provisória, uma vez que há uma antecipação do pagamento da pensão ou indemnização a ser fixada no final da fase contenciosa do respectivo processo cautelar.

Desta forma, "ainda que no processo apropriado não se encontre definida a responsabilidade dos agentes – entidade patronal ou seguradora – ou que persistam algumas dúvidas acerca da qualificação do acidente, aquelas razões axiológicas e os critérios de verosimilhança que devem ser utilizados para afirmar a existência do direito à reparação foram considerados suficientes para legitimar a fixação de uma reparação provisória capaz de assegurar ao lesado todos os meios adequados a uma sobrevivência condigna, na pendência do processo de natureza infortunística".[186]

Também no âmbito do foro laboral, e nomeadamente neste processo especial, as razões de justiça social que determinaram a previsão específica da providência cautelar de arbitramento de reparação provisória são

---

[185] Albino Mendes Baptista considera a pensão ou indemnização fixada no âmbito deste processo especial como forma de tutela cautelar especificada (*Código Processo de Trabalho Anotado*, reimpressão, Lisboa, 2000, pág. 85).

[186] Abrantes Geraldes, *Temas da Reforma do Processo Civil*, IV Volume, *cit.*, pág. 373.

inteiramente aplicáveis. Por esse motivo também aqui se justifica uma tutela imediata, desde que se verifiquem os requisitos impostos pela lei,[187] com vista à protecção da situação económica-financeira do trabalhador sinistrado, ou dos seus familiares, a qual ficou afectada em consequência do acidente de trabalho sofrido por aquele.

Com efeito, a função exercida por cada uma delas, no âmbito do ramo de direito a que respeitam, evidencia a similitude existente entre as duas figuras em confronto.

No entanto, o facto de a atribuição da pensão ou de indemnização provisória apenas estar prevista para as situações em que o processo especial siga a fase contenciosa torna patente a existência de outras situações merecedoras de tutela antecipada que não estão abrangidas pelas normas dos arts. 121.º e segts. do CPT, nomeadamente as situações em que, por virtude do arrastamento indefinido da fase conciliatória, se coloca em causa a subsistência do trabalhador sinistrado ou dos seus familiares, ou os casos de acidentes mortais não abrangidos pelo art. 17.º, n.º 5, da LAT, e pelo art. 47.º do Regulamento da LAT.[188]

Nestes casos, e uma vez que se torna impossível beneficiar da tutela específica concedida pelo mecanismo previsto nos citados artigos do CPT, não se vislumbram razões que permitam excluir a aplicabilidade da providência de arbitramento de reparação provisória no âmbito do processo laboral. Além do mais, se tivermos em conta a relação de subsidiariedade existente entre os procedimentos cautelares previstos na legislação laboral e na legislação comum[189] só podemos concluir no sentido da sua aplicabilidade.

No entanto, nestes casos, por aplicação do art. 403.º, n.º 1, do CPC, apenas será justificada a fixação de uma prestação periódica se a atribuição visar colmatar as necessidades económicas do lesado e se estivermos perante situações de morte ou lesão corporal susceptíveis de serem qualificadas como acidente de trabalho, e que não possam ser tuteladas pelas normas previstas nos arts. 121.º e segts. do CPT. Estes

---

[187] Para além da redacção do arts. 121.º a 125.º do CPT, há que ter em atenção as disposições constantes dos arts. 17.º, n.º 5, e 47.º, da Lei dos Acidentes de Trabalho, e dos arts. 34.º e segts. do Decreto-Lei n.º 143/99, de 30 de Abril, o qual procedeu à regulamentação daquela.

[188] Neste sentido, Abrantes Geraldes, *Temas da Reforma do Processo Civil*, IV Volume, *cit.*, págs. 374 e 375.

[189] Cfr. arts. 32.º a 34.º do CPT.

casos não serão assim tão difíceis de se verificar se se considerar que "a perda total ou parcial da capacidade de trabalho pode arrastar consigo graves dificuldades do sinistrado para prover ao seu sustento ou ao do seu respectivo agregado familiar.[190]

Neste contexto, no caso de ser possível a aplicação, no âmbito do processo laboral, a providência de arbitramento de reparação provisória, por se encontrarem verificados todos os requisitos previstos no art. 403.º do CPC, todo o seu regime jurídico se torna aplicável, nomeadamente no que respeita à obrigação de restituição das quantias recebidas, quando improceda a respectiva acção principal.

Concluindo, a tutela específica conferida pelas normas previstas nos arts. 121.º e segts. do CPT pode ser equiparada à tutela cautelar atribuída pela providência de arbitramento, nos casos abrangidos por aquelas normas, sem prejuízo de se tutelar autonomamente, através da providência em apreço, outras situações no âmbito do processo laboral, desde que estejam abrangidas no âmbito de aplicação da mesma.

5. ÂMBITO DE APLICAÇÃO

5.1 Acção de indemnização

Qualquer providência cautelar está dependente da existência de uma acção pendente, ou a instaurar posteriormente ao seu decretamento, e o seu objecto tem de ser conjugado com o objecto da causa principal, uma vez que a função instrumental que a lei atribui aos procedimentos cautelares não pode deixar de exigir essa conjugação.

Nesta medida, todos os procedimentos cautelares, inclusive os procedimentos cautelares especificados, estão dependentes da existência de uma acção principal que tenha por objecto determinada causa de pedir.

Assim, da mesma forma que a providência cautelar de restituição provisória da posse está dependente de uma acção possessória ou de uma acção de reivindicação, ou a providência cautelar de suspensão de deliberações sociais está dependente de uma acção declarativa da nulidade ou de anulação de determinada deliberação social, ou a providência

---

[190] Abrantes Geraldes, *Temas da Reforma do Processo Civil*, IV Volume, *cit.*, pág. 375.

cautelar de alimentos provisórios está dependente de uma acção de divórcio ou de uma acção de reconhecimento judicial da paternidade ou da maternidade, também a providência cautelar de arbitramento de reparação provisória está dependente de uma acção, a acção de indemnização.

A acção de indemnização tem subjacente um eventual direito à indemnização por parte de quem formula o pedido na respectiva acção. Nesta medida, convém precisar o conteúdo desta obrigação.

A obrigação de indemnizar insere-se num dos princípios fundamentais de direito vigente no Direito das Obrigações: *o princípio do ressarcimento dos danos ou da imputação dos danos.*[191]

De acordo com este princípio, os danos devem ser suportados por outrem, que não o lesado, quando se verifique a existência de uma razão de justiça que justifique a transferência da suportação do dano do lesado para o seu causador.

Embora, por regra, o dano seja normalmente suportado por quem o sofre, uma vez que faz parte dos riscos da vida sofrer danos, o direito considerou que, em certas situações, se tornaria muito injusto que fosse o próprio lesado a suportá-los. Nestes casos, considerou-se que razões de justiça impunham a constituição de uma obrigação de indemnização, através da qual o responsável pelos danos devesse ressarcir o lesado pelos danos sofridos, transferindo-se deste modo a suportação dos mesmos do lesado para o seu causador.

Foi de acordo com este pensamento que surgiu a obrigação de indemnização,[192] a qual vem regulada nos arts. 562.º a 572.º do CC.

É desta obrigação que trataremos seguidamente, em termos muito gerais.

---

[191] A este propósito ver António Menezes Cordeiro, *Tratado de Direito Civil Português*, I – Parte Geral, Tomo I, 2ª edição, Coimbra, 2000, Jorge Sinde Monteiro, *Estudos sobre a responsabilidade civil*, Coimbra, 1983, e Luís Menezes Leitão, *Direito das Obrigações*, Vol. I, Introdução, Constituição das Obrigações, 2ª Edição, 2002, págs. 47 e segts..

[192] Sobre o tema ver, entre outros, Almeida Costa, *Direito das Obrigações*, 9ª Edição, Coimbra, 2001, págs. 701 e segts., Antunes Varela, *Das Obrigações em Geral*, Vol. I, 10ª Edição, Coimbra, 2000, págs. 876 e segts., Fernando Pessoa Jorge, *Ensaio sobre os pressupostos da responsabilidade civil*, reimpressão, 1995, Galvão Telles, *Direito das Obrigações*, 7ª Edição, Coimbra, 1997, págs. 210 e segts., Luís Menezes Leitão, *Direito das Obrigações*, Vol. I, Introdução, Constituição das Obrigações, cit., págs. 375 e segts., Manuel Gomes da Silva, *O dever de prestar e o dever de indemnizar*, Lisboa, 1944, Pires de Lima e Antunes Varela, *Código Civil* Anotado, Volume I, 4ª

O princípio geral da obrigação de indemnizar está consagrado no art. 562.º do CC que prescreve que "quem estiver obrigado a reparar um dano deve reconstituir a situação que existiria, se não se tivesse verificado o evento que obriga à reparação".[193]

De acordo com este princípio geral, a indemnização visa a reparação dos danos sofridos pelo lesado,[194] procurando com a sua atribuição colocar o lesado na situação em que estaria se o facto gerador dos danos não se tivesse verificado.

Quanto à relação existente entre o facto ocorrido e o dano produzido, o art. 563.º do CC consagra a chamada *teoria da causalidade adequada*, consistindo esta na determinação de que a indemnização apenas cobre os danos que provavelmente não se teriam verificado se não fosse a lesão sofrida.

Em consonância com esta teoria, é causa de um prejuízo a condição que, em abstracto, se mostra adequada a produzir determinado dano. Isto porque a obrigação de indemnizar apenas deve ressarcir aqueles danos que tiverem uma conexão adequada com o facto ilícito causador da lesão.[195]

Edição, Coimbra, 1987, págs. 576 e segts., e Vaz Serra, *Obrigação de indemnização (Colocação. Fontes. Conceito e espécies de dano. Nexo causal. Extensão do dever de indemnizar. Espécies de indemnização). Direito de abstenção e de remoção*, BMJ, n.º 84, págs. 5 e segts..

[193] Menezes Cordeiro, ao referir que a obrigação de indemnização é uma modalidade autónoma das obrigações, esclarece que a sua autonomia reside no facto de aquela possuir uma fonte específica (imputação de um dano a outrem), um conteúdo próprio (prestação equivalente ao dano sofrido), e satisfazer um interesse específico do credor (eliminação do dano sofrido) (*Tratado de Direito Civil Português, ob.cit.*, pág. 273).

[194] Como exemplos típicos de danos sofridos pelo lesado podemos apontar, entre outros, o desaparecimento de certa coisa ou estragos nela ocorridos, os ferimentos, as dores físicas e o sofrimento.

[195] O art. 563.º do CC, sob a epígrafe "Cálculo da indemnização", ao consagrar a *doutrina da causalidade adequada* fê-lo da seguinte forma: "A obrigação de indemnizar só existe em relação aos danos que o lesado provavelmente não teria sofrido se não fosse a lesão".

Tem sido discutida se esta redacção exprime ou não, com exactidão, o pensamento do legislador (ver a propósito, entre outros, Antunes Varela, *Das Obrigações em Geral*, Vol. I, *cit.*, págs. 899 e segts., Fernando Pessoa Jorge, *Ensaio sobre os pressupostos da responsabilidade civil*, ob. cit., pág. 410, nota 373, Galvão Telles, *Direito das Obrigações, cit.*, págs. 409 e segts.), tendo os citados autores concluído que a letra da lei se encontra muito aquém da intenção do legislador ao adoptar esta teoria no Código Civil Português.

Como refere Galvão Telles a propósito desta questão, *"determinada acção ou omissão, será causa de certo prejuízo se, tomadas em conta todas as circunstâncias conhecidas do agente e as mais que um homem normal poderia conhecer, essa acção ou omissão se mostrava, à face da experiência comum, como adequada à produção do referido prejuízo, havendo fortes probabilidades de o originar"*.[196]

Quanto aos danos que se encontram abrangidos na obrigação de indemnização, e que serão objecto de cálculo para efeitos de ressarcimento do lesado, o art. 564.º do CC prescreve que "o dever de indemnizar compreende não só o prejuízo causado, como os benefícios que o lesado deixou de obter em consequência da lesão".

Nesta obrigação estão abrangidos tanto os danos emergentes como os lucros cessantes.

Os danos emergentes correspondem aos prejuízos causados por determinado facto nos bens do lesado em consequência da lesão sofrida, enquanto que os lucros cessantes correspondem aos benefícios que o lesado deixou de obter em consequência da lesão, ou seja, pelo facto de esta ter ocorrido.

Estamos perante duas realidades distintas, uma delas virada para a perda e para os gastos do lesado em consequência da lesão, outra virada para os benefícios, para o lucro que não se obteve e poder-se-ia ter obtido se não fosse a lesão sofrida. O lucro cessante também se pode traduzir numa perda, mas esta não é imediata. Pode ser a perda de um ganho que não se obteve, a médio ou longo prazo, em consequência da lesão que o lesado sofreu.

Refira-se ainda que o n.º 2 do art. 564.º do CC permite que na fixação da indemnização sejam tidos em conta os danos futuros,[197] desde que previsíveis. O dano futuro corresponde ao prejuízo que, embora

---

[196] *Direito das Obrigações*, cit., pág. 386.

[197] Um dos casos mais frequentes em que o tribunal tem de atender aos danos futuros é aquele em que o lesado perde ou vê diminuída, em consequência do facto lesivo, a sua capacidade laboral. É o que se verifica no caso de ocorrerem lesões que afectem a capacidade aquisitiva do lesado. É este o dano futuro previsível típico e paradigmático, o qual se encontra directamente relacionado com os casos de perda ou diminuição da capacidade de ganho. Esta perda é caracterizada como efeito danoso, de natureza temporária ou definitiva, que resulta para o ofendido do facto de ter sofrido uma dada lesão, impeditiva da obtenção normal de determinados proventos certos como paga do seu trabalho.

ainda não se tenha verificado no momento da apreciação, pelo tribunal, da situação do lesado, é previsível que venha a ocorrer, com elevado grau de probabilidade.

No entanto, no caso de os danos não serem de imediato determináveis, pode ser relegada para momento posterior a sua determinação, podendo o tribunal impor ao responsável o "pagamento de uma indemnização provisória, dentro do quantitativo já provado" (art. 565.º do CC).[198]

Com vista a concretização do objectivo essencial pelo qual se atribui ao lesado o direito a ser indemnizado pelos danos sofridos, a lei regulou diferentes formas de ressarcimento dos danos, tendo dado uma clara primazia à restauração natural sobre a indemnização em dinheiro.

É o que claramente resulta da redacção do art. 566.º, n.º 1, do CC, ao referir que "a indemnização é fixada em dinheiro, sempre que a reconstituição natural não seja possível, não repare integralmente os danos ou seja excessivamente onerosa para o devedor".

A forma mais perfeita de reparação do dano consiste na reconstituição *in natura*, procedendo-se neste caso concreto à directa remoção do dano sofrido pelo lesado.[199]

No entanto, muitas das vezes, quando a reconstituição natural não se apresenta viável, é difícil repor a situação no seu estado natural, pelo que a lei previu outros meios de reparação com vista o ressarcimento dos danos causados ao lesado: a indemnização em dinheiro e a indemnização em forma de renda.

O recurso a estes meios subsidiários pode ocorrer quando a reconstituição natural se revele impossível,[200] se apresente insuficiente para reparar os danos ou se considere demasiado onerosa para o devedor.

---

[198] Com a entrada em vigor do Decreto-Lei n.º 38/2003, de 8 de Março, a expressão "indemnização a ser fixada em execução de sentença" será substituída por "indemnização a ser fixada em liquidação posterior". Trata-se de uma alteração meramente literal sem qualquer consequência a nível substantivo.

[199] Almeida Costa, *Direito das Obrigações*, ob. cit., pág. 714, e Antunes Varela, *Das Obrigações em Geral*, Vol. I, cit., pág. 904, referem que no caso da reconstituição natural ocorre uma remoção do dano real ou concreto, consistindo este no prejuízo que o lesado sofreu, em sentido naturalístico, em consequência do facto danoso. Ver a propósito Almeida Costa, *Direito das Obrigações*, ob. cit., pág. 545, e Antunes Varela, *Das Obrigações em Geral*, Vol. I, cit., pág. 598.

Nestes casos excepcionais, a lei previu a possibilidade de ressarcir os danos através da indemnização em dinheiro, traduzida na entrega ao lesado de uma quantia em dinheiro correspondente aos danos sofridos por este.

Através desta forma de indemnização não se remove o dano efectivamente sofrido pelo lesado, o chamado dano concreto, mas indemniza-se o chamado dano de cálculo, consistindo este no resultado da avaliação do valor pecuniário dos prejuízos causados ao lesado.[201]

Embora seja uma modalidade de indemnização que assume carácter excepcional, uma vez que se dá preferência à reconstituição natural, traduz-se na forma mais frequente de indemnizar pelo facto de, na maioria das vezes, ser impossível reconstituir o estado anterior à lesão.[202]

Relativamente a esta forma de indemnização, a principal questão que se coloca respeita ao modo como se apura o montante indemnizatório devido ao lesado.

A este propósito, estabelece o art. 566.º, n.º 2, do CC que, "sem prejuízo do estabelecido noutras disposições, a indemnização em dinheiro tem como medida a diferença entre a situação patrimonial do lesado, na data mais recente que puder ser atendida pelo tribunal, e a que teria nessa data se não existissem danos".

Assim, de acordo com o que vem estabelecido neste artigo, o Código Civil, relativamente à forma de determinação da indemnização em dinheiro, consagra a denominada *teoria da diferença*.

Resumidamente refira-se que, segundo esta teoria, o cálculo do montante da indemnização pecuniária a que o lesado tem direito mede-se pela diferença entre a situação patrimonial real actual, em que o lesado se encontra em consequência da lesão sofrida, e a situação patrimonial hipotética actual, em que o mesmo se encontraria se o facto determinante da responsabilidade não se tivesse verificado.[203]

---

[200] Esta impossibilidade pode ser material ou jurídica. No caso de ser material estamos perante situações de morte de alguma pessoa, ou de destruição e desaparecimento de coisa não fungível. Por sua vez, o exemplo típico de impossibilidade jurídica traduz-se na alienação do mesmo imóvel a duas pessoas, tendo a última delas registado a aquisição a seu favor (Cfr. Antunes Varela, *Das Obrigações em Geral*, Vol. I, *cit.*, pág. 905).

[201] Cfr. Almeida Costa, *Direito das Obrigações*, ob. cit., pág. 715, e Antunes Varela, *Das Obrigações em Geral*, Vol. I, *cit.*, pág. 906.

[202] Cfr. Vaz Serra, *Obrigação de indemnização*, BMJ, n.º 84, págs. 13 e segts.

[203] O confronto estabelece-se entre situações patrimoniais e não entre o valor hipotético e o valor real do objecto ou coisa lesada, uma vez que este conceito pretende

Na medida em que em qualquer das duas situações em confronto se atende à situação do lesado, há que efectuar uma *avaliação concreta* do dano e não uma *avaliação abstracta*, traduzindo-se a primeira numa apreciação do valor do prejuízo sofrido pelo lesado, e a segunda numa apreciação do valor objectivo do bem lesado, sem atender à pessoa que sofreu o dano.[204]

O momento para aferir da diferença entre a situação real e hipotética actual é o mesmo para as duas situações: a data mais recente possível.[205]

Em regra, a obrigação de indemnizar, quando reveste a forma de indemnização em dinheiro, é cumprida na totalidade. No entanto, a lei permite que o tribunal, em certos casos, fixe essa indemnização total ou parcialmente sob a forma de renda vitalícia ou temporária. É o que prescreve o art. 567.º do CC.

Analisado sumariamente o conteúdo da obrigação de indemnização, importa, por último, referir as situações geradoras de responsabilidade civil que podem dar origem a esta obrigação e, simultaneamente, fazer uma breve abordagem acerca dos pressupostos daquela.

Muitas são as situações da vida susceptíveis de causar danos e que, consequentemente, originam a obrigação de indemnizar o lesado pelos danos sofridos.

À fonte geradora desta obrigação a lei deu o nome de *responsabilidade civil*.[206]

O Código Civil consagrou um sistema dualista da responsabilidade civil ao subdividi-la em *responsabilidade civil extracontratual* e *respon-

---

abranger, entre outros, os lucros cessantes, perdas ou despesas reflexas, e não apenas o valor do bem efectivamente lesado (Cfr. Antunes Varela, *Das Obrigações em Geral*, Vol. I, *cit.*, pág. 903, nota 2).

[204] A propósito da distinção ver Pereira Coelho, *O Problema da causa virtual na responsabilidade civil*, Coimbra, 1955, págs. 251 e segts..

[205] Sobre o momento a que se deve atender para o cálculo do dano ver Pereira Coelho, *O Problema da causa virtual na responsabilidade civil*, *cit.*, págs. 202 e segts., e Vaz Serra, *Obrigação de indemnização*, BMJ, n.º 84, págs. 24 e segts..

[206] Sobre o tema ver, entre outros, Almeida Costa, *Direito das Obrigações*, *ob. cit.*, págs. 473 e segts., Antunes Varela, *Das Obrigações em Geral*, Vol. I, *cit.*, págs. 518 e segts., Fernando Pessoa Jorge, *Ensaio sobre os pressupostos da responsabilidade civil, ob. cit.*, Luís Menezes Leitão, *Direito das Obrigações*, Vol. I, *cit.*, págs. 267 e segts., e Manuel Gomes da Silva, *O dever de prestar e o dever de indemnizar, ob. cit.*.

sabilidade civil contratual,[207] disciplinando-as, respectivamente, nos arts. 483.º e seguintes e 798.º e seguintes.[208]

Em termos gerais, a responsabilidade civil contratual resulta da falta de cumprimento de obrigações resultantes de contratos, negócios unilaterais ou da lei, ao passo que a responsabilidade civil extracontratual resulta da violação de deveres ou vínculos gerais, a que correspondem direitos absolutos.

A responsabilidade civil contratual serve a tutela e a realização das expectativas ligadas às prestações resultantes de determinando vínculo estabelecido entre uma ou mais partes. Nessa medida, "o seu fundamento é, ordinariamente, a frustração da promessa de prestação caracteristicamente assumida na autovinculação contratual, ou seja, a violação da regra *pacta sunt servanda*". Por sua vez, a responsabilidade extracontratual, ao não tutelar posições jurídicas resultantes de um vínculo jurídico contratual, protege em geral certas posições individuais contra terceiros.[209]

Relativamente à responsabilidade civil extracontratual, o Código Civil distinguiu expressamente duas formas: *responsabilidade por factos ilícitos* e *responsabilidade pelo risco*.[210] Além destas, ainda podemos considerar a responsabilidade ligada à prática de factos lícitos causadores de danos. É a chamada *responsabilidade por factos lícitos*.[211]

---

[207] A responsabilidade extracontratual é também designada por responsabilidade extra-obrigacional, extranegocial, delitual ou aquiliana. Também a responsabilidade contratual é denominada por responsabilidade negocial e obrigacional. Acerca dos prós e contras destas terminologias ver Antunes Varela, *Das Obrigações em Geral*, Vol. I, cit., pág. 519, nota 1, e Almeida Costa, *Direito das Obrigações*, ob. cit., pág. 493, nota 1, e pág. 494, nota 1.

[208] Embora o Código Civil regule em lugares distintos estes dois tipos de responsabilidade, muitas das normas constantes dos arts. 483º e segts. são aplicáveis à responsabilidade civil contratual, nomeadamente os arts. 483.º, n.º 1, 485.º, n.º 2, 486.º, 487.º, n.º 2.

[209] Cfr. Carneiro da Frada, *Contrato e deveres de protecção*, Coimbra, 1994, págs. 124 e 125.

[210] Nesta responsabilidade o legislador limitou a sua consagração aos casos especificamente previstos na lei, quer constantes do Código Civil, quer os regulados em legislação avulsa (art. 483.º, n.º 2, do CC).

[211] Embora não exista uma norma genérica no Código Civil respeitante a este último tipo de responsabilidade extracontratual, tal como acontece com a responsabilidade por factos ilícitos e a responsabilidade pelo risco, estão espalhados pelo mesmo muitas situações que originam este tipo de responsabilidade e que levam à sua

A propósito do instituto da responsabilidade civil importa enumerar sumariamente os seus pressupostos, indicando pontualmente as diferenças entre cada um dos seus tipos.

O art. 483.º do CC, apesar se encontrar inserido na subsecção reservada à responsabilidade por factos ilícitos, consagra o princípio geral acerca da matéria dispondo da seguinte forma: "Aquele que, com dolo ou mera culpa, violar ilicitamente o direito de outrem ou qualquer disposição legal destinada a proteger interesses alheios fica obrigado a indemnizar o lesado pelos danos resultantes da obrigação".

Da leitura do preceito facilmente se depreende que a obrigação de indemnizar está dependente da verificação de certos pressupostos. São eles: a existência de um facto voluntário do agente, a ilicitude desse facto, o nexo de imputação do facto ao lesante, o dano e o nexo de causalidade entre o facto praticado e o dano sofrido.[212]

O primeiro pressuposto da responsabilidade é o facto do agente. Mas, teremos de estar perante um facto voluntário,[213] controlável pela vontade de quem o pratica, por forma a que possa ser imputável ao seu agente.[214]

A conduta do agente, causadora de danos, tanto pode traduzir-se numa acção como numa omissão. No entanto, em regra, o facto gerador de responsabilidade é um facto positivo, uma acção.[215]

O facto tem que ser ilícito para que origine responsabilidade.

---

autonomização. A título de exemplo refiram-se os arts. 1322.º, n.º 1, 1349.º, n.º 3, e 1560.º, n.º 3, todos do CC. (Cfr. Almeida Costa, *Direito das Obrigações*, ob. cit., pág. 509, e Antunes Varela, *Das Obrigações em Geral*, Vol. I, cit., pág. 524).

[212] Entre outros, cfr. Almeida Costa, *Direito das Obrigações*, ob. cit., págs. 509 e segts, e Antunes Varela, *Das Obrigações em Geral*, Vol. I, cit., págs. 525 e segts.. Embora varie de autor para autor a enumeração dos pressupostos da responsabilidade (ver, a título de exemplo, Fernando Pessoa Jorge, *Ensaio sobre os pressupostos da responsabilidade civil*, ob. cit., págs. 55 e segts.), a posição indicada tem sido a predominante na doutrina portuguesa.

[213] Não preenchem este pressuposto, porque não dependem da vontade humana e porque se encontram fora do controlo de uma qualquer pessoa, os factos naturais causadores de danos, como sucede com os tremores de terra, as inundações ou os ciclones.

[214] Na responsabilidade pelo risco o dano indemnizável tanto pode ter sido praticado pela pessoa do responsável, como por terceiro ou até pelo próprio lesado.

[215] Pelo contrário, na responsabilidade contratual, na maioria das vezes, é uma omissão do devedor – a não realização da prestação – que origina a obrigação de indemnizar (art. 798.º do CC).

O art. 483.º, n.º 1, do CC indica duas formas de ilicitude: a violação de um direito de outrem e a violação de preceito legal que proteja interesses alheios.

A primeira forma de ilicitude respeita essencialmente à violação de direitos subjectivos, essencialmente absolutos, de que são exemplo, entre outros, os direitos reais e os direitos de personalidade.[216] Quanto ao segundo caso está-se perante a violação de deveres impostos por lei que protegem interesses particulares mas a que a lei não atribuiu o correspondente direito subjectivo aos seus titulares.[217]

Além destas duas formas de ilicitude, a lei fixa ainda nos arts. 484.º, 485.º e 486.º do CC alguns casos especiais de ilicitude.[218]

Pode suceder que, apesar de o agente ter violado um direito de outrem ou uma norma destinada a proteger interesses alheios, a sua conduta se considere justificada, excluindo-se desta forma a responsabilidade do lesante. Neste âmbito, não dão lugar à obrigação de indemnizar os factos ilícitos danosos quando praticados no regular exercício de um direito, no cumprimento de um dever, ou no exercício de acção directa (art. 336.º do CC), os praticados em legítima defesa (art. 337.º do CC) ou em estado de necessidade (art. 339.º do CC) ou os praticados com o consentimento do lesado (art. 340.º do CC).

O terceiro pressuposto da responsabilidade é a existência de culpa, podendo esta traduzir-se em dolo ou mera culpa.[219]

A culpa traduz-se no nexo de imputação do facto ao agente que o pratica. Para estarmos perante um facto ilícito culposo não basta que este seja merecedor de censura, é igualmente necessário que tal facto

---

[216] Quanto aos direitos familiares, a doutrina maioritária tem considerado que apenas os de natureza patrimonial originam dever de indemnizar (exs. arts. 1594.º, 1681.º, 1900.º, n.º 2, do CC).

[217] Sobre os requisitos especiais desta forma de ilicitude ver Almeida Costa, *Direito das Obrigações*, ob. cit., pág. 515, Antunes Varela, *Das Obrigações em Geral*, Vol. I, cit., pág. 539, Fernando Pessoa Jorge, *Ensaio sobre os pressupostos da responsabilidade civil*, ob. cit., págs. 302 e segts., e Luís Menezes Leitão, *Direito das Obrigações*, Vol. I, cit., pág. 580.

[218] Esses casos especiais são: a afirmação ou divulgação de factos capazes de prejudicarem o crédito ou o bom nome de qualquer pessoa (art. 484.º do CC), excepcionalmente, simples conselhos, recomendações ou informações (art. 485.º, n.º 2, do CC) e as omissões quando haja o dever de praticar o acto omitido (art. 486.º do CC).

[219] Acerca deste requisito ver exposição detalhada de Antunes Varela, *Das Obrigações em Geral*, Vol. I, cit., págs. 562 e segts..

seja imputável àquele que o praticou, ainda que o nexo de imputação do facto ao agente possa assumir diversas formas.[220]

Além disso, para que haja lugar à obrigação de indemnizar, é essencial e fundamental que o facto ilícito culposo praticado pelo agente tenha causado prejuízo a outrem, ou seja, o lesado tem que ter sofrido algum dano. Desta forma, a existência de dano é condição essencial da responsabilidade civil em geral, não havendo lugar à obrigação de indemnizar no caso de o facto ilícito culposo praticado pelo agente não ter provocado qualquer prejuízo.[221]

Finalmente, entre o facto praticado e o dano causado tem que existir, necessariamente, um nexo causal, uma vez que o autor da lesão apenas é responsável pelos danos resultantes do facto ilícito que praticou. Nesta medida, o autor da lesão não tem que indemnizar o lesado por todos e quaisquer danos sofridos após a prática do facto ilícito, mas apenas e só por aqueles danos que resultaram da lesão sofrida e com ela tenham um nexo causal. É a consagração da já referida *teoria da causalidade adequada*.

Atendendo aos pressupostos enunciados, cuja verificação é necessária para fundamentar a responsabilidade civil, a obrigação de indemnização pode ter diversas fontes, podendo resultar, entre outras:

– do ilícito extracontratual ou extra-obrigacional que deriva da prática de um facto culposo que viole um direito subjectivo alheio ou outros interesses alheios de outrem juridicamente protegidos (art. 483.º do CC);
– da prática de factos danosos geradores da responsabilidade objectiva ou pelo risco, os quais não pressupõem a existência de culpa do responsável pela verificação dos danos (arts. 500.º e segts. do CC);

---

[220] A responsabilidade pela prática de certo facto pode ser imputável directamente àquele que o praticou ou derivar de actos de terceiros, independentemente da existência de culpa do seu responsável. Nesta última situação inserem-se, entre outros, os casos previstos nos arts. 500.º, n.º 1, 502.º, 503.º, n.º 1, do CC, integradores da responsabilidade pelo risco. A característica distintiva neste tipo de responsabilidade reside no facto de o lesado ter direito a ser ressarcido dos danos sofridos independentemente da existência de culpa do lesante pela prática do facto.

[221] Sobre o dano em geral ver Almeida Costa, *Direito das Obrigações*, ob. cit., págs. 542 e segts., Antunes Varela, *Das Obrigações em Geral*, Vol. I, cit., págs. 597 e segts., e Luís Menezes Leitão, *Direito das Obrigações*, Vol. I, cit., págs. 313 e segts..

- da prática de actos lícitos danosos (arts. 339.º, n.º 2, 1322.º, n.º 1, 1347.º, n.º 3, 1348.º, n.º 2, 1349.º, n.º 3, 1552.º, 1559.º, 1560.º, n.º 3, 1561.º, n.º 1, 1563.º do CC);
- do não cumprimento de qualquer obrigação (art. 798.º do CC);
- da impossibilidade da prestação por causa imputável ao devedor (art. 801.º, n.º 2, do CC);
- da mora no cumprimento de qualquer obrigação (art. 804.º, n.º 1, do CC);
- do cumprimento defeituoso de uma obrigação (arts. 898.º, 899.º, 908.º, 913.º e segts., e 1218.º e segts., todos do CC).

Esta enumeração genérica, e meramente exemplificativa, revela a multiplicidade e diversidade de situações geradoras de responsabilidade que dão lugar à obrigação de indemnizar e, consequentemente, à acção de indemnização.

Apesar de serem vastas as situações que podem originar o direito de indemnização, nem todas possibilitam ao lesado o recurso à providência de arbitramento de reparação provisória. Apenas algumas delas são susceptíveis de proporcionar ao lesado a antecipada reparação provisória dos danos sofridos.

A análise dessas situações é o que faremos de seguida.

5.2 Fundamentos da acção de indemnização

Dada a abrangência e vastidão do direito de indemnização fundado em todos os casos de responsabilidade civil e atendendo aos riscos que se encontram associados a qualquer medida cautelar, o legislador considerou que nem toda e qualquer indemnização merece uma tutela especial, proporcionada através de uma providência cautelar. Daí que tenha restringido o deferimento da providência cautelar de arbitramento de reparação provisória a algumas das situações geradoras da obrigação de indemnizar.

É a lei processual que, através da redacção do art. 403.º, n.ºs 1 e 4, do CPC, determina os fundamentos da inovadora providência cautelar. Desta forma, é pela análise destes preceitos que podemos concluir quais os casos de responsabilidade civil que podem determinar o decretamento desta providência.

De acordo com o disposto nos citados artigos, o titular do direito à indemnização pode requerer que lhe seja arbitrada uma quantia mensal, a título de reparação provisória do dano sofrido, quando a acção de indemnização se funde em morte ou lesão corporal ou, ainda, quando se funde em dano susceptível de pôr seriamente em causa o sustento ou a habitação do lesado.

Nesta medida, a antecipação da satisfação do direito de indemnização apenas pode ocorrer em três tipos de situações distintas:
1) Quando o facto praticado pelo responsável tenha provocado ao lesado a morte;
2) Quando o facto praticado pelo responsável tenha provocado ao lesado uma qualquer lesão corporal;
3) Quando o facto praticado pelo responsável tenha causado ao lesado um qualquer dano que possa colocar seriamente em causa o seu sustento ou habitação.

São estas as situações específicas a que a lei restringiu a aplicação da providência cautelar de arbitramento de reparação, e que seguidamente passaremos a analisar.

5.2.1 *Morte ou lesão corporal*

A primeira das duas limitações impostas pela providência cautelar de arbitramento de reparação provisória diz respeito ao tipo de danos que podem dar origem à acção de indemnização que serve de fundamento ao decretamento desta providência. E, em consonância com essa limitação, o legislador, através da previsão dos n.ºs 1 e 4 do art. 403.º do CPC, apenas permitiu o recurso a esta medida cautelar com vista a reparação provisória dos danos sofridos em consequência da morte ou lesão corporal do lesado, ou de dano susceptível de pôr seriamente em causa o seu sustento ou habitação.[222]

A redacção do preceito teve a sua origem no art. 337.º, n.º 1, do Projecto da Comissão Varela, no qual se limitava a tutela antecipada às situações ora previstas no n.º 1 do art. 403.º do CPC, não se fazendo qualquer referência à situação que o actual n.º 4 do mesmo artigo veio regular.[223]

---

[222] A outra limitação imposta pela providência está relacionada com a concreta situação económica em que se encontra o lesado em consequência dos danos sofridos. Falaremos desta limitação quando tratarmos dos requisitos de procedência da providência (Ver *infra* Capítulo II – 6.1 Situação de necessidade, pág. 125).

[223] No entanto, deve ressalvar-se que a norma prevista no art. 337.º do referido projecto se encontrava inserida na providência cautelar dos alimentos provisórios, não

A circunstância de outrem causar ao lesado determinado dano, em consequência da prática de um facto ilícito culposo, é decisivo para fundamentar a obrigação de indemnizar.

Os danos causados ao lesado podem ser diversos[224] e resultar da prática de diferentes factos, mas nem todos os danos que fundamentam a acção de indemnização são susceptíveis de ser antecipadamente tutelados através da providência cautelar de arbitramento de reparação provisória.

De acordo com a previsão do n.º 1 do art. 403.º do CPC, o legislador apenas permitiu o recurso a esta medida cautelar quando se esteja perante uma acção de indemnização fundada em morte ou lesão corporal. Nesta medida, só quando estejam em causa danos resultantes da morte ou lesão corporal podem os lesados requerer que lhes seja arbitrado certa quantia como reparação provisória dos danos sofridos.

A tutela especial concedida, através desta medida cautelar, ao titular do direito à indemnização resulta apenas da circunstância de ter ocorrido morte ou lesão corporal em consequência do facto ilícito praticado. Com efeito, os bens fundamentais que a norma constante n.º 1 do art. 403.º do CPC pretendeu salvaguardar foram a vida e a integridade física.

Apesar de a responsabilidade civil ter a sua origem em diferentes e diversas situações de facto da vida real, a maioria dos eventos susceptíveis de poderem provocar a morte ou lesão corporal enquadram-se na responsabilidade civil extracontratual.

Nesta medida, e atendendo essencialmente aos danos que estão em causa no n.º 1 do art. 403.º do CPC, será em consequência da propositura de acções de indemnização emergentes da responsabilidade civil extracontratual que a lei, através do mecanismo cautelar da providência de arbitramento, reparará provisória, e antecipadamente, determinados danos sofridos pelo lesado.

No entanto, uma vez que este tipo de responsabilidade se pode subdividir em responsabilidade por factos ilícitos e responsabilidade pelo risco, importa destacar determinadas acções que concretamente

---

gozando da autonomia que actualmente lhe foi conferida pela revisão processual ocorsrida em 1995/96.

[224] Podem indicar-se como exemplos de danos a destruição de um muro, de um veículo, as dores, o sofrimento pela perda de um ente querido, uma qualquer lesão corporal ou a própria morte, bem como quaisquer despesas efectuadas em consequência dos danos sofridos.

podem estar na origem do decretamento desta providência, tendo como fundamento pretensões indemnizatórias fundadas em morte ou lesão corporal. São elas:

a) acções destinadas a exigir a responsabilidade civil por factos ilícitos emergentes de comportamentos culposos que violem um direito subjectivo alheio ou outros interesses alheios juridicamente protegidos (cfr. art. 483.º do CC);

b) acções emergentes de comportamentos geradores de culpa presumida ligados a acidentes de viação (cfr. art. 503.º, n.º 3, do CC), edifícios ou obras (cfr. art. 492.º do CC), ou derivados de coisas, animais ou actividades (cfr. art. 493.º do CC);

c) acções destinadas a exigir a responsabilidade emergente de danos causados no exercício da caça, com armas de fogo;[225]

d) acções destinadas a exigir a responsabilidade objectiva resultante de relações de comissão (cfr. arts. 500.º e 501.º do CC);

e) acções destinadas a exigir a responsabilidade objectiva derivada de danos causados por animais (cfr. art. 502.º do CC);

f) acções destinadas a exigir a responsabilidade objectiva emergentes de danos causados por veículos de circulação terrestre (cfr. arts. 503.º e segts. do CC);

g) acções destinadas a exigir a responsabilidade objectiva resultante de danos causados por outros veículos, nomeadamente embarcações de recreio,[226] navios,[227] aeronaves[228] e ultraleves;[229]

---

[225] A Lei n.º 30/86, de 27 de Agosto, consagrava no seu art. 33.º, n.º 1, a responsabilidade objectiva quanto aos danos causados no exercício da caça, com armas de fogo. No entanto, esta lei foi revogada pela Lei n.º 173/99, de 21 de Setembro, a qual remete para o art. 493.º, n.º 2, do CC o regime da responsabilidade emergente destas situações (Cfr. Almeida Costa, *Direito das Obrigações*, ob. cit., pág. 563, nota 3).

[226] As embarcações de recreio estão abrangidas pelo Regulamento da Náutica de Recreio, aprovado pelo Decreto-Lei n.º 329/95, de 9 de Dezembro, e alterado pelo DL n.º 567/99, de 23 de Dezembro, onde se estabelece no art. 3.º a responsabilidade solidária do proprietário e comandante da embarcação, independentemente de culpa, quanto aos danos causados a terceiros pela embarcação, desde que o acidente não se tenha ficado a dever a culpa exclusiva do lesado. De acordo com o art. 44.º do mesmo Regulamento, esta responsabilidade civil objectiva está associada à imposição de um seguro obrigatório de responsabilidade (sobre a celebração do contrato de seguro, ver a Portaria n.º 689/2001, de 10 de Junho).

[227] O art. 4.º do Decreto-Lei n.º 202/98, de 10 de Julho, consagra a responsabilidade objectiva para os navios e outras embarcações ao prever a responsabilidade do

h) acções destinadas a exigir a responsabilidade objectiva derivada de danos causados por instalações de energia eléctrica ou gás (cfr. art. 509.º do CC);

i) acções destinadas a exigir a responsabilidade objectiva emergente de danos causados por produtos defeituosos.[230]

É em consequência da propositura de uma acção destinada a exigir a responsabilidade civil, com base nos fundamentos acabados de referir,

---

armador do navio, seja ele ou não o seu proprietário, independentemente de culpa, pelos danos causados por acções ou omissões das pessoas que se encontram ao serviço do navio ou do seu armador, seja ele ou não o seu proprietário.

[228] O regime da responsabilidade emergente de danos causados por aeronaves está igualmente previsto em legislação especial. Para o *transporte aéreo internacional* rege a Convenção de Varsóvia de 1929, modificada pelo Protocolo de Haia de 28 de Setembro de 1955, ambos ratificados por Portugal. Apesar de esta Convenção consagrar meras presunções de culpa do transportador aéreo, o processo de revisão desta convenção, operada pelos Protocolos Adicionais de Montréal de 1975, os quais ainda não se encontram em vigor por insuficiência do número de ratificações, embora Portugal já os tenha ratificado, vem alterar o regime desta responsabilidade, consagrando uma verdadeira responsabilidade objectiva (Cfr. Almeida Costa, *Direito das Obrigações, ob. cit.*, nota 3 da pág. 564). Para o *transporte aéreo comunitário* rege o Regulamento (CE) 2027/97, do Conselho, de 9 de Outubro de 1997, que estabelece a responsabilidade objectiva das transportadoras aéreas comunitárias, em relação aos danos sofridos pelos passageiros em caso de acidente, até determinado limite. Quanto ao *transporte aéreo nacional ou doméstico* vigora o Decreto-Lei n.º 321/89, de 25 de Setembro, alterado pelo Decreto-Lei n.º 279/95, de 26 de Outubro, o qual estabelece a responsabilidade objectiva tanto do transportador como do proprietário ou explorador da aeronave e a obrigatoriedade do respectivo seguro de responsabilidade civil (Cfr. Luís Menezes Leitão, *Direito das Obrigações*, Vol. I, *cit.*, pág. 364).

[229] O regime de responsabilidade objectiva previsto para os ultraleves está consagrado no Decreto-Lei n.º 71/90, de 2 de Março. O art. 14.º deste diploma prevê a responsabilidade solidária do proprietário e piloto, independentemente de culpa, pelo ressarcimento dos danos causados a terceiros, a não ser que haja culpa exclusiva do lesado. A lei fixou um limite máximo para esta responsabilidade e estabeleceu a obrigatoriedade de celebração de seguro de responsabilidade civil.

[230] A responsabilidade do produtor, independentemente de culpa, pelos danos causados por defeitos dos produtos que coloca em circulação vem regulado no Decreto--Lei n.º 383/89, de 6 de Novembro, alterado pelo Decreto-Lei n.º 131/2001, de 24 de Abril. Esta responsabilidade está limitada à ressarcibilidade dos danos resultantes de morte ou lesão corporal e dos danos em coisa diversa do produto defeituoso, prevendo-se igualmente a possibilidade de exclusão da responsabilidade do produtor em diversos casos. Ver sobre esta matéria Calvão da Silva, *Responsabilidade Civil do Produtor, ob. cit.*.

que podem surgir a maioria dos pedidos de arbitramento de reparação provisória dos danos. Isto porque é em consequência da prática de factos ilícitos culposos, bem como da prática de actividades criadoras de perigos especiais, que se verifica, a maioria das vezes, a morte ou a ocorrência de uma qualquer lesão corporal no lesado.

5.2.2 *Outros danos*

O n.º 4 do art. 403.º do CPC prevê ainda a possibilidade de o lesado requerer que lhe seja arbitrada uma quantia a título de reparação provisória dos danos sofridos quando, em consequência do facto praticado por terceiro, tenha ocorrido um dano susceptível de pôr seriamente em causa o seu sustento ou habitação.

Através da previsão desta norma, o legislador alargou o âmbito da providência a outras situações, para além das previstas no n.º 1 do citado artigo, com o objectivo de minimizar os danos ocorridos em consequência, e por causa, do facto lesivo praticado por terceiro. Desta forma, a lei veio permitir que os interessados possam lançar mão da providência de arbitramento de reparação provisória, não apenas nos casos em que se esteja perante danos ocorridos em consequência da morte ou lesão corporal do lesado, mas também quando determinada acção de indemnização se funde em qualquer dano que possa colocar o lesado em situação difícil de prover o seu sustento ou habitação.

Com efeito, ainda que determinado dano gerador de responsabilidade civil não provoque a morte ou lesão corporal ao lesado, é possível recorrer à providência de arbitramento se esse dano se repercutir intensamente na esfera económica do lesado, a ponto de o colocar numa situação que o incapacite de trabalhar por forma a sustentar-se, ou que não lhe permita fazer uso da sua residência, não dispondo de outro local para habitar.

Nestas situações, o legislador considerou que se justificava tutelar antecipadamente o direito de indemnização do lesado, concedendo-lhe uma renda mensal para fazer face aos prejuízos graves causados pelo facto danoso que o colocou em situação de franca debilidade económica.

Tal como acontece nos casos previstos no n.º 1 do art. 403.º do CPC, podem ser diversas as situações de facto que podem acarretar para o lesado um dano susceptível de o colocar numa situação económica difícil, impossibilitando-o de prover ao seu sustento ou habitação.

No entanto, diferentemente do que sucede naquelas situações, é possível que eventos geradores de responsabilidade civil contratual possam colocar o lesado na situação prevista pelo n.º 4 do art. 403.º do CPC.[231] Assim sendo, pode o incumprimento de uma prestação por parte do devedor provocar ao credor determinado dano deste tipo, concedendo-lhe a lei a possibilidade de tutelar antecipadamente o direito a ser indemnizado pelos prejuízos sofridos, através da providência cautelar de arbitramento de reparação provisória.

A título meramente exemplificativo, e aproveitando a descrição feita por Abrantes Geraldes,[232] importa enumerar algumas das situações fácticas susceptíveis de poderem gerar uma pretensão indemnizatória com fundamento no n.º 4 do art.º 403.º do CPC. São elas:

a) acções destinadas a exigir a responsabilidade civil resultante da ruína do imóvel onde o lesado tem a sua residência habitual, ou que serve de local para o exercício da sua actividade comercial ou industrial, em consequência de escavações feitas no terreno confinante e que origine o desalojamento dos ocupantes do prédio, ainda que tenham sido tomadas as precauções julgadas necessárias (cfr. art. 1348.º, n.º 2, do CC);[233]

Assim, face à inabitabilidade ou inutilização do imóvel onde o lesado habitava ou exercia a sua actividade e perante a impossibilidade de habitar noutro local ou de continuar a exercer de imediato a sua, ou outra, actividade profissional, poderá requerer o arbitramento de uma prestação mensal como reparação provisória dos danos sofridos em consequência da ruína do imóvel, por forma a satisfazer as suas necessidades básicas, enquanto não lhe for fixada a indemnização a que tem direito.

Os mesmos argumentos podem ser invocados nos casos em que haja ruína de edifício por vício ou defeito de construção (cfr. art. 492.º do CC), ou nos casos em que a instalação de energia eléctrica ou gás cause o mesmo tipo de danos ao lesado (cfr. art. 509.º do CC).[234]

---

[231] A este propósito ver *infra* Capítulo II – 5.2.3 Discussão: Aplicabilidade às situações emergentes de responsabilidade civil contratual, págs. 113 e segts.

[232] *Temas da Reforma do Processo Civil*, IV Volume, *cit.*, págs. 143 e segts..

[233] Exemplo apontado por Lopes do Rego em comentário ao art. 403.º, n.º 4, do CPC (*Comentários ao Código de Processo Civil, ob. cit.*, pág. 294).

[234] Exemplos apresentados por Lebre de Freitas em comentário ao art. 403.º do CPC (*Código de Processo Civil Anotado*, Volume 2.º, *cit.*, pág. 112).

b) acções destinadas a exigir a responsabilidade civil resultante da destruição de viatura utilizada no exercício da actividade profissional do lesado, em consequência de um acidente de viação;[235]

O facto de o lesado não poder prosseguir o exercício da sua profissão, por não lhe ser possível utilizar a viatura destruída num acidente de viação, pode colocar o lesado numa situação em que vê o seu próprio sustento posto em causa. Pelo que torna-se possível, através do arbitramento de uma renda mensal, ver reparado provisoriamente os danos causados ao lesado até que seja definitivamente fixada a indemnização a que este tem direito.[236]

c) acções destinadas a exigir a responsabilidade civil resultante da destruição total das produções hortícolas de uma quinta ou da morte de um rebanho completo de um pastor, por acto culposo de outrem, nos casos em que o lesado dependia economicamente dos rendimentos da terra ou do leite produzido pelos animais;[237]

d) acções destinadas a exigir a responsabilidade civil decorrente do exercício de actividade perturbadora do direito ao descanso ou à saúde que impeça a utilização do prédio para fins habitacionais (cfr. art.º 1346.º do CC);[238]

e) acções destinadas a exigir a responsabilidade civil resultante da ocorrência de efeitos nocivos provocados pela construção ou manutenção de instalações ou depósitos de substâncias corrosivas ou perigosas que tornem impossível a habitabilidade dos prédios afectados (cfr. art.º 1347.º do CC);

f) acções destinadas a exigir a responsabilidade civil com fundamento em contratos de seguro para cobertura de riscos inerentes à habitação, ao estabelecimento comercial ou industrial, ou ao exercício de uma actividade geradora de rendimentos (v.g. seguro de incêndio e seguro multi-riscos);

---

[235] Exemplo retirado do Acórdão da Relação de Lisboa, de 05/02/98, CJ, Ano XXIII, 1998, Tomo I, págs. 109 e segts..

[236] No mesmo sentido Lebre de Freitas, *Código de Processo Civil Anotado*, Volume 2.º, *cit.*, pág. 112.

[237] Exemplo retirado do Acórdão da Relação de Coimbra, de 18/11/97, CJ, Ano XXII, 1997, Tomo V, pág. 19.

[238] Neste âmbito, o Acórdão da Relação de Coimbra, de 18/11/97, apontou como exemplo a produção de ruídos e trepidações que tornem impossível o descanso ou a vida normal de alguém na sua própria habitação (CJ, Ano XXII, 1997, Tomo V, págs. 19 e 20).

Nestes casos, durante a pendência da acção judicial contra a seguradora, onde se discute o pagamento da indemnização reclamada, desde que esteja indiciada a existência da obrigação de indemnizar a cargo desta e fique provada a situação de necessidade do lesado, decorrente do incêndio ou da danificação dos bens que constituíam a sua única fonte de rendimentos, torna-se possível a antecipação do pagamento da indemnização a ser fixada em sede de acção principal, por forma a assegurar necessidades vitais ligadas à habitação ou sustento do lesado.[239]

g) acções destinadas a exigir a responsabilidade civil decorrente da "rescisão injustificada de um contrato de prestação de serviços, de agência ou de concessão, em regime de exclusividade, quando a situação gerada afecte seriamente a capacidade de o credor prover ao seu sustento";[240]

h) acções destinadas a exigir a indemnização resultante da expropriação por utilidade pública, nos casos em que a demora na sua fixação afecte seriamente a capacidade de subsistência do lesado;

Relativamente a esta situação, susceptível de ser abrangida no âmbito de aplicação do art. 403.º, n.º 4, do CPC, importa esclarecer alguns pontos do seu regime jurídico.

A expropriação por utilidade pública[241] é um acto lícito mas a sua verificação traz consigo o pagamento ao proprietário e aos titulares de outros direitos reais afectados, de uma indemnização adequada (cfr. art. 1310.º do CC).

Apesar das garantias legais[242] atribuídas aos expropriados, bem como a todos aqueles que sejam afectados pelo acto expropriativo,[243]

---

[239] Cfr. Abrantes Geraldes, *Temas da Reforma do Processo Civil*, IV Volume, cit., pág. 153.

[240] Abrantes Geraldes, *Temas da Reforma do Processo Civil*, IV Volume, cit., pág. 153.

[241] O Código das Expropriações foi aprovado pela Lei n.º 168/99, de 18 de Setembro.

[242] Nos termos do art. 9.º, n.º 2, do Código das Expropriações o expropriante está legalmente vinculado ao realojamento dos ocupantes, no caso de estarmos perante a expropriação de prédio habitacional. Por outro lado, nos termos dos arts. 20.º, n.º 1, alínea b) e 50.º, do mesmo Código, o expropriante tem o dever de proceder ao depósito de determinadas quantias antes da decisão final.

[243] Refira-se, a título exemplificativo, o caso do arrendatário (cfr. art.º 67.º do RAU).

pode não se verificar uma tutela eficaz dos direitos dos mesmos, mormente quando a entidade expropriante tenha retirado o bem da esfera jurídica do expropriado, ainda no decorrer do processo de expropriação.

Assim, e principalmente nestes casos, desde que se encontrem verificados os pressupostos de que depende a aplicação da providência de arbitramento de reparação provisória, não parece haver razões que justifiquem o seu indeferimento.[244] Pelo que temos por perfeitamente justificada a reparação provisória dos danos sofridos pelo lesado em consequência da expropriação por utilidade pública, essencialmente quando o bem expropriado servia de residência habitual ao lesado ou era dele que este retirava o seu sustento.

5.2.3 *Discussão: Aplicabilidade às situações emergentes de responsabilidade civil contratual*

Como acabou de se referir, o n.º 4 do art. 403.º do CPC permite que se recorra à providência cautelar de arbitramento de reparação provisória nos casos em que a pretensão indemnizatória se funde em dano susceptível de pôr seriamente em causa o sustento ou a habitação do lesado.

A forma como o preceito se encontra redigido tem suscitado algumas dúvidas acerca da sua interpretação, dando consequentemente azo a que os intérpretes da lei tenham opiniões divergentes acerca da mesma questão de direito, uma vez que a interpretam de maneira diferente.

A principal dúvida que se tem colocado a propósito da redacção desta norma reside em saber qual é exactamente o âmbito de aplicação da mesma. Ou seja, mais concretamente, se nos casos previstos no n.º 4 do art. 403.º do CPC o decretamento da providência cautelar de arbitramento de reparação provisória apenas pode ter lugar em consequência de situações emergentes de responsabilidade civil extracontratual, ou se também pode ocorrer quando se verifiquem situações emergentes de responsabilidade civil contratual.

---

[244] Como acentua Abrantes Geraldes, a atribuição provisória de uma renda mensal ao expropriado comporta menos riscos quanto à confirmação do correspondente direito de indemnização, uma vez que este direito está "legalmente previsto e direccionado a interessados facilmente identificáveis" (*Temas da Reforma do Processo Civil*, IV Volume, *cit.*, pág. 155).

O n.º 1 do art. 403.º do CPC determina que a providência de arbitramento apenas pode ser requerida nos casos em que a acção de indemnização se funde em morte ou lesão corporal. Pelo que, ao fixar--se os danos que o lesado sofreu e que estão na origem do direito à indemnização – a morte e uma qualquer lesão corporal –, o legislador restringiu praticamente o âmbito de aplicação da providência às situações emergentes de responsabilidade civil extracontratual, uma vez que os eventos originadores de responsabilidade civil contratual não provocam no credor este tipo de danos.

No n.º 4 do mesmo artigo, ao alargar-se o âmbito de aplicação da providência a outras situações, o legislador não determinou quais os danos concretos que originaram o direito à indemnização do lesado. A lei fixou apenas que o dano sofrido pelo lesado tem que ter posto em causa o seu sustento ou habitação para que este possa requerer esta medida cautelar.

Assim, dada a variedade dos danos que podem estar em causa nos casos previstos no n.º 4 do art. 403.º do CPC, contrariamente ao que acontece no n.º 1 do mesmo artigo, torna-se possível que situações geradoras de responsabilidade civil contratual possam colocar o credor-lesado numa situação de carência económica que não lhe permita prover ao seu sustento ou lhe ponha em causa a sua própria habitação.

Daí que se torne legítima a possibilidade de o legislador, através da norma constante do n.º 4 do art. 403.º do CPC, ter alargado o âmbito de aplicação da providência em apreço não só aos casos de responsabilidade civil extracontratual que possam ter deixado o lesado em dificuldades de prover ao seu sustento e habitação mas, igualmente, às situações emergentes de responsabilidade civil contratual que tenham colocado o credor-lesado na mesma situação.

Atento o facto de a opção por qualquer uma das soluções poder ter implicações práticas no maior ou menor recurso à providência, e com vista à uniformidade de decisões que tenham por objecto situações jurídicas iguais ou semelhantes, importa determinar qual a melhor interpretação a dar ao preceito.

No entanto, convém realçar que é muito reduzida quer a doutrina quer a jurisprudência a propósito desta questão de direito. Apenas um dos acórdãos publicados[245] se debruçou sobre esta problemática, tendo

---

[245] Cfr. Acórdão da Relação de Lisboa, de 05/02/98, CJ, Ano XXIII, 1998, Tomo I, pág. 109.

optado por restringir o âmbito de aplicação da providência de arbitramento de reparação provisória aos casos de responsabilidade civil extracontratual, por considerar que a mesma não tem aplicação aos casos de responsabilidade civil contratual.[246]

Tem sido em consequência desta decisão que alguns autores têm tomado posição acerca desta questão, manifestando-se em sentido contrário à defendida pelo citado Acórdão da Relação de Lisboa.[247]

Em defesa de cada uma das duas interpretações possíveis do art. 403.º, n.º 4, do CPC podem ser invocados vários argumentos, sendo alguns deles reversíveis.

Os principais argumentos invocados no Acórdão da Relação de Lisboa, de 05/02/98, estão relacionados com o facto de o n.º 1 do art. 403.º do CPC, ao definir o fundamento da providência de arbitramento de reparação provisória, se referir expressa e directamente ao art. 495.º, n.º 3, do CC, o qual se encontra inserido neste código na subsecção respeitante à responsabilidade por factos ilícitos, e ainda à circunstância de a posição defendida ser a que melhor se coaduna com o pensamento legislativo, se se atender ao disposto no art. 9.º do CC.

Em defesa da posição tomada, o citado Acórdão sublinha que o n.º 4 do art. 403.º do CPC "representa, *decididamente* (o sublinhado é nosso), um simples alargamento do que já se dispunha no n.º 1, tudo se passando como se, aí se afirmasse: «Como dependência da acção de indemnização fundada em morte ou lesão corporal, e ainda nos casos em que a pretensão indemnizatória se funde em dano susceptível de pôr em causa o sustento ou a habitação do lesado, podem os lesados, bem como os titulares do direito a que se refere o n.º 3 do art. 495.º do CC, requerer o arbitramento de quantia certa, sob a forma de renda mensal, como reparação provisória do dano»". Nesta medida, conclui *"com segurança* (o sublinhado é nosso), que o âmbito de aplicação do n.º 4 é o mesmo do n.º 1". Pelo que, de acordo com esta interpretação, estar-se-ia perante "matéria que não sai do domínio da responsabilidade civil extracontra-

---

[246] Defendendo a mesma solução, cfr. Fernando Salgado, *Arbitramento de Reparação Provisória*, Lusíada-Revista de Ciência e Cultura, Série de Direito, n.ºs 1 e 2, Separata, Coimbra, 1999, pág. 539;

[247] Neste sentido, cfr. Abrantes Geraldes, *Temas da Reforma do Processo Civil*, IV Volume, *cit.*, págs. 146 e segts., Lebre de Freitas, *Código de Processo Civil Anotado*, Volume 2.º, *cit.*, pág. 112, e Lopes do Rego, *Comentários ao Código de Processo Civil*, *ob. cit.*, pág. 294.

tual – e que *nada permite transpor* (o sublinhado é nosso) para o âmbito da responsabilidade civil contratual, emergente da violação de um contrato".[248]

Desta forma, considerou que a intenção do legislador, ao regular a providência de arbitramento de reparação provisória, foi única e simplesmente preencher uma lacuna existente na lei, alargando o âmbito de aplicação da providência a outras situações de responsabilidade civil extracontratual, para além dos casos de morte e de lesão corporal do lesado, os quais já se encontravam devidamente protegidos através da previsão constante do art. 495.º, n.º 3, do CC.

O citado Acórdão chega mesmo a defender que o art. 495.º, n.º 3, do CC é que está na base da criação do art. 403.º do CPC, pelo que seria impossível defender a posição contrária à tomada.

Baseando ainda a sua interpretação no art. 9.º do CC, acaba por concluir que, caso o legislador pretendesse abranger as situações emergentes de responsabilidade civil contratual, o teria declarado "em termos claros e sem margem para dúvidas", criando um preceito que expressamente determinasse esse alargamento. Como tal não sucedeu, "o intérprete só pode concluir que o legislador não o quis".

O Acórdão indica mesmo como razões justificativas do não alargamento da providência aos casos de responsabilidade civil contratual "as dificuldades acrescidas e imprevisíveis" que essa posição acarretaria "em termos de eventual bloqueio dos tribunais", bem como a manutenção da celeridade na justiça.

Salvo melhor opinião, a fundamentação do citado Acórdão não se revela suficientemente convincente, nem é isenta de crítica.

É verdade que a possibilidade de terceiros indirectamente lesados pelo facto lesivo requererem a providência cautelar de arbitramento de reparação provisória se traduz numa "transposição para os procedimentos cautelares da norma do art. 495.º, n.º 3, do CC",[249] a qual se encontra inserida no CC, na subsecção reservada à responsabilidade por factos ilícitos. No entanto, não podemos considerar que se esteja perante um argumento forte, e decisivo, que permita concluir claramente, com segu-

---

[248] Cfr. Acórdão da Relação de Lisboa, de 05/02/98, CJ, Ano XXIII, 1998, Tomo I, págs. 110 e 111.

[249] Abrantes Geraldes, *Temas da Reforma do Processo Civil*, IV Volume, *cit.*, pág. 147.

rança e sem margem para dúvidas,[250] que os danos previstos no n.º 4 do art. 403.º do CPC apenas podem resultar de situações geradoras de responsabilidade civil extracontratual.

Ainda que tal interpretação possa ser defensável, somos da opinião que a referência ao art. 495.º, n.º 3, do CC, bem como a sua inserção sistemática,[251] não implica necessariamente que se faça uma interpretação restritiva do n.º 4 do art. 403.º do CPC, não inviabilizando, por esses motivos, que os directos lesados possam requerer o arbitramento de reparação provisória pelos danos sofridos, quer sejam emergentes de responsabilidade civil extracontratual ou contratual, quando estes possam colocar seriamente em causa o seu sustento ou habitação.[252]

No entanto, ainda que se proceda ao alargamento do âmbito de aplicação da providência em apreço às situações emergentes de responsabilidade civil contratual, nos casos previstos no n.º 4 do art. 403.º do CPC, é defensável que, apenas quando esteja em causa uma pretensão indemnizatória emergente de responsabilidade civil extracontratual, possam os lesados indicados no art. 495.º, n.º 3, do CC obter a reparação provisória dos danos sofridos, o mesmo já não podendo ocorrer quando se esteja perante uma pretensão indemnizatória emergente de responsabilidade civil contratual. Neste caso, apenas e só o titular imediato do direito de indemnização poderá recorrer a esta medida cautelar, uma vez que no âmbito da responsabilidade civil contratual não tem aplicação a norma constante do art. 495.º, n.º 3, do CC.

Consideramos que é este o sentido que devemos atribuir à referência expressa do art. 495.º, n.º 3, do CC quando aplicável à norma

---

[250] O Acórdão da Relação de Lisboa, de 05/02/98, utiliza por diversas vezes expressões concludentes que apontam decisivamente e com um grau de certeza absoluta, para a solução que defende. São exemplos claros dessa certeza as expressões por nós sublinhadas quando procedemos à citação de alguns excertos do referido acórdão.

[251] O facto de a norma constante do art. 495.º, n.º 3, do CC estar inserida na secção respeitante à responsabilidade extracontratual não é um argumento infalível no sentido de limitar a aplicação da providência em apreço, visto haver diversas normas tratadas a propósito de certas matérias que são igualmente aplicáveis a outras totalmente distintas. Como exemplo refira-se a figura da sanção pecuniária compulsória, prevista no art. 829.º-A do CC e regulada a propósito da responsabilidade contratual. Estamos perante um instrumento coercivo para cumprimento de obrigações de prestação de facto infungível que, apesar da sua localização no CC, pode ser requerido em acções fundadas quer em responsabilidade contratual quer extracontratual.

[252] Cfr. Lopes do Rego, *Comentários ao Código de Processo Civil*, ob. cit., pág. 294.

constante do n.º 4 do art. 403.º do CPC, não sendo a sua referência obstáculo à não aplicabilidade do referido n.º 4 às situações de responsabilidade civil contratual.

Atendendo ao argumento ora invocado em defesa da aplicabilidade da providência aos danos emergentes da responsabilidade contratual, quando estes ponham em causa o sustento ou a habitação do lesado, parece falecer igualmente o argumento invocado no citado Acórdão de que não cabe ao intérprete alargar o âmbito de aplicação da providência se o legislador expressa e autonomamente não enveredou por essa solução.

Na verdade, se o legislador não criou uma norma expressa que restringisse a aplicação da providência de arbitramento às situações emergentes de responsabilidade civil extracontratual também não criou um preceito legal autónomo que proibisse claramente esse alargamento. Pelo que estamos perante um argumento reversível que pode abonar em favor das duas soluções divergentes.

Importa ressalvar que, contrariamente ao defendido pelo citado Acórdão, a razão que se encontra na base da criação da inovadora providência cautelar não se relaciona, única e exclusivamente, com o art. 495.º, n.º 3, do CC.

Tal como referimos anteriormente,[253] foram razões de diversa ordem que levaram à criação da providência de arbitramento de reparação provisória como procedimento cautelar especificado. Nesta medida, não podemos considerar o argumento baseado no art. 495.º, n.º 3, do CC como determinante para uma tomada de posição definitiva acerca desta questão.

Além do mais, não é perceptível na letra da lei, bem como no preâmbulo do Decreto-Lei n.º 325-A/95, de 12 de Dezembro, a clara intenção de o legislador alargar a aplicação da providência de arbitramento apenas, e só, a situações de responsabilidade civil extracontratual. Salvo melhor opinião, não parece haver dúvidas que o legislador pretendeu proteger situações de carência económica do lesado, essencialmente relacionadas com o sustento e habitação, originadas em consequência dos danos sofridos, não distinguindo a origem do dever de indemnizar em termos de responsabilidade civil extracontratual ou contratual. Pelo que, "não fazendo a lei distinção e podendo a acção de indemnização

---

[253] Ver supra Capítulo II – 2. Razões que determinaram a sua criação como procedimento cautelar especificado, págs. 73 e segts..

fundar-se em responsabilidade obrigacional ou em responsabilidade extra-obrigacional, não se vê razão para tal restrição".[254]

Tendo em conta a ambígua redacção do art. 381.º, n.º 1, do CPC, colocaram-se dúvidas acerca da necessidade de previsão especificada da providência de arbitramento de reparação provisória, uma vez que, através de uma providência cautelar não especificada, seria possível obter uma tutela antecipatória que tivesse por fundamento as situações previstas nos n.ºs 1 e 4 do art. 403.º do CPC.[255]

No entanto, parece-nos que este facto não pode servir de argumento para considerar que seria ilógico o legislador limitar o recurso à providência de arbitramento às situações emergentes de responsabilidade civil extracontratual quando, por aplicação da norma geral do art. 381.º, n.º 1, do CPC, pode permitir a sua aplicação aos casos de responsabilidade civil contratual, por aquela norma geral não impor restrições quanto à natureza ou origem do direito ameaçado.[256] Isto porque, caso de facto o legislador tenha pretendido restringir o âmbito de aplicação da providência às situações emergentes de responsabilidade civil extracontratual, não podem os potenciais beneficiários do direito de indemnização, com génese contratual, recorrer à aplicação de uma medida cautelar não especificada com vista a reparação provisória, sob a forma de renda mensal, dos danos sofridos. Tal possibilidade traduzir-se-ia num meio de contornar os obstáculos colocados pela lei à admissibilidade da providência de arbitramento, não respeitando o princípio da subsidiariedade previsto no art. 381.º, n.º 3, do CPC.[257]

---

[254] Lebre de Freitas, *Código de Processo Civil Anotado*, Volume 2.º, cit., pág. 112.

[255] Coisa diferente é saber se na prática se verificaria o decretamento de providências com tal conteúdo, uma vez que os tribunais não têm proferido muitas decisões que imponham a aplicação de medidas cautelares antecipatórias, nomeadamente de natureza pecuniária.

[256] Cfr. Abrantes Geraldes, *Temas da Reforma do Processo Civil*, IV Volume, cit., pág. 150. Abrantes Geraldes refere mesmo que uma solução que excluísse o âmbito de aplicação da norma aos casos de responsabilidade civil contratual "navegaria contra a corrente do processo civil impulsionada por outros sistemas" nos quais a jurisprudência admite a antecipação de direitos de natureza creditícia, sem impor limitações relacionadas com a natureza ou origem do direito. A título de exemplo repare-se na redacção dos arts. 700.º do Codice di Procedura Civile e do art. 273.º do Código de Processo Civil brasileiro.

[257] Ver *supra* Capítulo I – 5.4 Subsidiariedade, págs. 39 e 40.

Nesta medida, tal argumento apenas seria viável se, conjuntamente com a defesa da interpretação restritiva do art. 404.º, n.º 4, do CPC, se pudesse recorrer à aplicação da cláusula geral do n.º 1 do art.º 381.º do CPC como forma de assegurar a efectividade do direito que tivesse por fundamento uma pretensão indemnizatória fundada numa situação emergente de responsabilidade civil contratual, cujo dano fosse susceptível de pôr seriamente em causa o sustento ou a habitação do lesado.

Outro dos argumentos passível de ser invocado em prol de uma solução restritiva assenta no facto de o art. 403.º, n.º 4, do CPC qualificar como *lesado* o interessado a quem é reconhecido o direito de ver tutelado antecipadamente o seu direito de indemnização.[258]

A razão de ser deste argumento baseia-se essencialmente na circunstância de o Código Civil, ao regular o âmbito de aplicação da responsabilidade civil extracontratual e contratual, ter adoptado terminologias diferentes para se referir ao sujeito activo das respectivas relações jurídicas. Na responsabilidade civil extracontratual o legislador utilizou a expressão "lesado", ao passo que na responsabilidade civil contratual adoptou a designação de "credor".[259] Pelo que a adopção da expressão *lesado* no n.º 4 do art. 403.º do CPC pode ser entendida como indicadora da exclusiva aplicabilidade dos preceito aos casos emergentes de responsabilidade civil extracontratual.

No entanto, também neste caso estamos perante um argumento reversível a favor da solução contrária. Isto porque, apesar de ser óbvia a utilização de conceitos distintos, no âmbito da responsabilidade civil extracontratual e contratual, para caracterizar um dos sujeitos da relação jurídica, em ambos os tipos de responsabilidade civil "se concentra na mesma pessoa a qualificação de credor e de lesado".[260]

Concretizando melhor, o direito à indemnização resultante dos danos provenientes da responsabilidade civil extracontratual constitui igual-

---

[258] Cfr. Abrantes Geraldes, *Temas da Reforma do Processo Civil*, IV Volume, *cit.*, pág. 146.

[259] A expressão "lesado" surge nos arts. 483.º, n.º 1, 487.º, n.º 1, 494.º, 495.º, 498.º, n.º 1, e 505.º, todos do CC, a propósito da atribuição do direito de indemnização em consequência da prática de acto extracontratual. Por sua vez, a expressão "credor" surge nos arts. 798.º, 801.º, n.º 2, 802.º, n.º 1, 803.º, n.º 2, 804.º, n.º 1, 806.º, n.º 3, 807.º, n.º 1, e 811.º, n.º 3, todos do CC, ao identificar o titular do direito de indemnização por incumprimento contratual.

[260] Abrantes Geraldes, *Temas da Reforma do Processo Civil*, IV Volume, *cit.*, pág. 149.

mente um direito de crédito do lesado, uma vez que o lesado é titular do direito a exigir de outrem uma prestação – ou seja, no caso concreto, o pagamento da indemnização. Por sua vez, também nos casos de ocorrência de danos oriundos da responsabilidade contratual, o devedor, ao violar o direito de crédito pode causar danos ao credor, o que implica que o devedor os repare através da obrigação de indemnizar. Desta forma, o credor além de continuar a ter direito à prestação em falta adquire a posição de lesado.

Além do mais, a expressão *lesado* é utilizada nos arts. 563.º, 564.º, n.º 1, 566.º, n.º 2, 567.º, n.º 1, 568.º, 570.º, 571.º e 572.º do CC a propósito da regulamentação do regime previsto para a obrigação de indemnizar, o qual é aplicável para todos os tipos de responsabilidade civil, seja ela extracontratual ou contratual.

Estas considerações permitem concluir que a utilização da expressão *lesado*, empregue no art. 403.º, n.º 4, do CPC para designar o interessado a quem é reconhecido o direito de recorrer à providência cautelar de arbitramento de reparação provisória, não é de todo descabida nem indicia necessariamente a adopção de uma solução restritiva relativamente ao âmbito de aplicação da providência em apreço.

Em harmonia com todos estes argumentos que defendem a aplicabilidade do art. 403.º, n.º 4, do CPC aos casos de responsabilidade civil contratual, quando a pretensão indemnizatória se funde em dano susceptível de colocar em causa o sustento ou a habitação do lesado, poder-se-á referir que, apesar de a responsabilidade civil contratual e extracontratual serem tratadas autonomamente e os seus regimes serem nalguns aspectos distintos,[261] a demarcação entre estes dois tipos de res-

---

[261] Para uma pormenorizada indicação das principais diferenças de regime existente entre a responsabilidade civil contratual e extracontratual ver Almeida Costa, *Direito das Obrigações, ob. cit.*, págs. 496 e segts.. Entre outras, e a título exemplificativo, podem indicar-se como diferenças básicas entre os dois tipos de responsabilidade as seguintes situações: 1) na responsabilidade contratual a culpa presume-se (art. 799.º, n.º 1, do CC), o mesmo não ocorrendo na responsabilidade extracontratual, salvo as consagrações expressas de presunção de culpa previstas nos arts. 491.º, 492.º, n.º 1, 493.º e 503.º, n.º 3, do CC; 2) Quando haja mera culpa do lesante, a possibilidade de graduação equitativa da indemnização está apenas consagrada para a responsabilidade extracontratual (art. 494.º do CC); 3) Quanto à prescrição vigora o prazo ordinário de 20 anos para a responsabilidade contratual (art. 309.º do CC), enquanto que para a responsabilidade extracontratual a lei prevê normas especiais, nomeadamente a prevista no art. 498.º que fixa o prazo de prescrição em 3 anos.

ponsabilidade é cada vez menos acentuada. Actualmente, até mesmo "a ideia de que a responsabilidade civil constitui um todo" tem sido acolhida por muitos autores,[262] quer em Portugal, quer no estrangeiro.[263]

O facto de muitas das normas previstas para a responsabilidade civil extracontratual serem também aplicáveis à responsabilidade civil contratual, nomeadamente as normas constantes dos arts. 483.º e segts. do CC, tem sido igualmente determinante para a aproximação das diferenças existentes entre estes dois tipos de responsabilidade.

Para concluir o leque de argumentos que podem ser apresentados em abono de cada uma das teses, resta apenas atender a um argumento de ordem racional que está relacionado com a possibilidade de as partes prevenirem situações de incumprimento ao abrigo da liberdade contratual, situação que não está prevista no âmbito das relações extracontratuais. Nesta perspectiva, a previsão da providência cautelar de arbitramento de reparação provisória justifica-se essencialmente em situações cujo grau de previsibilidade de ocorrência de danos é menor, não devendo, por esse motivo, abranger os danos emergentes de incumprimento contratual ou de cumprimento defeituoso, uma vez que, nestes casos, estas situações devem estar abrangidas pelo risco negocial.[264]

Da exposição dos argumentos invocados em prol de cada uma das teses já se denota a posição que defendemos.

Embora consideremos que a existência de norma específica acerca da questão teria retirado as dúvidas de interpretação que a sua inexistência veio criar, julgamos que a melhor interpretação a dar ao n.º 4 do art. 403.º do CC consiste em alargar o âmbito de aplicação da providência cautelar de arbitramento de reparação provisória aos casos emergentes de responsabilidade civil contratual, desde que o facto gerador do dano tenha afectado seriamente o sustento ou a habitação do lesado.[265]

---

[262] Entre os autores portugueses ver Pedro de Albuquerque, *A aplicação do prazo prescricional do n.º 1 do art. 498º do CC à responsabilidade civil contratual*, ROA, n.º 49, 1989, págs. 817 e 818, e Gomes da Silva, *O dever de prestar e o dever de indemnizar*, ob. cit., págs. 194 e segts.. Em relação a autores estrangeiros ver a indicação bibliográfica referida por Pedro Romano Martinez, *Cumprimento defeituoso; Em especial na compra e venda e na empreitada*, Coimbra, 1994, pág. 262.

[263] Cfr. Pedro Romano Martinez, *Cumprimento defeituoso; Em especial na compra e venda e na empreitada*, ob. cit., pág. 262.

[264] Cfr. Abrantes Geraldes, *Temas da Reforma do Processo Civil*, IV Volume, cit., págs. 147 e 148.

[265] No mesmo sentido, cfr. Abrantes Geraldes, *Temas da Reforma do Processo Civil*, IV Volume, cit., págs. 146 e segts., Lopes do Rego, *Comentários ao Código de*

Não se deduz com clareza da simples leitura do art. 403.º, nem do preâmbulo do Decreto-Lei n.º 329-A/95, de 12 de Dezembro, que a intenção do legislador tenha sido, única e exclusivamente, restringir o âmbito de aplicação da providência em apreço às situações emergentes de responsabilidade civil extracontratual, ainda que literalmente possa haver argumentos que encaminhem o intérprete no sentido dessa interpretação.[266] Ainda assim, estes argumentos são reversíveis e rebatíveis no sentido de que a sua interpretação não é unívoca. Ou seja, os mesmos argumentos, quando analisados noutra perspectiva, podem ser entendidos em defesa da tese contrária. Pelo que estamos perante uma questão jurídica em que a falta de norma específica que regule a situação problemática concreta permite interpretações distintas, sem que possa ser dada a qualquer uma delas um grau de certeza absoluta.[267]

A posição tomada baseia-se resumidamente no facto de a interpretação literal da norma constante do n.º 4 do art. 403.º do CPC não impor necessariamente uma interpretação restritiva e, legalmente, haver possibilidade de se restringir a aplicação da referência expressa ao art. 495.º, n.º 3, do CC aos casos de responsabilidade civil extracontratual, cujo dano coloque em causa o sustento ou a habitação do lesado, concedendo apenas aos directos lesados a possibilidade de requererem a providência em apreço nos casos em que a pretensão indemnizatória se funde em responsabilidade civil contratual.

Deste modo, julgamos estar perante argumentos suficientemente válidos para sustentar a tese que defendemos.

Processo Civil, ob. cit., pág. 294, e Lebre de Freitas, *Código de Processo Civil Anotado*, Volume 2.º, *cit.*, pág. 112. Em sentido contrário, cfr. Acórdão da Relação de Lisboa, de 05/02/98, CJ, Ano XXIII, 1998, Tomo I, págs. 109 e segts..

[266] Como referimos, a utilização da expressão "lesado" e a referência expressa ao art. 495.º, n.º 3, do CC, são argumentos literais que podem servir de fundamentação à tese restritiva do âmbito de aplicação da providência cautelar de arbitramento de reparação provisória (Ver *supra* Capítulo II – 5.2.3 Discussão: Aplicabilidade às situações emergentes de responsabilidade civil contratual, págs. 113 e segts.).

[267] Contrariamente ao que sucede com a argumentação do Acórdão da Relação de Lisboa, de 05/02/98, CJ, Ano XXIII, 1998, Tomo I, págs. 109 e segts., não consideramos que seja defensável a tese da restrição da aplicabilidade da providência regulada nos arts. 403.º e segts. do CPC às situações emergentes de responsabilidade civil extracontratual, uma vez que os argumentos invocados não são suficientemente convincentes, porque facilmente rebatíveis em defesa da tese contrária.

Em conclusão, consideramos que o n.º 4 do art. 403.º do CPC permite que os titulares do direito de indemnização possam requerer o arbitramento de reparação provisória quando este se funde:

a) em qualquer facto emergente de responsabilidade civil extracontratual que tenha posto seriamente em causa o sustento ou a habitação do lesado, desde que esse mesmo facto não lhe tenha provocado a morte ou lesão corporal pois, neste caso, o deferimento da providência pode ocorrer não por aplicação do n.º 4 mas, por aplicação directa do n.º 1 do art. 403.º do CPC;

b) em qualquer facto emergente de responsabilidade civil contratual que tenha colocado o lesado em situação difícil de prover o seu sustento ou habitação.

6. REQUISITOS DE PROCEDÊNCIA DA PROVIDÊNCIA

Não basta que se requeira o arbitramento de determinada quantia a título de reparação provisória dos danos, com base numa acção de indemnização fundada em morte ou lesão corporal, ou fundada em qualquer outro tipo de dano susceptível de pôr em causa o sustento ou a habitação do lesado, para que o tribunal defira a providência requerida.

A concessão da providência de arbitramento de reparação provisória está ainda dependente da verificação de determinados requisitos legais.

De acordo com o n.º 2 do art. 403.º do CPC, a lei faz depender o deferimento desta providência da existência de uma situação de necessidade, que seja consequência directa dos danos sofridos pelo lesado e, ainda, da existência de indícios da obrigação de indemnizar a cargo do requerido.[268] Com efeito, se estes requisitos não se encontrarem preenchidos no momento em que a providência é requerida, a providência de arbitramento não pode ser decretada pelo tribunal, ainda que estejamos perante uma situação fáctica subsumível aos n.ºs 1 e 4 do art. 403.º do CPC.

Os requisitos de que depende a procedência da providência em apreço são cumulativos, não bastando que se verifique apenas um deles

---

[268] Neste sentido, Acórdão da Relação de Coimbra, de 18/11/97, CJ, Ano XXII, 1997, Tomo V, pág. 18, Acórdão da Relação de Lisboa, de 10/11/98, CJ, Ano XXIII, 1998, Tomo V, pág. 85, e Acórdão da Relação de Lisboa, de 19/11/98, CJ, Ano XXIII, 1998, Tomo V, pág. 103.

para que a medida cautelar seja proferida. A conjugação coordenada copulativa "e" é determinante para se concluir que o decretamento da providência está dependente de três requisitos fundamentais:
1) Existência de uma situação de necessidade;
2) Existência de um nexo causal entre os danos sofridos e a situação de necessidade;
3) Existência de indícios da obrigação de indemnizar por parte do requerido;

6.1 Situação de necessidade

O primeiro requisito ou condição essencial de que depende o deferimento da providência traduz-se na segunda limitação que o legislador impôs ao decretamento da providência cautelar de arbitramento de reparação provisória, a qual está directamente relacionada com a situação económica concreta em que o lesado se encontra em consequência dos danos sofridos.[269]

Esse requisito consiste na existência de uma situação de necessidade. Com efeito, para que a tutela cautelar seja concedida sob a forma de uma quantia mensal provisória aos titulares do direito de indemnização,[270] o lesado tem de se encontrar numa situação de carência económica resultante do facto de ter sofrido determinados danos em consequência do facto lesivo.

Desta forma, nos casos em que o lesado tenha sofrido danos que não se reflectiram de forma evidente e decisiva na sua vida, o deferimento da providência de arbitramento de reparação provisória não se impõe.

A lei fala expressamente numa *situação de necessidade* mas não fixa em concreto o conteúdo desta expressão legal. Pelo que importa desde logo determinar qual o sentido a dar a este conceito legal.

---

[269] Como referimos *supra* Capítulo II – 5.2.1 Morte e lesão corporal, pág. 105, a primeira das duas limitações impostas pela providência diz respeito ao tipo de danos que estão na origem da acção de indemnização que serve de fundamento ao pedido de arbitramento de reparação provisória. Como vimos, esses danos são a morte ou lesão corporal, ou qualquer dano susceptível de pôr seriamente em causa o sustento ou habitação do lesado.

[270] A este propósito ver *infra* Capítulo II – 7. Legitimidade activa e passiva, págs. 137 e segts..

De acordo com as razões que se encontram na base da criação desta providência e as razões de ordem geral associadas ao deferimento de qualquer providência cautelar, consideramos que o requisito de que a lei faz depender o deferimento desta providência cautelar é essencialmente de cariz económico e financeiro. Neste sentido, quando o legislador exige a verificação de uma situação de necessidade, visa tutelar aquelas situações em que os danos sofridos pelo lesado foram acompanhados por uma acentuada diminuição de ganhos que colocaram o lesado numa grave e difícil situação económica, tornando-o incapaz de satisfazer algumas das suas necessidades básicas, como sejam a alimentação, a habitação, o vestuário ou até mesmo a educação.

Cabe ao julgador, de acordo com os factos alegados e provados em julgamento pelo lesado, dar como verificado este requisito, devendo basear a sua convicção no confronto da situação económica do lesado anterior e posterior à prática do facto danoso.

Embora este requisito esteja formulado em termos genéricos, sem se precisar em concreto em que situação de necessidade o lesado precisa de se encontrar para se considerar verificado o requisito, há que utilizar um critério razoável na apreciação da verificação deste requisito. Nesta medida, não se deve limitar a atribuição da providência a situações clamorosas de necessidade, muito próximas da indigência, tal como não se deve considerar que existe uma situação de necessidade pelo simples facto de o lesado ver afectado o seu património, pelo acréscimo de despesas que passou a efectuar em consequência dos danos sofridos, desde que essas despesas não influenciem sobremaneira a sua situação económico-financeira.

A situação de necessidade deve traduzir-se numa efectiva redução dos ganhos do lesado, que afecte seriamente e de forma definitiva a possibilidade de este satisfazer as suas necessidades básicas, bem como daqueles que directamente de si dependem. Pelo que deve considerar-se que não são objecto de tutela todas aquelas situações em que o lesado, apesar de sofrer danos de natureza patrimonial que afectam o seu património, continua a ter plena capacidade de subsistência própria e de todos aqueles que estão dependentes do seu património.

Não faria qualquer sentido que estas situações merecessem tutela especial por parte da lei, uma vez que na maioria das situações qualquer tipo de dano acarreta para o lesado danos de natureza patrimonial que se reflectem directamente no seu património. Neste contexto, o legislador apenas pretendeu tutelar as situações necessidade económica mais graves e clamorosas em que o lesado se encontra, e que o impossibilitam de seguir a sua vida normal, uma vez que lhe é difícil, em consequência dos danos sofridos, prover à sua subsistência e à dos seus. Foi apenas para estas situações que a lei considerou dever tutelar-se, antecipadamente, o direito dos titulares da indemnização fundada em morte ou lesão corporal, ou em dano susceptível de pôr seriamente em causa o sustento ou habitação do lesado.[271]

Atendendo a que o sentido dado à expressão situação de necessidade está relacionado com a situação económica do lesado, facilmente se depreende que apenas os danos patrimoniais sofridos pelo lesado em consequência dos danos previstos nos n.ºs 1 e 4 do art. 403.º do CPC são determinantes para a colocação do lesado na referida situação de necessidade. Daí que relevem apenas para o efeito de arbitramento de reparação provisória os danos patrimoniais, não devendo ser atendidos no cômputo da fixação da renda mensal a atribuir ao lesado os danos morais sofridos pelo mesmo.[272]

O facto de o dano moral ou não patrimonial (como as dores físicas, os desgostos, os complexos) se traduzir num prejuízo insusceptível de avaliação pecuniária, uma vez que atinge bens que não integram o património do lesado (como a saúde, a integridade física, o bem estar, a beleza) faz com que estes danos apenas possam ser indemnizados através de uma obrigação pecuniária imposta ao agente causador do dano. Com efeito, o ressarcimento deste tipo de danos não assume uma função eminentemente reparadora, como acontece com o ressarcimento dos danos patrimoniais, mas antes uma função essencialmente compensatória ou sancionatória, na medida em que visa proporcionar ao lesado uma quantia pecuniária que lhe permita, de algum modo, esquecer a dor ou o desgosto e, conjuntamente, punir a conduta do lesante.[273]

Assim sendo, uma vez que os danos não patrimoniais não se repercutem directamente na esfera económica do lesado, e atendendo a que a providência de arbitramento de reparação provisória visa colmatar ante-

---

[271] No mesmo sentido, cfr. Abrantes Geraldes, *Temas da Reforma do Processo Civil*, IV Volume, cit., pág. 142.

[272] Cfr. Lebre de Freitas, *Código de Processo Civil Anotado*, Volume 2.º, cit., pág. 110, e Acórdão da Relação de Lisboa, de 05/07/2001, CJ, Ano XXVI, 2001, Tomo II, pág. 76.

[273] Acerca da função do ressarcimento dos danos patrimoniais e não patrimoniais ver Almeida Costa, *Direito das Obrigações*, ob. cit., págs. 542 e segts..

cipadamente os prejuízos sofridos pelo lesado, em consequência da lesão, e que o colocaram numa situação de grave deficiência económica, não seria sensato, mas até abusivo, tutelar de forma especial este tipo de danos através da medida cautelar em apreço.

Parece-nos ainda importante, a propósito da definição do conceito legal de *situação de necessidade*, evidenciar a diferença que parece existir entre os elementos fácticos que podem integrar o conceito, nos casos em que o deferimento da providência ocorra por aplicação do n.º 1 ou do n.º 4 do art. 403.º do CPC.

Esta diferenciação baseia-se essencialmente no facto de o n.º 4 do art. 403.º do CPC estabelecer, desde logo, na sua previsão, um limite ao decretamento da providência. Esse limite traduz-se concretamente na circunstância de a providência apenas ser deferida se a pretensão indemnizatória se fundar em dano susceptível de pôr seriamente em causa o sustento ou a habitação do lesado. Pelo contrário, o n.º 1 do mesmo artigo, quando prevê a possibilidade de decretamento da providência com base numa acção de indemnização que se funde em morte ou lesão corporal, não fixa o tipo de necessidade que tem que ser posto em causa para que o tribunal repare provisoriamente os danos sofridos pelo lesado.[274]

Pelo que devemos transpor para a análise do requisito da existência de uma situação de necessidade a diferença existente entre as duas normas, considerando distintos os factos que devem integrar a situação de necessidade.

Face a este entendimento devemos considerar que nos casos em que a providência cautelar de arbitramento de reparação provisória deva ser deferida por aplicação do n.º 4 do art. 403.º do CPC a situação de necessidade em que o lesado se encontra apenas pode estar ligada a carências no âmbito do seu sustento e habitação.

O mesmo já não acontece nos casos em que se esteja perante a reparação provisória dos danos ao abrigo do n.º 1 do art. 403.º do CPC.

---

[274] Pode igualmente estabelecer-se um confronto entre a providência de arbitramento de reparação provisória e os alimentos provisórios, relativamente ao tipo de necessidades que cada uma destas medidas cautelares visa colmatar provisória e antecipadamente. Contrariamente ao que dispõe o n.º 2 do art. 403.º do CPC, no caso dos alimentos provisórios o tipo de necessidades foi especificamente fixado no art. 399.º, n.º 2, do CPC, ao se ter estabelecido que esta medida cautelar deve ter em conta o que for "estritamente necessário para o sustento, habitação e vestuário do lesado".

Nestes casos, a lei não impôs limitações, de qualquer ordem, ao tipo de necessidade que está na origem do deferimento da providência. Daí que o requisito de procedência da providência se encontre preenchido qualquer que seja a situação de carência em que se encontra o requerente, podendo esta dizer respeito ao sustento, habitação, vestuário, educação, ou ainda qualquer outro tipo de carência que tenha afectado o seu estilo de vida.

Neste contexto, o conceito de necessidade constante do n.º 2 do art. 403.º do CPC torna-se mais amplo nos casos preceituados no n.º 1 do art. 403.º do CPC do que no n.º 4 do mesmo artigo, podendo abarcar componentes ligadas à diminuição do bem estar em geral, do vestuário ou da instrução, e não apenas elementos relacionados com o sustento ou a habitação. Desta forma, nos casos previstos no n.º 1 do art. 403.º do CPC qualquer necessidade do lesado, tendo em conta o seu modo de vida, pode ser coberta pela reparação provisória, desde que a mesma não possa ser satisfeita por outro meio.[275]

Importa ainda referir que a situação de necessidade em que o lesado terá de se encontrar, para que a providência seja deferida, tem de ser iminente, actual e resultar directamente dos danos sofridos.[276]

A iminência e actualidade da situação de necessidade resultam do facto de a tutela antecipada visar proteger um estado de carência, presente, resultante da verificação de determinado dano. Atento o carácter urgente do processo cautelar, não seria de todo coerente que a providência em apreço visasse tutelar situações de necessidade do lesado que apenas se verificassem decorridos que fossem longos períodos de tempo desde a prática do facto danoso. Além do mais, o receio de lesão grave e dificilmente reparável que está associado a toda e qualquer providência cautelar não seria compatível com a não verificação actual e iminente da situação de necessidade do lesado.

É com base nestas considerações que se impõe que no momento em que o julgador aprecia os factos verifique a actualidade da situação de necessidade invocada pelo requerente, não devendo proferir a providência caso conclua, através da prova produzida, que no momento

---

[275] Cfr. Abrantes Geraldes, *Temas da Reforma do Processo Civil*, IV Volume, *cit.*, pág. 144, e Lebre de Freitas, *Código de Processo Civil Anotado*, Volume 2.º, *cit.*, pág. 111.

[276] Cfr. Acórdão da Relação de Lisboa, de 19/11/98, CJ., Ano XXIII, 1998, Tomo V, pág. 103.

actual o lesado já não necessita de uma quantia mensal para prover às suas necessidades básicas porque obteve meios suficientes para tal, os quais podem ter resultado de uma herança ou de um prémio de lotaria que entretanto recebeu. O mesmo deve ainda acontecer caso fique provado em julgamento que, no momento presente, o lesado ainda possui meios suficientes para prover às suas necessidades, encontrando-se muito aquém de uma situação de real necessidade económica.

6.2 Nexo causal entre os danos sofridos e a situação de necessidade

Outro dos requisitos que tem de se encontrar preenchido para que a providência de arbitramento de reparação provisória seja deferida tem a ver com a relação que, necessariamente, terá de existir entre os danos sofridos pelo lesado e a situação de necessidade em que o mesmo se encontra.

A este propósito a lei impõe que se verifique um nexo causal entre a actual situação de necessidade em que vive o lesado e os danos sofridos pelo mesmo em consequência do facto danoso. Pelo que a alegada situação de necessidade tem necessariamente de ser consequência directa do facto gerador da responsabilidade, não podendo a mesma resultar de factores totalmente alheios a este facto, sob pena de não se encontrar preenchido um dos requisitos de que depende a procedência da providência de arbitramento e, consequentemente, a mesma ser indeferida por falta de verificação de um dos requisitos cumulativos necessário ao seu decretamento.

A exigência deste nexo de causalidade entre o evento lesivo e a situação de carência do lesado é que permite afastar a aplicabilidade desta medida cautelar nos casos em que a existência de uma situação de necessidade económica já é anterior ao momento da ocorrência do sinistro, ou nos casos em que é posterior a esse momento mas não tem qualquer relação com o evento causador do dano.

Desta forma, pode acontecer que após a ocorrência de um determinado evento o lesado sofra danos mas os mesmos não se repercutam na sua vida económica, a ponto de o colocarem numa situação de necessidade. Neste caso, não se encontra verificado o requisito do nexo de causalidade, independentemente de a situação de necessidade se poder verificar no momento em que o julgador aprecia os factos que lhe são trazidos a julgamento pelo requerente.

Na medida em que a lei torna dependente o decretamento da reparação provisória da verificação do nexo causal entre o facto lesivo a situação de necessidade, estamos perante uma formulação restritiva da norma, susceptível de crítica por permitir que se mantenha na miséria quem nela já se encontra.[277]

Em nossa opinião, se tivermos em conta os pressupostos de uma qualquer acção de indemnização em que se funde a medida cautelar em apreço, consideramos que foi acertada a opção do legislador ao impor esta restrição.

Um dos objectivos do legislador ao regular especificamente a providência de arbitramento foi tutelar provisoriamente situações básicas de necessidade criadas pela ocorrência do facto lesivo. Nesta medida, considerou que não é justo que o lesado viva numa situação grave de carência económica, em consequência de se encontrar a suportar danos resultantes de determinado evento danoso, enquanto aguarda pela resolução definitiva da acção de indemnização que, provavelmente, fixará a título definitivo o valor da indemnização a que o lesado tem direito por ter sofrido danos.

Ao prever a possibilidade desta tutela antecipatória, o legislador não visou melhorar as condições económicas de todos aqueles que sofrem danos. O seu desiderato foi, única e simplesmente, minimizar as dificuldades económicas dos lesados que se viram confrontados com uma situação de necessidade decorrente dos danos sofridos pelo facto lesivo.

É de acordo com estas considerações que o legislador tinha de impor necessariamente um limite à reparação provisória, tornando-a dependente de um nexo causal entre os danos sofridos e a actual situação de necessidade do lesado. Se tal não acontecesse, corria-se o risco de se poder lançar mão desta providência sempre que o lesado estivesse economicamente em situação difícil, sem se atender ao facto de essa situação ser anterior ou não à ocorrência do facto lesivo. Mais grave ainda, esta situação obrigaria a que estivesse a cargo do requerido a obrigação de suportar o pagamento de um renda que cobria danos pelos quais o mesmo não era responsável.

---

[277] Cfr. Abrantes Geraldes, *Temas da Reforma do Processo Civil*, IV Volume, *cit.*, pág. 144. Embora Abrantes Geraldes considere susceptível de discordância a opção tomada pelo legislador, após a enumeração de determinadas condicionantes, acaba por concluir que a opção tomada não poderia ser outra.

Além do mais, não podemos ainda ser alheios ao regime da responsabilidade civil instituído no nosso sistema jurídico. Devendo a responsabilidade limitar-se, única e exclusivamente, aos danos que tenham resultado do facto lesivo, apenas existindo a obrigação de indemnizar "em relação aos danos que o lesado provavelmente não teria sofrido se não fosse a lesão",[278] não faria sentido, nem seria justo, que a providência cautelar de arbitramento de reparação provisória obrigasse o requerido à reparação antecipada e provisória de danos sofridos pelos lesado que não influenciaram, em nada, a actual situação económica em que o mesmo se encontra.

Desta forma, parece-nos claro que, estando o objecto da acção principal limitado aos ressarcimento dos danos sofridos em consequência do evento lesivo, se impunha como requisito de procedência da providência o nexo de causalidade entre os danos sofridos e a actual situação de necessidade do lesado.

Em nossa opinião, a não verificação deste nexo retiraria a justeza das razões que estiveram na base da criação desta providência cautelar especificada.

No entanto, apesar de esta especial tutela conferida ao lesado pela providência estar reservada para as situações de carência resultantes do facto lesivo, tendo sido afastadas aquelas outras situações em que o lesado já se encontrava, anteriormente à lesão, em franca debilidade económica, é legítimo questionar se a providência pode ser deferida nos casos em que existe um agravamento da situação de necessidade pré-existente, sendo este agravamento resultado dos danos sofridos em consequência do facto lesivo.

Apesar das considerações anteriores, julgamos que nos casos em que haja agravamento da situação económica do lesado, e se verifiquem os restantes requisitos que a lei impõe para o decretamento da providência em apreço, não há razões que justifiquem o seu indeferimento.

Esta posição resulta da circunstância de considerarmos que, também nestes casos, o lesado merece ser tutelado de forma especial, na medida em que o agravamento da situação de necessidade pode ser imputável ao evento danoso, pelo facto de esse evento ter contribuído para uma maior dificuldade na superação das necessidades do lesado.[279]

---

[278] Cfr. art. 563.º do CC.
[279] No mesmo sentido, cfr. Abrantes Geraldes, *Temas da Reforma do Processo Civil*, IV Volume, cit., págs. 145 e 146.

Pelo que, desde que o lesado consiga provar em julgamento que a sua debilidade económica aumentou em consequência dos danos sofridos, encontra-se preenchido o requisito do nexo causal que a lei impõe para que se tutelem provisória e antecipadamente os danos do sofridos pelo lesado.

No entanto, e uma vez que a situação de necessidade pré-existia à data da prática do facto lesivo, há que determinar concretamente quais os danos que originaram o agravamento da situação de necessidade, por forma a que apenas esses danos sejam contabilizados para efeito de fixação do montante a ser atribuído ao requerente, a título de reparação provisória dos danos sofridos. Só desta forma se salvaguarda a posição do requerido, na medida em que o ressarcimento antecipado e provisório dos danos vai ter como limite a medida do agravamento da situação de necessidade.

Em consonância com esta posição encontra-se a fundamentação do Acórdão da Relação de Coimbra, de 18/11/97, ao referir, a propósito da antecipação da tutela conferida por esta medida cautelar, que, "enquanto a reparação do dano não for ajuizada definitivamente, há situações humanas pontuais de necessidade, que foram criadas ou se agravaram com a produção do evento, que merecem tutela imediata provisória, na medida do mínimo (pelo menos) que é provável venha a ser fixado definitiva e ulteriormente".[280]

Embora a letra da lei não preveja concretamente o agravamento da situação de necessidade como requisito de procedência, bastando-se com a verificação da existência de uma situação de necessidade em consequência dos danos sofridos, cabe ao intérprete da lei fazer os respectivos reajustamentos da norma, tendo em conta o disposto no art. 9.º do CC, e tomar em consideração os pontos focados, procurando, desta forma, aplicar a providência em apreço às situações carecidas de tutela que justifiquem a tutela especial concedida pela lei e, consequentemente, proteger o requerido contra os pedidos abusivos desta medida cautelar.

Concluindo, permitir o deferimento da providência de arbitramento de reparação provisória nos casos em que a situação de necessidade foi agravada em consequência do evento lesivo, por ter colocado o lesado numa situação de maior dificuldade económica, é uma solução perfeita-

---

[280] CJ, Ano XXII, Tomo V, pág. 19.

mente enquadrável no art. 403.º, n.º 2, do CPC. No entanto, esse deferimento estará sempre dependente de o lesado conseguir provar os factos concretos que o colocaram em tal situação.

6.3 Indícios da obrigação de indemnizar por parte do requerido

O terceiro, e último, requisito que o n.º 2 do art. 403.º do CPC impõe para que a providência de arbitramento de reparação provisória seja decretada é a existência de indícios da obrigação de indemnizar a cargo do requerido.

Este requisito está directamente relacionado com o facto de a providência em apreço estar dependente de uma acção principal que tenha por objecto uma indemnização. Como tal, para que possa ser julgada procedente a acção principal, torna-se necessário que o autor prove os factos que constituem a causa de pedir na acção. Ou seja, no caso concreto, tem que ficar devidamente provada a responsabilidade do réu. Desta forma, na medida em que a procedência da providência de arbitramento se traduz na aplicação de uma medida antecipatória, uma vez que na prática se antecipa provisoriamente, em forma de renda mensal, parte da indemnização que posteriormente, na acção principal, será definitivamente concedida ao requerente, o legislador tentou salvaguardar, tanto quanto possível, os valores da certeza e segurança jurídica, através da garantia de que com toda a probabilidade a acção principal será favorável ao requerente. É neste contexto que a lei exige, desde logo, ao nível do processo cautelar, a existência de indícios da obrigação de indemnizar por parte do requerido.

Apenas o trânsito em julgado da decisão final a ser proferida em sede de acção principal confere a segurança plena de um julgamento rodeado de todas as garantias exigíveis para o bom julgamento da causa. No entanto, é com fundamento numa forte probabilidade de procedência da acção definitiva, baseada no requisito da existência de indícios da obrigação de indemnizar, que o legislador considerou justa a atribuição provisória e antecipada de uma renda mensal a imputar na liquidação definitiva do dano.

Desta forma, caso a procedência da providência de arbitramento não estivesse dependente deste requisito, o grau de incerteza acerca da coincidência entre as decisões proferidas no âmbito da acção principal e em sede de providência cautelar seria muito maior.

Embora a lei exija apenas a verificação de indícios da obrigação de indemnizar, não se deve retirar ao requisito a importância que lhe deve ser dada. O facto de a lei se bastar com indícios está intimamente relacionado com o grau de prova exigível no âmbito dos procedimentos cautelares. Nesta medida, e de acordo com a previsão geral do art. 387.º, n.º 1, do CPC, aplicável no âmbito do procedimento cautelar comum, a urgência inerente a estes procedimentos não se coaduna com a certeza absoluta, a qual é característica do processo definitivo. Pelo que, longe de se exigir a certeza da existência da obrigação de indemnizar a cargo do requerido, a qual apenas se apurará na acção principal, basta que o julgador através dos factos alegados e provados consiga prever, com probabilidade e alguma segurança, que o requerido será responsabilizado para que considere o referido requisito preenchido.[281]

A existência deste requisito é decisiva para a determinação dos factos que devem ser alegados no requerimento inicial e provados em julgamento pelo requerente.

À semelhança do que acontece nas acções declarativas em processo comum, no âmbito da providência cautelar de arbitramento de reparação provisória, o requerente terá de alegar as razões de facto e de direito que fundamentam a sua pretensão, nomeadamente os factos que determinam a responsabilidade civil do requerido, geradora da obrigação de indemnizar.

Nesta medida, em obediência aos pressupostos da responsabilidade civil, o requerente deve descrever toda a factualidade geradora do dano em causa na respectiva acção. Só desta forma o julgador, após a análise dessa factualidade, poderá considerar ou não preenchido o requisito da existência de indícios da obrigação de indemnizar e, consequentemente, deferir ou não a providência requerida.

Se o processo cautelar preceder a instauração da respectiva acção principal não se suscitam quaisquer dúvidas acerca da necessidade de alegação dos factos integrantes da responsabilidade civil. No entanto, poder-se-á questionar se a mesma necessidade se impõe quando a providência for requerida como incidente da acção principal já instaurada anteriormente.

---

[281] No mesmo sentido, cfr. Abrantes Geraldes, *Temas da Reforma do Processo Civil*, IV Volume, *cit.*, pág. 159.

A propósito desta questão, não nos parece que a circunstância de o procedimento cautelar ser requerido como incidente da acção principal altere o que se acabou de referir. Isto porque estamos perante dois processos distintos, imperando em cada um deles o respectivo ónus de alegação dos factos, cujo conteúdo acaba por não ser totalmente coincidente.[282] Além do mais, também não compete ao próprio julgador servir-se de factos não articulados no requerimento inicial da providência, só porque os mesmos são alegados na acção principal. A lei não contempla essa solução e os princípios que regem o processo civil não permitem defendê-la.[283]

Apesar de estarmos perante uma providência que, como qualquer outra providência cautelar, está dependente de uma acção principal, não podemos ignorar que aquela contém as suas próprias especificidades e exige a verificação dos seus próprios requisitos para que seja deferida. Pelo que o requerente não pode deixar de alegar os factos concretos que permitam ao julgador concluir pela existência dos indícios da obrigação de indemnizar a cargo do requerido, sob pena de ver indeferida a providência requerida.

O que acaba de se dizer a respeito do ónus de alegação dos factos não respeita apenas ao requisito acabado de analisar. O mesmo se aplica à alegação dos factos integrantes dos requisitos anteriormente referidos. Ou seja, além de o requerente dever descrever toda a factualidade geradora da obrigação de indemnizar a cargo do requerido terá igualmente de fazê-lo em relação aos factos que consubstanciam a sua situação de necessidade, devidamente acompanhados dos danos sofridos que o colocaram em tal situação de carência económica.[284] Só desta forma o

---

[282] Cfr. Acórdão da Relação de Lisboa, de 19/11/98, CJ, Ano XXIII, 1998, Tomo V, pág. 103.

[283] O ónus geral de alegação dos factos consta do art. 264º, n.º 1, do CPC, segundo o qual cabe às partes "alegar os factos que integram a causa de pedir e aqueles em que se baseiam as excepções". Desta forma, cabe ao requerente da providência alegar os factos que fundamentam a sua pretensão, não podendo o tribunal substituir-se ao requerente nessa alegação. Embora, nos termos do art. 264.º, n.º 2, do CPC, se permita que o julgador atenda a factos instrumentais que resultem da instrução e discussão, esses casos serão muito difíceis de se verificar no âmbito dos procedimentos cautelares. Assim, salvo o disposto no art. 264.º, n.º 2, do CPC, o juiz só poderá atender aos factos articulados pelas partes, conforme o prescrito no art. 664.º, *in fine*, do CPC.

[284] A fundamentação do Acórdão da Relação de Lisboa, de 19/11/98, CJ, Ano XXIII, 1998, Tomo V, pág. 103, exemplifica alguns factos que devem ser alegados e

julgador poderá considerar preenchidos todos os requisitos da providência e, consequentemente, deferi-la, arbitrando uma renda mensal ao requerente para fazer face às necessidades oriundas dos danos sofridos.[285]

A não alegação dos factos que consubstanciam a verificação dos requisitos enunciados podem levar a que o julgador indefira a providência requerida quando, na realidade, há verdadeiramente fundamento para o seu deferimento. Pelo que, mais uma vez, se ressalta a importância da descrição minuciosa de toda a factualidade que fundamenta a pretensão do requerente, bem como a respectiva prova. Na prática, dela pode depender a tutela antecipada do direito de indemnização do lesado.

Da análise dos factos alegados e provados pelas partes o julgador pode considerar, desde logo, que está indiciada a inexistência da obrigação de indemnizar por parte do requerido, podendo fundamentar a sua posição na verificação de uma causa justificativa do facto violador do direito alheio,[286] numa das situações de exclusão de responsabilidade prevista no art. 505.º do CC, ou na prescrição do direito do requerente.

Nestes casos, parece-nos claro que não se encontra verificado o requisito ora analisado. Pelo que o julgador se encontra impedido de proceder ao decretamento da providência em apreço, devendo indeferi-la de imediato com base nesta fundamentação.

7. LEGITIMIDADE ACTIVA E PASSIVA

Analisados os requisitos de que a lei faz depender a procedência da providência de arbitramento de reparação provisória, bem como o

---

provados com vista ao preenchimento do requisito do nexo causal entre a situação de necessidade e os danos sofridos em consequência da lesão. Entre eles podem destacar-se a profissão exercida e o montante salarial auferido antes e após a ocorrência do facto lesivo.

[285] Cfr. Acórdão da Relação de Lisboa, de 10/11/98, CJ, Ano XXIII, 1998, Tomo V, pág. 85, que negou provimento ao recurso por falta de alegação dos factos respeitantes aos requisitos constantes do n.º 2 do art. 403.º do CPC, de cuja verificação depende a procedência da providência de arbitramento de reparação provisória. No mesmo sentido julgou o Acórdão da Relação de Lisboa, de 19/11/98, CJ, Ano XXIII, 1998, Tomo V, pág. 103, ao basear a sua fundamentação na inexistência de prova de que a situação de necessidade é consequência dos danos sofridos.

[286] A título de exemplo, ver *supra* Capítulo II – 5.1 Acção de indemnização, pág. 102.

âmbito de aplicação da mesma, importa agora verificar quais as pessoas a quem é atribuído o direito de requerer esta medida cautelar especificada de conteúdo antecipatório.

Sendo certo que a providência cautelar em apreço está dependente da propositura de uma acção de indemnização fundada em morte ou lesão corporal, ou ainda em dano susceptível de pôr seriamente em causa o sustento ou a habitação do lesado, a identificação dos interessados a quem a lei possibilita o recurso a esta medida cautelar vai ter necessariamente de coincidir com os titulares do direito de indemnização.

Assim, de acordo com o previsto no art. 403.º, n.º 1, do CPC são "os lesados, bem como os titulares do direito a que se refere o n.º 3 do artigo 495.º do Código Civil", que podem requerer o decretamento da providência.

Da leitura do preceito facilmente se depreende que a lei divide em dois grupos os titulares a quem reconhece o direito a requererem a providência de arbitramento de reparação provisória.

Por um lado, atribui esse direito aos lesados. Por outro, permite igualmente que os titulares do direito a que se refere o n.º 3 do art. 495.º do CC façam uso desta medida cautelar.

Importa portanto tratar separadamente cada um destes grupos de titulares.

Os lesados a quem a lei possibilita o recurso à providência em apreço são diferentes consoante se esteja perante os casos em que a acção de indemnização se funde em morte ou lesão corporal, ou em dano susceptível de pôr seriamente em causa o sustento ou a habitação do lesado. Daí que se torne imperativo distinguir estas duas situações.

Nos casos em que a acção de indemnização se funde em morte, nos termos dos arts. 495.º e 496.º do CC, são indemnizáveis tanto os danos patrimoniais e não patrimoniais do próprio lesado, bem como os danos patrimoniais e não patrimoniais sofridos por certos terceiros. No entanto, porque o lesado faleceu sem exercer o direito de indemnização pelos danos patrimoniais por si sofridos, este direito transmite-se aos seus herdeiros. Quanto aos danos não patrimoniais vai caber às pessoas indicadas no art. 496.º, n.º 2, do CPC exercer, por direito próprio, esse direito.[287]

---

[287] Sobre a ressarcibilidade da perda do direito à vida e discussão acerca do seu tratamento como direito autónomo da própria vítima ou das pessoas indicadas no art.

Nesta medida, serão os titulares do direito a esta indemnização que poderão vir a juízo requerer o arbitramento de uma renda mensal, como reparação provisória dos danos sofridos.

Diferentemente, nos casos em que a acção de indemnização se funde em lesão corporal ou em dano susceptível de pôr seriamente em causa o sustento ou a habitação do lesado, a legitimidade para requerer a providência cabe ao lesado propriamente dito, ou seja, àquele que sofreu lesões na sua integridade física ou no seu património.[288]

Esta posição está intimamente ligada à "amplitude subjectiva do direito de indemnização, ou seja, se o mesmo se restringe ao lesado ou se também pode beneficiar terceiros cuja vivência tenha sofrido forte perturbação derivada das lesões que afectaram um seu familiar próximo a quem devam prestar assistência".[289]

Nesta medida, e uma vez que consideramos que terceiros não têm direito a uma indemnização autónoma decorrente das lesões sofridas pelo próprio lesado,[290] temos necessariamente de defender que, nestes casos, apenas o próprio lesado pode solicitar a antecipação da pretensão indemnizatória. Quanto aos danos patrimoniais sofridos por terceiros, nos termos do art. 495.º, n.º 3, do CC, já poderão estes ser indemnizados.

Apesar de não podermos ignorar que, na realidade, a maioria das vezes quando alguém sofre uma incapacidade que o torna dependente de outras pessoas, a vida destas é gravemente afectada, por verem aumentadas as suas despesas ou reduzidos os seus rendimentos, consideramos

---

496.º, n.º 2, do CPC ver, por todos, Antunes Varela, *Das Obrigações em Geral*, cit., págs. 608 e segts., Diogo Leite de Campos, *A indemnização do dano da morte*, separata do vol. L do Boletim da Faculdade de Direito de Coimbra, págs. 247-297.

[288] No mesmo sentido Lebre de Freitas, *Código de Processo Civil Anotado*, Volume 2.º, cit., pág. 111. Em defesa de outra solução ver Abrantes Geraldes, *Temas da Reforma do Processo Civil*, IV Volume, cit., pág. 140.

[289] Abrantes Geraldes, *Temas da Reforma do Processo Civil*, IV Volume, cit., pág. 140.

[290] É maioritária a tese que recusa o reconhecimento de indemnização autónoma a familiares próximos do lesado, não falecido, sendo exemplo disso o Acórdão da Relação de Lisboa, de 06/05/99, CJ, Ano XXIV, Tomo III, pág. 88, Acórdão da Relação de Coimbra, de 26/10/93, CJ, Ano XVIII, Tomo IV, pág. 69, Acórdão da Relação do Porto, de 04/04/91, CJ, Ano XVI, Tomo II, pág. 254, Acórdão da Relação do Porto, de 25/06/97, CJ, Ano XXII, Tomo III, pág. 239, Acórdão do STJ, de 28/04/93, BMJ, n.º 426, pág. 273 e Acórdão do STJ, de 21/03/00, CJSTJ, Tomo I, pág. 138.

que tais consequências devem ser atendidas na determinação do *quantum* indemnizatório e não devem ser objecto de um direito de indemnização autónomo.[291]

A tutela antecipada pode ainda ser reconhecida aos titulares do direito a que se refere o art. 495.º, n.º 3, do CC. Assim, de acordo com este preceito, podem ainda requerer a providência de arbitramento de reparação provisória "os que podiam exigir alimentos ao lesado ou aqueles a quem o lesado os prestava no cumprimento de uma obrigação natural".

Deste modo, têm legitimidade para estar em juízo aqueles que tenham direito a uma prestação alimentícia a ser prestada pelo lesado,[292] ainda que no momento não estivessem a recebê-la, bem como aqueles a quem o lesado na altura do evento danoso prestava alimentos, em cumprimento de uma obrigação natural. No entanto, deve ressalvar-se o caso de o n.º 4 do art. 403.º do CPC ser aplicável quando esteja em causa uma situação emergente de responsabilidade civil contratual. Neste caso, os titulares o direito a que se refere o art. 495.º, n.º 3, do CC não podem requerer a providência, uma vez que o referido artigo não tem aplicação no âmbito desta responsabilidade.

A razão de ser desta tutela está relacionada com a função exercida pela providência. Na medida em que estas pessoas estavam dependentes de uma prestação de alimentos do lesado, ou teriam direito a ela em razão do vínculo que as unia, é justo que possam recorrer à providência em apreço para fazer face à situação de necessidade em que foram colocadas, em virtude da impossibilidade de o lesado poder prestar esses alimentos.

Ainda a propósito da legitimidade activa importa referir que, face à natureza dos danos passíveis de antecipada reparação, consideramos que o direito de recorrer à providência de arbitramento de reparação provisória está limitado às pessoas singulares.[293]

---

[291] Cfr. Acórdão da Relação de Coimbra, de 26/10/93, CJ, Ano XVIII, Tomo IV, pág. 69. Abrantes Geraldes considera esta solução maioritária desajustada às circunstâncias da vida (*Temas da Reforma do Processo Civil*, IV Volume, *cit.*, pág. 141, nota de rodapé n.º 240).

[292] Essas pessoas são as que constam do art. 2009.º do CC.

[293] No mesmo sentido Abrantes Geraldes, *Temas da Reforma do Processo Civil*, IV Volume, *cit.*, pág. 146, nota de rodapé n.º 250.

Esta limitação impõe-se se atendermos a que a acção de indemnização se funda em danos ligados à vida e à integridade física e que o decretamento da providência visa satisfazer necessidades básicas, decorrentes de uma situação de necessidade em que os lesados se encontram em consequência do evento lesivo, nomeadamente relativas ao sustento e habitação. Nesta medida, uma vez que a reparação provisória dos danos está direccionada para a salvaguarda da própria condição humana, não vemos de que forma pode uma pessoa colectiva fazer uso desta medida cautelar.[294]

Quanto à legitimidade passiva, facilmente se depreende que o requerido será aquele que legalmente se encontra obrigado a indemnizar os danos causados ao lesado. Desta forma, por regra, será o autor do facto gerador da lesão sofrida pelo lesado.

No entanto, uma vez que a providência cautelar de arbitramento de reparação provisória tem o seu âmbito de aplicação privilegiado em casos de responsabilidade civil decorrentes de acidentes de viação, por força da transferência obrigatória dessa responsabilidade para uma seguradora, o requerido será, na maioria desses casos, a respectiva Companhia de Seguros. No entanto, não se exclui a possibilidade de ser o Fundo de Garantia Automóvel, ou até mesmo o Gabinete Português de Carta Verde, a ocuparem essa posição, nos casos em que legalmente estas entidades devem ser parte na respectiva acção de indemnização.

Uma questão que se pode ainda colocar, acerca da legitimidade passiva neste tipo de providência, reside em saber se a providência de arbitramento de reparação provisória pode ser requerida ou decretada contra mais do que uma pessoa.

Sendo claro que da redacção do n.º 1 do art. 403.º se pode concluir que podem ser vários os requerentes desta providência especificada, a mesma certeza não se retira da redacção n.º 2 do mesmo artigo, uma vez que o preceito ao fazer referência ao sujeito passivo utiliza a palavra

---

[294] A este propósito refira-se que, salvo melhor opinião, o motivo do indeferimento da providência objecto de recurso do Acórdão da Relação de Lisboa, de 05/02/98, CJ, Ano XXIII, Tomo I, pág. 109 e segts., não devia ter estado relacionado com o facto de a mesma não se dever aplicar aos casos em que a acção de indemnização se funda na responsabilidade civil contratual mas antes com a circunstância de a mesma se dever limitar às pessoas singulares. Isto porque, embora a providência tenha sido requerida por um particular, o Acórdão refere que se "pretende a garantia do sustento e do fundamento de uma empresa, ou seja, a manutenção de um estabelecimento comercial".

requerido no singular. No entanto, julgamos que não deve ser imposta uma interpretação meramente literal do referido número, no sentido de a providência só poder ser requerida contra um único requerido. Isto porque, na prática, também a acção principal pode ter vários réus, quando se desconheça sobre quem recai, de facto, a responsabilidade, ou quando esta recaia sobre mais que uma pessoa.

Assim sendo, também no caso da providência cautelar de arbitramento de reparação provisória, não há motivo para não defendermos que a mesma pode ser requerida contra várias pessoas,[295] no caso de serem vários os responsáveis pela ocorrência do facto danoso, ou se desconhecer efectivamente sobre quem a responsabilidade recai.

8. O JUÍZO DE DEFERIMENTO DA PROVIDÊNCIA

8.1 Juízo de apreciação da matéria de facto

"Os procedimentos cautelares visam remover o perigo de iminência de dano jurídico resultante da demora a que está sujeito o processo principal (...). Este objectivo realiza-se procedendo a uma apreciação sumária da relação litigiosa e tomando as preocupações que se impõem para que a decisão definitiva a proferir no processo principal (...) possa alcançar completamente os seus efeitos".[296]

Desta forma, no âmbito da tutela cautelar, para haver uma protecção imediata do direito do requerente, não pode ocorrer um exame profundo das provas. Pelo que deve privilegiar-se a aparência do direito, sob pena de a protecção ser tardia e, consequentemente, não impedir a ocorrência de danos irreparáveis ou de difícil reparação.

Com efeito, apenas uma apreciação probatória baseada em juízos de verosimilhança se adequa à função exercida pelos procedimentos cautelares.

No caso da providência cautelar de arbitramento de reparação provisória, o deferimento da pretensão do requerente pressupõe, como

---

[295] Neste sentido, Acórdão da Relação de Lisboa de 23/11/99, CJ, Ano XXIV, Tomo IV, pág. 99, e Acórdão do STJ de 28/06/99, acedido em *www.dgsi.pt*.
[296] Cfr. Acórdão do STJ, de 28/05/96, BMJ, n.º 357, pág. 359.

vimos,[297] que esteja indiciada a obrigação de indemnizar a cargo do requerido e que se verifique uma situação de necessidade em consequência dos danos sofridos.

Desta forma, o julgador tem de apreciar a prova apresentada em dois planos distintos: quanto à existência do direito de indemnização do requerente e quanto à situação de necessidade por este vivida.

Assim, no que respeita à apreciação da prova relativa à obrigação de indemnizar, a lei refere expressamente que para se considerar verificado este requisito basta que da prova produzida resultem indícios da sua existência. Quanto à apreciação da prova da situação de necessidade, a mesma tem de se encontrar devidamente fundamentada, de acordo com o disposto no art. 387.º, n.º 1, do CPC, para que se considere verificado este requisito de procedência da providência cautelar de arbitramento.[298]

No entanto, há quem considere que o julgador deve ser mais exigente na apreciação da prova relativa à obrigação de indemnizar do que na apreciação da prova relativa à necessidade económica do lesado, devendo ser-lhe exigível uma quase certeza da sua existência.[299] Isto porque apenas através deste maior grau de exigência quanto à existência da obrigação de indemnizar se evita que a Companhia de Seguros[300] para a qual o lesante transferiu a responsabilidade civil, decorrente da circulação do veículo automóvel, se transforme na Segurança Social do lesado, já que nos casos em que se verifique a caducidade da providência cautelar, por regra, não haverá restituição das quantias adiantadas a título de reparação provisória dos danos.[301]

Relativamente a esta posição, cumpre-nos discordar totalmente da mesma, uma vez que, a propósito desta questão, consideramos que as

---

[297] Ver *supra* Capítulo II – 6. Requisitos de procedência da providência, págs. 124 e segts..

[298] No mesmo sentido Abrantes Geraldes, *Temas da Reforma do Processo Civil*, IV Volume, cit., pág. 159.

[299] Cfr. Fernando Salgado, *Arbitramento de Reparação Provisória*, ob. cit., págs. 541 e segts..

[300] Por regra, nas situações em que a responsabilidade resulte de acidente de viação, em consequência da transferência obrigatória do seguro de responsabilidade civil para uma seguradora, é esta a responsável pelo pagamento de uma eventual indemnização a ser fixada na acção principal.

[301] Neste sentido Fernando Salgado, *Arbitramento de Reparação Provisória*, ob. cit., págs. 541 e segts..

razões de justiça social subjacentes ao processo cautelar, bem como à previsão especificada da providência de arbitramento de reparação provisória, devem ser privilegiadas.

É verdade que o julgador, ao basear a sua tomada de decisão em meros indícios, não pode assegurar que a decisão a ser proferida na acção principal seja coincidente com o conteúdo daquela que foi proferida no âmbito da providência cautelar decretada. No entanto, ao fazê--lo, o legislador considerou que as situações carecidas de tutela cautelar exigiam que se prescindisse desse grau de certeza absoluta, relativamente à existência do direito do requerente, sob pena de não se conseguir assegurar a efectividade do direito ameaçado.

O risco dessa contradição foi devidamente ponderado pelo legislador ao regular todas as providências cautelares, tendo considerado mais importante, no caso da providência em apreço, a tutela de situações ligadas à condição humana, mormente a satisfação de necessidades básicas do lesado. Pelo que o facto de a lei apenas exigir a verificação de indícios da obrigação de indemnizar para decretar esta providência especificada não se afasta das exigências relativamente aos demais procedimentos cautelares, não devendo invocar-se a dificuldade da restituição das quantias recebidas como argumento para uma maior exigência quanto ao grau de prova da responsabilidade do requerido.

Só se o legislador não tivesse previsto qualquer forma de restituição das quantias recebidas, ou se não fizesse depender o decretamento da providência de arbitramento de um requisito relativo à existência do respectivo direito, é que este argumento podia ser considerado válido. Como assim não aconteceu, não o podemos considerar relevante para exigir uma maior certeza na verificação do referido requisito.

A propósito do indício da existência da obrigação de indemnizar importa referir que, de certa forma, a verificação deste requisito de decretamento da providência de arbitramento de reparação provisória, nos casos em que a acção de indemnização se funde em responsabilidade civil decorrente de acidente de viação, só em muito poucas situações não se encontra preenchido. Isto porque, de acordo com o disposto no art. 503.º do CC, há que contar com as regras de responsabilidade objectiva ou pelo risco.[302] Assim, ainda que não se indicie a culpa exclusiva do requerido na produção do acidente, a sua responsabilidade, e

---

[302] Cfr. Acórdão do STJ, de 05/07/01, CJ, Ano IX, Tomo II, pág. 50.

consequente obrigação de indemnizar o requerente, pode resultar da responsabilidade objectiva.

Desta forma, apenas nos casos em que seja flagrante a culpa do próprio requerente na produção do evento danoso é que estaremos perante uma situação susceptível de obstar à verificação do referido requisito de procedência da providência cautelar de arbitramento de reparação provisória.

8.2 Juízo de equidade

De acordo com o disposto no art. 403.º, n.º 3, do CPC, "a liquidação provisória, a imputar na liquidação definitiva do dano, será fixada equitativamente pelo tribunal".

Deste preceito decorre que o julgador na fixação da indemnização provisória em forma de renda deve atender à equidade,[303] contrariamente ao que, em regra, sucede na fixação da indemnização definitiva.[304]

A equidade é uma das fontes de direito e encontra-se prevista no art. 4.º do CC. A norma constante deste artigo determina os casos concretos em que pode ocorrer o julgamento *ex aequo et bono,* inserindo-se a previsão constante do n.º 3 do art. 403.º na alínea a) do referido preceito legal.[305]

Embora o termo equidade seja plurissignificativo, a concepção da equidade adquire especial relevância "como justiça do caso concreto, isto é, uma forma de justiça que superando a mera justiça legal, se adeque às circunstâncias da situação singular".[306] Da sua aplicação resulta uma justiça concreta e individualizada, na medida em que se tem em conta as especificidades de cada caso singular.

---

[303] Cfr. Acórdão da Relação de Lisboa, de 14/04/99, CJSTJ, Ano XXIV, Tomo II, pág. 50.

[304] Através da conjugação das normas contidas nos arts. 564.º, n.º 2, e 566.º, n.º 3, ambos do CC, nos casos em que esteja esgotada a possibilidade de apuramento dos elementos com base nos quais o montante indemnizatório haja de ser determinado, também se verifica a possibilidade de fixação da indemnização definitiva segundo critérios de equidade.

[305] Acerca das funções atribuídas à equidade na ordem jurídica ver Mário Bigotte Chorão, *Temas Fundamentais de Direito*, reimpressão, Coimbra, 1991, pág. 90.

[306] Cfr. Mário Bigotte Chorão, *Temas Fundamentais de Direito, ob. cit.*, pág. 85.

Quando o julgador decide por equidade deve apoiar-se na boa razão, no bom senso. Desta forma, porque aquilo que a uma pessoa pode parecer o mais justo pode não o ser para outra,[307] a equidade pode levar a entendimentos diferentes relativamente à mesma questão em controvérsia.[308] No entanto, através da sua aplicação também se pode alcançar uma justiça mais absoluta, uma vez que o julgador se abstrai da literalidade da lei escrita[309] e permite o julgamento adaptado às circunstâncias concretas do caso em discussão. É esta absolutidade que é visada pelo legislador quando prevê a aplicação da equidade como critério legal para decisão de certa questão jurídica.[310]

Em termos de critério legal para a fixação da reparação provisória, a lei processual privilegiou a equidade, procurando adaptar a renda a fixar às necessidades concretas do requerente. Assim, face à multiplicidade de situações fácticas que podem gerar o decretamento da providência de arbitramento de reparação provisória, bem como às diferentes necessidades dos lesados, era inviável a previsão e enunciação de um quadro fáctico típico e uma forma típica de reparar provisoriamente os danos sofridos pelo lesado.[311]

Com efeito, o legislador utilizou conceitos vagos, expressos através das expressões "situação de necessidade" ou "pôr seriamente em causa o sustento ou a habitação do lesado", por forma a permitir a adaptação do quadro legal às circunstâncias concretas de cada caso, e remeteu o julgador para o seu próprio bom senso.[312]

---

[307] Esta ideia tem correspondência no velho ditado: *"tot capita quot sententiae –* tantas cabeças, quantas sentenças".

[308] Cfr. Melchiades Picanço, *A Força Eterna do Direito*, Rio de Janeiro, 1996, pág. 122.

[309] Apesar de a equidade ser fonte de direito a sua aplicação "deve seguir a direcção do próprio direito escrito, embora não lhe seja subordinado" (Cfr. Melchiades Picanço, *A Força Eterna do Direito, ob. cit.*, pág. 125).

[310] A este propósito ver Menezes Cordeiro, *A decisão judicial segundo o juízo de equidade, O Direito*, 1990, págs. 261 e segts.

[311] Como forma típica de reparação dos danos veja-se, a título meramente exemplificativo, a sugestão do Acórdão da Relação de Coimbra, de 18/11/97, ao referir que o legislador podia ter previsto expressamente que todo aquele que sofreu um dano que o tenha deixado numa situação de necessidade e não disponha de valores que permitam manter a sua subsistência, tem direito ao salário mínimo nacional (CJ, Ano XXII, 1997, Tomo V, pág. 18).

[312] Cfr. Acórdão da Relação de Coimbra, de 18/11/97, CJ, Ano XXII, 1997, Tomo V, pág. 20.

Desta forma, porque as despesas que o lesado tem de suportar em consequência dos danos sofridos variarão de caso para caso, também a fixação da quantia mensal a arbitrar terá necessariamente de variar de acordo com as necessidades efectivas de cada lesado, cabendo ao julgador a fixação do seu montante. Na sua fixação, o julgador deverá atender não só aos meios que o requerente tenha para prover à sua subsistência mas também àqueles que o requerido dispõe para prover à satisfação de carências do lesado.[313]

Nesta medida, atento o juízo de equidade que está na base da fixação da renda mensal, poder-se-á concluir que o juiz não está vinculado à quantia requerida pelo requerente na providência de arbitramento, podendo fixar um montante de renda mensal inferior à requerida, se a julgar excessiva face às necessidades do requerente. No entanto, o julgador poderá igualmente considerar insuficiente a quantia requerida a título mensal para fazer face às despesas do requerente. Pelo que pode colocar-se a questão de saber se o juiz pode arbitrar uma renda mensal num montante superior à quantia requerida.

Julgamos que a resposta tem de ser necessariamente negativa,[314] pois uma das consequências do princípio do dispositivo é o facto de o juiz estar limitado pelo efeito jurídico da pretensão do autor, não podendo a sentença condenar em quantidade superior ou em objecto diverso do que se pedir (cfr. arts. 661.º, n.º 1, e 668.º, n.º 1, alínea e), ambos do CPC). Com efeito, julgamos que o ajustamento às circunstâncias de cada caso concreto, resultante da aplicação da equidade, deve fazer-se dentro dos limites peticionados pelo requerente, respeitando a consagração expressa do princípio do dispositivo nesta matéria.

Em conformidade com esta posição, não se tem vislumbrado, na prática jurisdicional, a atribuição de quantias superiores às requeridas.[315]

Além do mais, sempre se refira que, segundo cremos, na maioria das vezes, as quantias requeridas são excessivas e inflacionadas relativa-

---

[313] Cfr. Lebre de Freitas, *Código de Processo Civil Anotado*, Volume 2.º, cit., pág. 111.

[314] Em sentido contrário Fernando Salgado, *Arbitramento de Reparação Provisória*, ob. cit., págs. 542 e 543.

[315] Esta conclusão foi retirada da análise de centenas de processos que tiveram como objecto a providência de arbitramento de reparação provisória. Dos processos analisados que deferiram a providência em apreço nenhum deles arbitrou uma quantia mensal superior à requerida.

mente às necessidades do requerente, motivo pelo qual o montante da renda mensal fixada pelo juiz corresponde a um valor inferior ao requerido.

Da redacção do n.º 3 do art. 403.º do CPC resulta igualmente que, no caso de a providência de arbitramento de reparação provisória ser deferida, as quantias recebidas antecipadamente a título provisório serão imputadas na indemnização definitiva a ser fixada em sede de acção principal. Ou seja, o valor das rendas mensais recebidas pelo requerente até ao trânsito em julgado da sentença, que fixa a indemnização devida em consequência dos danos sofridos pelo lesado, é imputada ao valor fixado a título de indemnização final, devendo o requerente receber a diferença entre o valor total da indemnização e o valor já pago a título de reparação provisória.

Esta imputação justifica-se se tivermos em conta que estamos perante uma medida cautelar de carácter antecipatório, visando o seu diferimento colmatar necessidades básicas do requerente, enquanto não lhe é fixada a indemnização a que tem direito em consequência de ter sofridos danos que o colocaram numa situação de necessidade, essencialmente económica. Não ter em conta os valores já recebidos na atribuição da indemnização final seria impor ao requerido o pagamento de um valor indemnizatório superior àquele pelo qual é efectivamente responsável. Pelo que a imputação prevista no art. 403.º, n.º 3, do CPC é a consequência justa da antecipação proporcionada pelo deferimento da providência cautelar de arbitramento de reparação provisória.

Além do mais, deve ter-se ainda em atenção que, no apuramento da dedução a ser feita à indemnização definitiva, pode haver necessidade de atender ao tempo decorrido entre o início do pagamento das rendas mensais e a data da fixação do valor da indemnização, bem como à consequente desvalorização monetária, uma vez que, por regra, nos termos dos art. 567.º, n.º 1, do CC, a indemnização definitiva não revestirá a forma de renda mensal, sendo paga de uma só vez.[316]

Concluindo, sendo a equidade "a justiça do caso concreto, flexível, humana, independente de critérios normativos fixados na lei" e devendo o julgador "ter em conta as regras da boa prudência, do bom senso prático, da justa medida das coisas e da criteriosa ponderação das reali-

---

[316] Cfr. Lebre de Freitas, *Código de Processo Civil Anotado*, Volume 2.º, cit., pág. 113.

dades da vida",[317] o legislador, com o objectivo de resolver os problemas dos lesados mais carecidos, por terem visto a sua capacidade de ganho reduzida, por terem ficado impossibilitados de auferir rendimentos do seu trabalho, ou por não poderem continuar a habitar na sua residência habitual, previu o recurso à equidade para efeitos de quantificação dos danos sofridos pelos lesados.

Outra solução não teria sido mais consentânea com as razões subjacentes à previsão específica da providência cautelar de arbitramento de reparação provisória, sendo igualmente consentâneo com o carácter antecipatório da providência a previsão de que ao valor fixado a título de indemnização definitiva deve ser descontado o valor das rendas mensais pagas provisoriamente ao requerente.

9. TRAMITAÇÃO DA PROVIDÊNCIA

9.1 Considerações gerais

O art. 404.º do CPC veio regular especificamente as particularidades de tramitação da providência de arbitramento de reparação provisória. E fê-lo, basicamente, através da remissão para o regime jurídico da providência dos alimentos provisórios, o qual se encontra regulado nos arts. 399.º a 402.º do CPC.

A redacção deste artigo resultou das alterações operadas pelo Decreto-Lei n.º 329-A/95, de 12 de Dezembro. No entanto, o n.º 2 teve a sua origem no art. 337.º, n.º 2, do Projecto da Comissão Varela.[318]

No essencial, o art. 404.º do CPC manda aplicar à providência de arbitramento, com as necessárias adaptações, o disposto no art. 400.º do mesmo Código, o qual contém as normas especiais de regulação do procedimento de alimentos provisórios. Em consequência desta remis-

---

[317] Cfr. Acórdão do STJ, de 10/02/98, CJSTJ, Ano VI, Tomo I, pág. 65.

[318] Em termos de regime, o art. 400.º, n.º 2, do CPC manteve na íntegra a redacção prevista no 337.º, n.º 2, do projecto da Comissão Varela, uma vez que neste já se previa que a execução de sentença devia seguir a forma da execução especial por alimentos. As alterações sofridas manifestaram-se apenas ao nível formal visto que, no referido projecto, o art. 337.º se inseria no regime previsto para a providência cautelar dos alimentos provisórios.

são as diferenças relativamente à tramitação destas duas providências cautelares especificadas não são relevantes.

Embora com fundamentos diferentes,[319] tanto a providência de arbitramento de reparação provisória como a providência de alimentos provisórios visam colmatar, o mais rapidamente possível, uma situação de necessidade económica do requerente. É esta finalidade comum que determina a similitude de regime quanto à tramitação das providências em apreço.

Com vista a determinação da tramitação processual da providência de arbitramento de reparação, para além de ter de se atender às normas gerais aplicáveis a todos os procedimentos cautelares, por aplicação subsidiária do art. 392.º, n.º 1, do CPC, em razão da remissão operada pelo art. 404.º, n.º 1, do CPC, tem ainda que se ter em atenção as normas especiais constantes dos arts. 400.º e segts. do mesmo Código.

Tal como ocorre com os restantes procedimentos cautelares, a providência cautelar de arbitramento de reparação provisória pode ser instaurada antes da propositura da acção de indemnização ou surgir como incidente dessa mesma acção, se esta já tiver sido proposta em tribunal (cfr. art. 383.º do CPC). Porém, estamos perante um procedimento autónomo relativamente à decisão final, podendo acontecer que as decisões tomadas em cada um dos processos sejam contraditórias, no sentido em que o processo cautelar pode conceder tutela provisória ao requerente, arbitrando-lhe uma quantia mensal como reparação provisória do dano, e, posteriormente, a decisão final proferida na acção principal não reconhecer ao autor o direito a ser indemnizado pelos danos sofridos, ou vice-versa.

9.2 Tribunal competente

O tribunal territorialmente competente para julgar a providência é o mesmo em que tenha sido proposta ou deva ser proposta a respectiva acção de indemnização (cfr. art. 83.º, n.º 3, alínea c), do CPC). Com efeito, de acordo com o disposto no art. 74.º do CPC, a providência será proposta em diferentes tribunais, consoante a acção de indemnização se funde em responsabilidade civil contratual ou extracontratual.

---

[319] Ver *supra* Capítulo II – 3. Confronto com a providência cautelar dos alimentos provisórios, págs. 80 e segts..

No caso de estarmos perante uma acção de indemnização fundada em responsabilidade civil contratual o credor poderá escolher como tribunal competente aquele em cuja circunscrição a obrigação devia ter sido cumprida, ou o tribunal em cuja área se situa o domicílio do réu (cfr. art. 74.º, n.º 1, do CPC). Diferentemente, nos casos em que se esteja perante uma acção de indemnização fundada em responsabilidade civil extracontratual o tribunal competente será aquele em cujo lugar ocorreu o facto danoso (cfr. art. 74.º, n.º 2, do CPC).

Estando a providência de arbitramento de reparação provisória dependente de uma acção principal em que se discuta o direito de indemnização do autor com fundamento em responsabilidade civil, o decretamento da referida providência deverá ocorrer no âmbito da competência dos tribunais judiciais.[320]

Porém, deve ressalvar-se a hipótese de esta providência cautelar poder ser decretada no âmbito de processos de natureza penal, nos quais tenha sido deduzido pedido de indemnização civil, nos termos dos arts. 72.º e segts. do CPP.[321] Esta possibilidade encontra a sua razão de ser no facto de o legislador ter privilegiado a realização conjunta do julgamento penal e do pedido de indemnização civil quando este, por força da consagração do princípio da adesão, deva ocorrer. Desta forma, desde que estejam verificados os pressupostos da acção de indemnização, e esta assente em morte ou lesão corporal, ou em factos susceptíveis de pôr seriamente em causa o sustento ou a habitação, e desde que se verifique uma situação de necessidade do lesado resultante dos danos sofridos em consequência do evento danoso, não parece haver obstáculos para que também, no âmbito penal, a providência de arbitramento de reparação provisória possa vir a ser decretada, enquanto não se obtém uma decisão definitiva no respectivo processo. Tudo dependerá se se encontram ou não preenchidos os requisitos de que depende o decretamento da providência cautelar em apreço.

---

[320] Abrantes Geraldes refere que a providência em apreço se enquadra mais especificamente na esfera dos tribunais judiciais com competência na área do direito civil e comercial (*Temas da Reforma do Processo Civil*, IV Volume, cit., pág. 155).

[321] Cfr. Abrantes Geraldes, *Temas da Reforma do Processo Civil*, IV Volume, cit., pág. 156.

9.3 Pedido

O requerimento inicial da providência de arbitramento de reparação provisória deve terminar com a formulação do pedido, o qual deve corresponder a uma pretensão de atribuição de uma quantia certa, de periodicidade mensal, ou seja, uma renda mensal determinada. É o que se pode concluir da redacção do art. 403.º, n.º 1, do CPC, ao utilizar as expressões "quantia certa" e "renda mensal" para especificar o tipo de pretensão que o requerente deve formular. Neste sentido, não pode o titular do direito à indemnização requerer que lhe seja arbitrada determinada quantia sem especificar concretamente a renda que pretende ver--lhe mensalmente atribuída para fazer face às despesas acrescidas em consequência dos danos sofridos.[322]

Enquanto numa acção declarativa a lei permite que, em certos casos, o autor formule pedidos genéricos, nomeadamente quando não seja ainda possível determinar definitivamente as consequências do facto ilícito, ou quando o lesado pretenda usar da faculdade conferida pelo art. 569.º do CC (cfr. 471.º, n.º 1, alínea b), do CPC), no âmbito do procedimento cautelar de arbitramento de reparação provisória tal formulação não é permitida. Assim, a simples formulação genérica do pedido não cumpre um dos elementos constitutivos típicos necessários ao decretamento da providência de arbitramento,[323] tornando-se imprescindível que o requerente formule um pedido que se traduza num quantitativo certo, a título de renda mensal.

No entanto, no caso de ser formulado um pedido genérico, o mesmo pode ser objecto de correcção através de despacho liminar de aperfeiçoamento proferido pelo juiz, atenta a possibilidade de sanação da correspondente excepção dilatória inominada.[324]

---

[322] Esta exigência em nada se opõe ao facto de o valor do procedimento cautelar se traduzir num montante global, uma vez que este quantitativo se obtém através do valor pedido pelo requerente a título de renda mensal.

[323] Cfr. Acórdão da Relação de Coimbra, de 18/11/97, CJ, Ano XXII, 1997, Tomo V, pág. 18.

[324] Cfr. Abrantes Geraldes, *Temas da Reforma do Processo Civil*, IV Volume, cit., pág. 113, nota de rodapé n.º 189, e pág. 157.

Quanto às consequências processuais da formulação ilegal do pedido genérico podem ser apresentadas três teses: 1. Tese da nulidade secundária (defendida por Alberto dos Reis); 2. Tese da excepção dilatória inominada (defendida por Anselmo de Castro e Castro Mendes); 3. Tese da equiparação à falta parcial de indicação do pedido (defendida

O valor dos procedimentos cautelares especificados varia consoante a providência em causa. No caso da providência de arbitramento, de acordo com o art. 313.º, n.º 3, alínea a), do CPC, o valor do procedimento é determinado em função da mensalidade pedida, uma vez que o seu montante se fixa em doze vezes o valor dessa quantia.

9.4 Adiamento da audiência de julgamento

De acordo com o disposto no art. 212.º do CPC, o procedimento cautelar de arbitramento de reparação provisória não está sujeito a distribuição, tal como acontece com as diligências urgentes feitas antes de começar a causa ou antes da citação do réu. Desta forma, a citação do requerido não é promovida oficiosamente pela secretaria, dependendo de prévio despacho judicial (cfr. art. 234.º, n.º 4, alínea b), do CPC).

No caso de a providência cautelar preceder a instauração da acção principal é no próprio acto de citação que o requerido tem conhecimento da data marcada para a realização da audiência de julgamento. Caso já esteja pendente a respectiva acção principal é por meio de notificação que o requerido toma conhecimento desse facto, tal como acontece sempre com o requerente.

Com efeito, é no acto de citação ou notificação da data marcada para a realização da audiência de julgamento da providência cautelar, conforme os casos, que tanto o requerente como o requerido são advertidos das consequências das suas faltas.

A determinação destas consequências no âmbito dos alimentos provisórios, e, por aplicação subsidiária, na providência de arbitramento de reparação provisória resulta da interpretação do n.º 3 do art. 400.º, e do arts. 386.º, n.º 2, ambos do CPC.[325]

---

por Manuel Salvador). A este propósito ver Manuel Salvador, *Pedidos Genéricos*, Revista Tribunais, Ano 88.º, págs. 5 e segts..

[325] O preceituado no art. 386.º, n.º 2, do CPC "visa privilegiar a celeridade na realização da audiência final, em sede de procedimentos cautelares, obstando à morosidade que poderia decorrer do regime geral dos adiamentos" (Lopes do Rego, *Comentários ao Código de Processo Civil*, ob. cit., pág. 281).

Embora tenha sido proposto, no n.º 2 do art. 324.º do projecto da Comissão Varela, o adiamento da audiência final apenas no caso de falta de comparência do advogado do requerente, não se admitindo que o mesmo ocorresse quando o faltoso fosse o advogado do requerido, a redacção final do actual art. 386.º, n.º 2, do CPC não

No entanto, do confronto entre os referidos artigos pode suscitar-se a dúvida acerca da possibilidade ou não de adiamento da audiência de julgamento nos casos concretos destas providências especificadas. Isto porque a norma constante do n.º 2 do art. 386.º do CPC, aplicável a todos os procedimentos cautelares, permite o adiamento da audiência final,[326] por uma única vez, no caso de falta de mandatário de alguma das partes,[327] enquanto o n.º 3 do art. 400.º do mesmo Código refere que no caso de faltar alguma das partes o juiz deve passar de imediato à produção de prova. Pelo que é legítimo questionarmo-nos se, de facto, a norma prevista no art. 400.º, n.º 3, do CPC afasta a aplicação da norma constante do art. 386.º, n.º 2, do mesmo Código, ou se ambas as normas são conciliáveis entre si por terem um âmbito de aplicação distinto. Ou seja, a dúvida consiste em saber se a audiência de julgamento da providência dos alimentos provisórios, e, consequentemente, da providência de arbitramento de reparação provisória, é sempre inadiável, ou se pode ocorrer o adiamento da mesma, no caso de faltar um dos mandatários das partes,[328] tal como sucede nos restantes procedimentos cautelares.

Antes de tomar posição sobre a questão, e com vista à melhor interpretação conjunta dos citados artigos, importa referir que a matéria constante do art. 400.º do CPC sofreu relevantes alterações com a reforma introduzida pelo Decreto-Lei n.º 329-A/95, de 12 de Dezembro, e pelo Decreto-Lei n.º 180/96, de 25 de Setembro. Uma dessas alterações, e a que mais interessa para o esclarecimento da questão em abordagem,

---

acolheu esta possibilidade. No entanto, Lebre de Freitas, refere que "a solução não repugnava *in limine*", uma vez que nem sempre o princípio da igualdade de armas postula a igualdade formal das partes e a desigualdade intrínseca entre certas posições processuais deve ser atendida (*Código de Processo Civil Anotado*, Volume 2.º, *cit.*, pág. 32).

[326] Nos termos do n.º 2 do art. 386.º do CPC, a diligência adiada deve realizar-se nos cincos dias subsequentes. No entanto, nem sempre este prazo é respeitado, em virtude de o juiz não ter agenda disponível.

[327] Abrantes Geraldes considera que no âmbito dos procedimentos cautelares, se se atender à urgência que caracteriza estes procedimentos, não se justifica a existência de uma norma que admita o adiamento da diligência de produção de prova com base na falta de mandatário judicial. Quando muito, considera que se devia ter adoptado a solução prevista no art. 324.º do projecto da Comissão Varela, datado de 1993, que apenas admitia o adiamento no caso de falta de mandatário do requerente, uma vez que este adiamento apenas afectaria os seus interesses alegadamente carecidos de tutela (*Temas da Reforma do Processo Civil*, III Volume, *cit.*, págs. 197 e segts.).

respeita ao afastamento do efeito cominatório pleno da falta de comparência ou de representação das partes no julgamento, no âmbito da providência cautelar dos alimentos provisórios.

De acordo com a anterior redacção do art. 390.º do CPC, aplicável aos alimentos provisórios, tanto a falta da própria parte como a do seu representante tinham a mesma consequência processual. Caso o requerente faltasse ao julgamento, ou não se fizesse devidamente representar, o seu pedido era imediatamente indeferido. No caso de ser o requerido o faltoso, e não estar representado pelo seu mandatário, aquele era logo condenado no pedido contra si formulado, a não ser que tivesse sido citado editalmente, situação excepcional em que o juiz teria de fixar a prestação de acordo com os elementos de prova que pudesse obter. No entanto, em qualquer destes casos, se ocorresse a justificação da falta até ao momento da realização da audiência, ou nela própria, a mesma era adiada para um dos cinco dias subsequentes.

A falta à segunda audiência de julgamento marcada tinha igualmente consequências diferentes consoante a falta fosse ou não justificada. Se não fosse justificada, as consequências, tanto para o requerido como para o requerente, seriam aquelas que decorriam da falta de comparência à primeira audiência, ou seja, o efeito cominatório pleno. No caso de a falta ser justificada o juiz já não podia adiar mais a decisão, devendo proferi-la de acordo com os elementos de prova que pudesse obter.

Com a eliminação destas regras especiais, aplicáveis à providência dos alimentos provisórios, apenas se passou a regular especificamente no actual n.º 3 do art. 400.º do CPC que a falta de algumas das partes não dispensa a produção de prova, uma vez que o juiz a deve ordenar ainda que alguma delas não esteja presente. Com efeito, a eventual dúvida que a inovadora redacção deste artigo possa ter criado consiste em saber se a produção de prova ocorre imediatamente após o juiz verificar a falta de alguma das partes ou se apenas se verifica na data marcada para a segunda audiência, posteriormente ao adiamento da mesma por falta de comparência do mandatário de alguma das partes.

A mesma dúvida pode ainda nascer do sentido que deva ser atribuído à expressão "alguma das partes", na medida em que esta pode ser interpretada em sentido amplo, abrangendo a própria parte em sentido restrito (requerente ou requerido) e os respectivos mandatários munidos de poderes especiais, ou em sentido restrito, cingindo-se apenas às partes propriamente ditas.

Apesar de considerarmos viável a dúvida que ora se coloca, consideramos que a norma constante do n.º 3 do art. 400.º do CPC é especial face à norma do n.º 2 do art. 386.º, do mesmo Código, afastando a sua aplicação, e que deve ser dado um sentido amplo à expressão "alguma das partes", por derivar do n.º 1 do art. 400.º do CPC que as partes tanto podem comparecer pessoalmente como fazer-se representar por mandatário munido de poderes especiais. Pelo que somos da opinião de que, nos casos das providências dos alimentos provisórios e do arbitramento de reparação provisória, não há possibilidade de adiamento da audiência de julgamento.[329]

A norma especial prevista no art. 400.º, n.º 3, do CPC destina-se a regular os casos em que nem qualquer uma das partes esteja presente em juízo, nem se tenham feito representar por mandatário,[330] acentuando expressamente que a falta de alguma das partes não implica o adiamento do julgamento.[331] Nestes casos, contrariamente ao efeito cominatório

---

[328] Anteriormente à entrada em vigor do Decreto-Lei n.º 183/2000, de 10 de Agosto, de acordo com a anterior redacção do art. 651.º, n.º 1, alínea c), do CPC, a simples falta de algum dos advogados das partes era causa de adiamento do julgamento, independentemente de aqueles justificarem o motivo das suas ausências. Este Decreto--Lei introduziu importantes alterações às causas de adiamento da audiência de julgamento, pelo que, actualmente, o adiamento por falta de advogado apenas pode ocorrer nos casos previstos nas alíneas c) e d) do n.º 1 do art. 651.º do CPC. Desta forma, o julgamento apenas poderá ser adiado com fundamento na falta de advogado de alguma das partes quando o juiz não tiver marcado a audiência mediante acordo prévio com os mandatários judiciais, nos termos do art. 155.º do CPC, ou se o advogado faltoso tiver comunicado a sua impossibilidade de comparência, nos termos do n.º 5 do art. 155.º do mesmo Código. Fora destes casos, e de acordo com o n.º 5 do art. 651.º do CPC, o julgamento tem lugar, procedendo-se, no entanto, à gravação dos depoimentos das testemunhas presentes, por forma a possibilitar a sua audiência ao advogado faltoso.

[329] Contrariamente ao que sucede no processo declarativo ordinário e sumário em que a lei permite o adiamento da audiência de julgamento por outros motivos (cfr. art. 651.º do CPC), no âmbito das providências cautelares houve uma clara restrição ao adiamento dos julgamentos em prol da urgência e celeridade que se impõem a estes procedimentos.

[330] No mesmo sentido Lebre de Freitas, *Código de Processo Civil Anotado*, Volume 2.º, *cit.*, pág. 104.

[331] De acordo com o n.º 2 do art. 796.º do CPC, no processo sumaríssimo não há lugar a adiamento da audiência de julgamento com fundamento na falta de qualquer das partes – uma vez que o patrocínio não é obrigatório (cfr. art. 32.º, n.º 1, alínea a), *a contrario*, do CPC) – ou na falta dos seus mandatários, ainda que devidamente justificadas.

pleno consagrado na norma constante do anterior art. 390.º do CPC, o juiz terá necessariamente de proceder à produção de prova, não dispensando que a parte prove os factos que alega.

Neste contexto, não consideramos aplicável à providência de arbitramento de reparação provisória a norma constante do art. 386.º, n.º 2, do mesmo Código, em consequência da aplicação subsidiário do regime previsto no art. 400.º, n.º 2, do CPC para os alimentos provisórios.

Atendendo às razões que estão na base da criação da providência dos alimentos provisórios e do arbitramento de reparação provisória, consideramos esta solução perfeitamente enquadrável no espírito claro de restringir, tanto quanto possível, o adiamento dos julgamentos.[332]

Resumindo, tudo se passa da seguinte forma:

a) Quando uma das partes não esteja presente na audiência de julgamento, mas compareça o seu mandatário, o juiz procede à realização da mesma, desde que o representante da parte tenha poderes especiais para transigir, não se traduzindo a ausência do próprio requerente ou requerido num obstáculo à realização do julgamento e consequente produção de prova, até porque a sua falta não vem prevista na lei como motivo de adiamento da diligência (cfr. n.º 3 do art. 400.º do CPC).

b) No caso de alguma das partes não comparecer na audiência de julgamento, nem se fazer representar devidamente pelo seu mandatário,[333] não há lugar ao adiamento da mesma e o juiz ordena a produção de prova com vista a prolação da sentença, uma vez que a aplicação da norma especial constante do n.º 3 do art.º 400 do CPC afasta a norma geral do art. 386.º, n.º 2, do mesmo Código, prevista para os procedimentos cautelares em geral.

Para finalizar esta questão, importa referir que a convocação das partes para estarem presentes na audiência de julgamento é conse-

---

[332] Os Decretos-Lei n.ºs 183/2000 e 184/2000, de 10 de Agosto, são diplomas que traduzem expressamente o objectivo do legislador prevenir o risco de sobreposição de datas de diligências e consecutivo adiamento das mesmas.

[333] Umas das consequências mais graves da falta de comparência do requerido ou do seu mandatário à audiência de julgamento é a impossibilidade de apresentação da sua defesa, uma vez que a contestação apenas é apresentada no início da mesma.

quência da intenção do legislador em resolver consensualmente o litígio que as opõe, uma vez que os seus mandatários apenas poderão transigir se lhe tiverem sido conferidos poderes para tal.[334]

9.5 Contestação

Para o requerido a audiência de julgamento da providência cautelar de arbitramento de reparação provisória tem um objectivo adicional relativamente ao requerente. Isto porque é no início dela que o requerido vai apresentar a sua contestação (cfr. art. 400.º, n.º 2, *ex vi* art. 404.º, n.º 1, ambos do CPC).[335]

Com efeito, o prazo para apresentar a contestação[336] vai necessariamente variar de processo para processo, consoante a disponibilidade de agenda do juiz que julgar a providência, podendo suceder que esse prazo seja superior[337] ao prazo de 10 dias indicado no art. 303.º, n.º 2, do CPC.[338]

Quanto às consequências resultantes da falta de apresentação de contestação pode considerar-se aplicável o art. 385.º, n.º 4, do CPC, por

---

[334] Daí que o art. 400.º, n.º 1, do CPC imponha a comparência das partes no caso de os seus mandatários apenas deterem poderes gerais, ou as dispense de estarem presente no caso de estes possuírem poderes especiais, nomeadamente o de transigir.

[335] O mesmo não acontece no procedimento cautelar comum, por aplicação do art. 303.º, n.º 2, por remissão do art. 384.º, n.º 3, ambos do CPC, onde o prazo para oposição ao requerimento da providência apresentado pelo requerente é de 10 dias a contar da citação ou notificação do mesmo ao requerido, conforme os casos.

[336] O facto de a lei não fixar um prazo determinado para a apresentação da contestação, uma vez que este coincide com a data marcada para a realização do julgamento, constitui uma especialidade da providência em apreço, bem como dos alimentos provisórios.

[337] Consideramos que não se coloca a possibilidade de esse prazo ser inferior a 10 dias, uma vez que tem de haver respeito pelo prazo indicado no art. 303.º, n.º 2, do CPC, o qual é aplicável subsidiariamente aos procedimentos cautelares, por remissão do art. 384.º, n.º 3, do mesmo Código.

[338] O Acórdão n.º 255/2001, de 18 de Julho, do Tribunal Constitucional, DR, II Série, pág. 11997, não considerou inconstitucional, por violação do disposto no art. 20.º da CRP, o prazo de 10 dias concedido ao requerido para apresentar a sua contestação, correspondente ao período que mediou entre a citação do requerido e a data do julgamento, com base no argumento de que a lei assegura o contraditório do requerido antes da providência ser ou não deferida.

remissão do art. 392.º, n.º 1, do mesmo Código.[339] Deste modo, "a revelia do requerido que haja sido citado tem os efeitos previstos no processo comum de declaração".[340]

Uma vez que o art. 385.º, n.º 4, do CPC apenas prevê os efeitos da revelia do requerido no caso de este ter sido citado, torna-se legítima a questão de saber se ela tem os mesmos efeitos quando o requerido é notificado, ou seja, nos casos em que a acção principal já se encontra pendente e o réu – ora requerido – já tenha apresentado contestação.

Abrantes Geraldes considera que, nesta situação, deve aproveitar-se a impugnação verificada na contestação da acção principal, não devendo admitir-se a confissão dos factos não impugnados em consequência da falta de apresentação de contestação do requerido.[341]

Salvo melhor opinião, temos algumas dúvidas quanto à aplicabilidade do art. 385.º, n.º 4, do CPC, no que respeita à falta de apresentação da contestação. Isto porque, segundo cremos, o disposto no n.º 3 do art. 400.º do CPC afasta a aplicabilidade do regime geral previsto naquele preceito. Desta forma, no caso de o requerido faltar à audiência do julgamento, e uma vez que esta ausência impede que este apresente a sua contestação, o juiz deve ordenar a produção de prova, não se devendo ter como aplicável os efeitos da revelia previstos no processo comum de declaração.

Parece-nos claro que o julgador, ao ter afastado o efeito cominatório pleno constante da anterior redacção do art. 390.º do CPC, e ao ordenar a produção de prova, pretendeu evitar a admissão dos factos alegados pelo requerente, fazendo recair sobre este a prova dos mesmos.

---

[339] Cfr. Abrantes Geraldes, *Temas da Reforma do Processo Civil*, IV Volume, *cit.*, pág. 117.

[340] Esses efeitos estão previstos nos arts. 483.º a 485.º do CPC, dos quais resulta, como regra geral, que a falta de impugnação dos factos alegados pelo requerente se traduz na confissão dos mesmos pelo requerido. No entanto, nos casos em que o requerido, além de não contestar, não tenha constituído mandatário nem tenha ainda intervindo de qualquer forma no processo, o juiz deve certificar-se da regularidade da citação pois caso verifique alguma irregularidade na mesma deverá ordenar a sua repetição (cfr. art. 483.º do CPC).

[341] Cfr. Abrantes Geraldes, *Temas da Reforma do Processo Civil*, III Volume, *cit.*, pág. 179, e Lebre de Freitas, *Código de Processo Civil Anotado*, Volume 2.º, *cit.*, pág. 28. Os argumentos invocados em defesa desta posição resultam da aplicação analógica do art. 817.º, n.º 3, e da previsão literal do art. 385.º, n.º 4, ambos do CPC (com a entrada em vigor do Decreto-Lei n.º 38/2003, de 8 de Março, a redacção do n.º 4 do art. 385.º passará a constar do n.º 5 do mesmo artigo).

9.6 Prova

Juntamente com a contestação, tal como acontece quando o requerente apresenta a sua petição,[342] deve o requerido oferecer o rol de testemunhas e requerer outros meios de prova (cfr. art. 303.º, n.º 1, por remissão do art. 384.º, n.º 3,[343] *ex vi* art. 392.º, n.º 1, todos do CPC).

Quanto à prova testemunhal importa ter em atenção algumas especificidades.

No âmbito dos procedimentos cautelares, a lei restringiu, face às normas gerais aplicáveis no processo comum, o número de testemunhas que podem ser arroladas pelas partes.[344] Nesta medida, de acordo com o disposto no n.º 1 do art. 304.º do CPC, são apenas oito as testemunhas que cada uma das partes pode indicar no seu rol. Além disso, foi igualmente imposto um limite máximo de três testemunhas a serem inquiridas sobre cada facto a provar.[345]

Estas limitações decorrem da natureza e fim dos procedimentos cautelares, uma vez que a complexidade da prova e a demora na sua apreciação seriam incompatíveis com a tramitação de um processo que se pretende simples e célere.

O facto de o requerido dever apresentar a sua contestação, bem como toda a sua prova, na própria audiência de julgamento impossibilita a notificação, pela secretaria do tribunal, das respectivas testemunhas arroladas, cabendo-lhe o ónus de as apresentar na data marcada para a realização do julgamento. Pelo contrário, o mesmo não sucede com as testemunhas arroladas pelo requerente, no caso de este ter requerido a sua notificação, uma vez que, nesta situação, o tribunal dispõe de tempo útil para proceder à notificação das mesmas.

No entanto, esta actuação distinta da secretaria não deve ser alegada como argumento de inconstitucionalidade, resultante da violação

---

[342] Cfr. art. 384.º, n.º 1, por remissão do art. 392.º, n.º 1, ambos do CPC.

[343] De acordo com a fundamentação do Acórdão da Relação de Lisboa, de 17/03/98, BMJ, n.º 475.º, pág. 758, aos alimentos provisórios, tal como a todos os procedimentos cautelares, é subsidiariamente aplicável o disposto nos arts. 302.º a 304.º do CPC.

[344] No processo comum ordinário, sumário e sumaríssimo a lei impôs como limite máximo de testemunhas a serem inquiridas, respectivamente, 20 (cfr. art. 632.º, n.º 1, do CPC), 10 (cfr. art. 789.º do CPC) e 6 (cfr. art. 796.º do CPC).

[345] No processo ordinário o número máximo de testemunhas a serem inquiridas por cada facto é de 5 (cfr. art. 633.º do CPC) e no processo sumário e sumaríssimo é de 3 (cfr. art. 789.º do CPC).

do princípio da igualdade das partes.[346] Isto porque, embora a eventual notificação pelo tribunal das testemunhas indicadas pelo requerente se possa traduzir numa diferença formal, tal facto não representa uma desvantagem para o requerido, visto que não lhe é retirada a possibilidade de apresentação das suas testemunhas na audiência de julgamento. O tratamento desigual das partes, violador do princípio da igualdade consagrado no art. 3.º-A do CPC e no art. 20.º, n.º 4, da CRP, apenas ocorreria se a faculdade de apresentação de prova testemunhal não fosse concedida ao requerido.[347]

Além do mais, pode igualmente recair sobre o requerente o ónus de apresentar as suas testemunhas na audiência de julgamento. Para isso basta que ele próprio se tenha comprometido a apresentá-las (cfr. art. 628.º, n.º 2, do CPC), ou, no caso de elas residirem fora do círculo judicial, não tenha requerido a sua audição por teleconferência (cfr. art. 623.º, n.º 1, do CPC).[348]

Desta forma, a possibilidade de o ónus de apresentação das testemunhas poder caber ao requerente também pode servir de argumento no sentido de que, de facto, não estamos perante uma desigualdade substancial mas meramente formal.

9.7 Audiência de julgamento

De acordo com o disposto no art. 400.º, n.º 1, *ex vi* art. 404.º, n.º 1, ambos do CPC, recebida em juízo a petição de arbitramento de reparação provisória, é logo designado dia para a audiência de julgamento.[349]

---

[346] Cfr. fundamentação do Acórdão do STJ, de 14/04/99, CJSTJ, Ano VI, Tomo II, págs. 47 e segts..

[347] O termo "substancial" utilizado no art. 3.º-A do CPC evidencia que importa assegurar, essencialmente, uma igualdade ao nível do conteúdo, sem prejuízo de poder ocorrer uma qualquer desigualdade formal. Esta eventual desigualdade formal, desde que não se transforme numa desigualdade substancial, não é violadora da norma constitucional constante do art. 20.º, n.º 4, do CPC, que institui como princípio geral do processo civil a igualdade de armas.

[348] No processo comum sumaríssimo as testemunhas são apresentadas pelas partes, sem necessidade de notificação, salvo se a parte que as indicou requerer oportunamente a sua notificação (cfr. art. 796.º, n.º 4, do CPC).

[349] Concordamos plenamente com Abrantes Geraldes quando refere que a designação imediata de julgamento não obsta a que sejam proferidas decisões de conteúdo diverso, nomeadamente despacho de indeferimento liminar ou de aperfeiçoamento (*Temas da Reforma do Processo Civil*, IV Volume, *cit.*, pág. 157).

Através da regulamentação desta norma o legislador deu primazia à celeridade, prescindindo das formalidades existentes no processo declarativo comum.[350]

Outras das especificidades da tramitação da providência de arbitramento de reparação provisória está relacionada com a condução da audiência de julgamento pelo juiz.

De acordo com o disposto no art. 400.º, n.º 2, *ex vi* art. 404.º, n.º 2, ambos do CPC, o juiz deve dar início ao julgamento tentando obter a fixação da renda mensal como reparação provisória dos danos por acordo da partes.

É em face deste objectivo que a lei exige a presença da parte em julgamento ou, em alternativa, a representação por mandatário com poderes especiais para transigir.

No caso de as partes chegarem a bom entendimento acerca do valor da renda a fixar mensalmente, o juiz homologará o acordo por sentença, a qual é ditada para a acta da audiência de julgamento (cfr. art. 300.º, n.º 4, do CPC).

Pelo contrário, frustrando-se a tentativa de conciliação, o juiz ordenará a produção de prova e, após esta, decidirá em conformidade com os factos que considere provados e não provados, proferindo sentença oral (cfr. art. 400.º, n.º 3, do CPC). Neste caso, a sentença oral fica exarada em acta e deve ser fundamentada com os factos que ficaram provados e não provados em audiência de julgamento, devendo no entanto ser sucintamente fundamentada quanto à matéria de direito.

A decisão a ser proferida pelo juiz no âmbito da providência cautelar de arbitramento de reparação provisória, no caso de ser favorável ao requerente, deve traduzir-se na atribuição de uma renda mensal em dinheiro a imputar na liquidação definitiva do dano. No entanto, não deve afastar-se a possibilidade de as partes acordarem pagamentos em espécie, em substituição da renda pecuniária mensal.[351]

---

[350] No processo declarativo comum a designação da audiência de julgamento é posterior ao recebimento da contestação em tribunal, variando os prazos para a apresentação da mesma consoante a forma de processo (cfr. arts. 480.º, 486.º, 783.º e 794.º, todos do CPC).

[351] Cfr. Abrantes Geraldes, *Temas da Reforma do Processo Civil*, IV Volume, *cit.*, págs. 160 e 161. Abrantes Geraldes apresenta como exemplos de pagamentos em espécie o fornecimento de medicamentos, o pagamento directo de hospitalizações, ou a entrega de habitação, no caso de estarmos perante a previsão do n.º 4 do art. 403.º do

Diferentemente, se a decisão for favorável ao requerido traduzir-se-á no indeferimento da providência. Esta situação ocorrerá no caso de o juiz não considerar verificados os requisitos de que depende a sua atribuição, nomeadamente se não considerar provada a situação de necessidade do requerente, ou considerar que inexiste a obrigação de indemnizar por parte do requerido.

9.8 Renda

Como acabou de se referir, a decisão a ser proferida no âmbito da providência cautelar de arbitramento de reparação provisória há-de traduzir-se na fixação de uma renda mensal a atribuir ao requerido como reparação dos danos sofridos.

Uma questão importante que se levanta a este propósito respeita ao momento a partir do qual a renda fixada pelo tribunal é devida.

No âmbito do regime da providência dos alimentos provisórios, o art. 401.º, n.º 1, do CPC resolve imediatamente esta questão ao dispor que "os alimentos são devidos a partir do primeiro dia do mês subsequente à data da dedução do respectivo pedido".

O mesmo não acontece com a providência de arbitramento de reparação provisória. Daí que seja legítimo questionarmo-nos se devemos considerar a citada norma aplicável à providência em apreço, em razão da similitude substancial e processual existente entre as duas providências, ou se ela é, única e exclusivamente, aplicável aos alimentos provisórios, uma vez que não estamos perante uma norma que diga respeito ao processamento da providência.

Para tomarmos posição acerca desta questão teremos de atender às razões que estiveram na base da criação desta norma, e analisar se as mesmas podem servir de fundamento à providência cautelar em apreço. Além do mais, a solução também deve passar pela verificação se a referida norma diz respeito ao processamento da providência pois, se assim for, de acordo com a remissão prevista no art. 404.º, n.º 1, do CPC, não há razões para excluir a sua aplicabilidade aos casos em que esteja em causa a providência de arbitramento.

CPC. No mesmo sentido, Lebre de Freitas, *Código de Processo Civil Anotado*, Volume 2.º, *cit.*, pág. 114.

A criação da norma constante do n.º 1 do art. 401.º do CPC está intimamente relacionada com o preceituado no art. 2006.º do CC, o qual determina que "os alimentos são devidos desde a propositura da acção".[352] Pelo que, em conformidade com o disposto no mesmo, a lei processual não podia ter adoptado outra solução.

Em sede de indemnização civil o legislador não previu uma norma equivalente, o que, à partida, poderia levar-nos a concluir pela inaplicabilidade do disposto no n.º 1 do art. 401.º do CPC em sede de arbitramento de reparação provisória.[353] No entanto, não nos parece que este facto possa, por si só, determinar a inaplicabilidade do n.º 1 do art. 401.º do CPC à providência de arbitramento de reparação provisória, essencialmente se tivermos em atenção que a razão substancial que determina a tutela específica de ambas as providências é praticamente a mesma, ou seja, a situação de necessidade. Desta forma, julgamos que as similitudes entre as duas providências são um argumento decisivo e determinante para defender a solução contrária.

Além do mais, consideramos que a norma em apreço disciplina o processamento da providência dos alimentos provisórios.[354] E, como tal, a remissão operada pelo art. 403.º, n.º 1, do CPC para o disposto acerca dos alimentos provisórios deve entender-se como abrangendo a norma constante do n.º 1 do art. 401.º do mesmo Código. Pelo que julgamos que este será igualmente um argumento preponderante em prol da solução que defendemos.[355]

A este propósito são já conhecidas decisões jurisprudenciais que vão no sentido de considerar aplicável o n.º 1 do art. 401.º do CPC à providência de arbitramento de reparação provisória, o que nos leva a reforçar a solução que defendemos.[356]

---

[352] Cfr. Lebre de Freitas, *Código de Processo Civil Anotado*, Volume 2.º, *cit.*, pág. 114.

[353] Lebre de Freitas considera que o preceituado no art. 401.º, n.º 1, do CPC não deve ser aplicado fora do âmbito dos alimentos provisórios, apesar de não apresentar os fundamentos que estão na base da sua tomada de posição (*Código de Processo Civil Anotado*, Volume 2.º, *cit.*, pág. 114).

[354] Cfr. fundamentação do Acórdão da Relação de Lisboa, de 23/11/99, CJ, Ano XXIV, 1999, Tomo V, págs. 99 e segts..

[355] Abrantes Geraldes também defende que as prestações fixadas no âmbito da providência de arbitramento de reparação provisória se "consideram devidas desde o primeiro dia subsequente à data da formulação do pedido, nos termos do art. 401.º, n.º 1, do CPC" (*Temas da Reforma do Processo Civil*, IV Volume, *cit.*, pág. 161).

[356] Cfr. Acórdão da Relação de Lisboa, de 23/11/99, CJ, Ano XXIV, 1999, Tomo V, págs. 99 e segts., e Acórdão do STJ, de 28/06/99, acedido em *www.dgsi.pt*.

9.9 Falta de cumprimento da decisão proferida

O art. 404.º, n.º 2, do CPC também estabelece um regime idêntico ao dos alimentos provisórios, no que se refere à falta de pagamento voluntário da reparação provisoriamente arbitrada ao requerente. De acordo com o citado artigo, a decisão cautelar favorável ao requerente é imediatamente exequível e, no caso de a renda mensal fixada não ser paga, pode aquele requerer a sua execução, aplicando-se o disposto nos arts. 1118.º e segts. do CPC acerca da execução especial por alimentos.

Com efeito, ainda que o requerido interponha recurso da decisão proferida no âmbito da providência em apreço, o titular do direito à indemnização adquire de imediato o direito de tutela antecipada conferida pela procedência da providência.

Relativamente à tramitação deste processo especial importa apenas referir algumas especialidades, uma vez que a execução segue os termos do processo executivo ordinário ou sumário, conforme o título em que se funde.[357]

Em conformidade com o disposto no art. 465.º, n.º 1, do CPC a execução resultante da falta de pagamento voluntário da renda provisória seguirá sempre a forma sumária, se se atender à circunstância de que o título em que se funda é sempre uma decisão judicial e a decisão condenatória nela proferida não carece de ser liquidada em execução de sentença, visto o juiz ter de condenar o requerido no pagamento de uma renda mensal determinada. Neste contexto, seguirá a tramitação prevista nos arts. 924.º e segts. do CPC,[358] com as especialidades previstas nos arts. 1118.º e segts. do mesmo Código.

---

[357] A natureza do título executivo é o critério decisivo de sujeição das execuções à forma ordinária ou sumária. Segue a forma ordinária a execução que se funde em título executivo que não seja decisão judicial. No entanto, se se estiver perante um decisão judicial condenatória que careça de ser liquidada em execução de sentença seguirá igualmente a forma ordinária (cfr. art. 465.º, n.º 1, alíneas a) e b) do CPC). Por sua vez, seguem a forma sumária as execuções baseadas em decisão judicial, salvo no caso da excepção referida anteriormente (cfr. art. 465.º, n.º 2, do CPC). Com a entrada em vigor das alterações introduzidas pelo Decreto-Lei n.º 38/2003, de 8 de Março, o processo comum de execução seguirá forma única, tornando-se dispensável este critério distintivo.

[358] Com a entrada em vigor das alterações introduzidas pelo Decreto-Lei n.º 38//2003, de 8 de Março, os arts. 924.º a 927.º, relativos à execução sumária, serão revogados, visto o processo comum de execução passar a seguir uma forma única.

São essencialmente duas as especificidades deste processo especial de execução.

Um delas vem prevista no art. 1118.º, n.º 1, alínea d), e n.ºs 2 e 3 do CPC,[359] e traduz-se na circunstância de o exequente poder requerer a adjudicação imediata de parte das quantias, vencimentos ou pensões que o executado esteja percebendo, ou a consignação de rendimentos seus, para pagamento das prestações vencidas e vincendas, independentemente de penhora.[360] A outra está consagrada no art. 1118.º, n.º 1, alínea c), do CPC,[361] e resulta do facto de os embargos não suspenderem a execução.[362]

No caso da providência em apreço, não consideramos propriamente como especialidades de tramitação as normas constantes das alíneas a) e b) do n.º 1 do citado artigo[363] pois, se atendermos a que a execução da decisão judicial proferida segue a forma sumária, de acordo com os arts. 924.º e segts. do CPC, a nomeação de bens à penhora pertence exclusivamente ao exequente, que a fará logo no requerimento executivo, e só depois da penhora o executado é notificado.

Em conformidade com o disposto no art. 389.º do CPC, e com as devidas adaptações à providência de arbitramento de reparação provisória, resulta do art. 1120.º do CPC que a cessação da execução ocorrerá quando fique sem efeito a renda mensal fixada a título de reparação provisória dos danos, em consequência de ter caducado a providência, e, consequentemente, extinto o procedimento cautelar.

---

[359] Com a entrada em vigor das alterações introduzidas pelo Decreto-Lei n.º 38/2003, de 8 de Março, a norma constante do art. 1118, n.º 1, alínea d), do CPC, passa, na íntegra, a ser o teor do n.º 1 do mesmo artigo. O n.º 2 continuará com o mesmo teor. Por sua vez, a norma constante do art. 1118, n.º 3, do CPC, divide o seu teor pelos n.ºs 3 e 4, do mesmo artigo.

[360] A especialidade concreta destas normas reside em se prescindir dos trâmites regulados nos arts. 875.º e segts. e 880.º e segts., todos do CPC, uma vez que se dispensam as diligências com vista a penhora dos bens referidos.

[361] Com a entrada em vigor das alterações introduzidas pelo Decreto-Lei n.º 38/2003, de 8 de Março, o teor desta norma passará a constar do n.º 5 do mesmo artigo.

[362] Embora em regra o recebimento de embargos não suspenda a execução, há um caso que a lei previu originar a suspensão da execução: quando cumulativamente o executado requeira a sua suspensão e preste caução (cfr. art. 818.º, n.º 1, do CPC). Com a entrada em vigor do Decreto-Lei n.º 38/2003, de 8 de Março, deixar-se-à de falar em embargos para se passar a falar de oposição à execução.

[363] Com a entrada em vigor do Decreto-Lei n.º 38/2003, de 8 de Março, estas normas passam a constar do n.º 5 do art. 1118.º do CPC.

Por sua vez, o art. 1121.º do CPC regula os trâmites do processo de cessação ou alteração dos alimentos, conforme sejam provisórios ou definitivos. Apenas se ressalve que não são aplicáveis à providência em apreço as normas constantes do n.ºs 3 e 4 do referido artigo do CPC, relativas aos alimentos definitivos, uma vez que a fixação da renda mensal é sempre atribuída a título provisório, pois o carácter definitivo desta renda implica já a existência de uma decisão final na acção principal que indemnize definitivamente o lesado pelos danos sofridos.

É notória a simplicidade da execução especial por alimentos. Esta característica resulta de uma maior facilidade em obter a penhora de bens que sirvam de garantia ao cumprimento da obrigação em que o executado foi condenado. Tendo em conta a natureza e finalidades específicas da obrigação reparatória outra solução não seria de esperar.[364]

A propósito de instrumentos coercivos para cumprimento de obrigações de prestação de facto, importa aludir, muito brevemente, à sanção pecuniária compulsória, a qual vem prevista no art. 829.º-A do CC,[365] cuja aplicação é extensiva aos procedimentos cautelares através da norma prevista no art. 384.º, n.º 2, do CPC.[366]

De acordo com o disposto no n.º 1 do art. 829.º-A do CC, a sanção pecuniária compulsória visa actuar sobre o devedor, coagindo-o ao cumprimento nas obrigações de prestação de facto infungível, salvo nas que exigem especiais qualidades artísticas ou científicas do obrigado.

A sua introdução no âmbito dos procedimentos cautelares não causou qualquer estranheza, no entanto, a redacção da norma constante do art. 384.º, n.º 2, do CPC levantou algumas dúvidas de interpretação, nomeadamente pela aparente contradição das expressões "sempre aplicável" e "nos termos da lei civil". A referida dúvida relacionou-se com a possibilidade de esta sanção não estar sujeita ao regime legal previsto na lei civil. No entanto, a interpretação que tem sido atribuída ao refe-

---

[364] Para Abrantes Geraldes a remissão da tramitação da providência de arbitramento de reparação provisória para o regime previsto para os alimentos provisórios justifica-se em face da natureza e de algumas finalidades comuns a estas providências (*Temas da Reforma do Processo Civil*, IV Volume, *cit.*, pág. 164).

[365] A introdução da figura da sanção pecuniária compulsória no nosso ordenamento jurídico ocorreu através do Decreto-Lei n.º 262/83, de 16 de Junho.

[366] A referida figura foi introduzida no CPC pelo Decreto-Lei n.º 329.º-A/95, de 12 de Dezembro.

rido preceito tem sido contrária a esta.[367] Por conseguinte, a adopção desta figura, no âmbito dos procedimentos cautelares, tem de respeitar os condicionalismos previstos no art. 829.º-A, n.º 1, do CC.[368]

Neste contexto, porque no caso da providência de arbitramento de reparação provisória, por regra, se está perante uma obrigação de prestação de coisa fungível, se houver incumprimento imediato da obrigação em que o requerido foi condenado por decisão judicial, não pode o requerente usar a faculdade que a lei lhe concede e exigir àquele esta sanção.[369]

Outra questão que se pode suscitar, no âmbito da providência de arbitramento, está relacionada com a possibilidade de o requerido incorrer na pena do crime de desobediência qualificada, nos termos do art. 391.º do CPC, caso falte ao cumprimento da obrigação imposta pela providência cautelar ordenada.

O art. 391.º foi introduzido no Código de Processo Civil pelo Decreto-Lei n.º 329-A/95, de 12 de Dezembro, sob a epígrafe "Garantia penal da providência", e veio admitir "expressamente a criminalização de condutas que infrinjam a medida cautelar decretada, seja qual for a sua natureza e conteúdo",[370] uma vez que a lei não faz qualquer distinção ou restrição à aplicação do preceito.[371]

Alguns autores admitem que, tal como acontece nas restantes providências cautelares, também no âmbito da providência de arbitramento e dos alimentos provisórios, onde estão em causa obrigações pecuniárias, pode o requerido incorrer em responsabilidade penal, ainda que,

---

[367] Ver, entre outros, Abrantes Geraldes, *Temas da Reforma do Processo Civil*, III Volume, *cit.*, págs. 154 e segts., Lopes do Rego, *Comentários ao Código de Processo Civil*, *ob. cit.*, pág. 279, e Teixeira de Sousa, *Estudos sobre o Novo Processo Civil*, *cit.*, pág. 251.

[368] O art. 829.º-A do CPC faz depender a sanção compulsória de um requisito formal e substancial: o credor é que terá de requerer o decretamento da sanção e esta apenas pode se decretada quando se esteja perante obrigações de prestação de facto infungível, salvo nas que exigem especiais qualidades científicas ou artísticas do obrigado.

[369] No entanto, nos casos em que, por acordo das partes, resulte para o requerido a obrigação de uma prestação de facto infungível já se torna possível o requerente exigir àquele a sanção pecuniária compulsória.

[370] Cfr. Abrantes Geraldes, *Temas da Reforma do Processo Civil*, III Volume, *cit.*, pág. 301.

[371] Neste sentido, cfr. Lebre de Freitas, *Código de Processo Civil Anotado*, Volume 2.º, *cit.*, pág. 64.

por apenso ao procedimento, corra o processo de execução para pagamento de quantia certa.[372]

Ainda que esta interpretação possa ser resultado da interpretação literal do preceito, não a temos por correcta, uma vez que a mesma se revela incoerente. Como refere Lebre de Freitas, "a incongruência entre, designadamente, não haver sanção penal para quem, obrigado a tal, por sentença transitada, não indemniza quem careça de indemnização para sobreviver e havê-la para quem não indemnize o requerente do arbitramento de reparação provisória tem forçosamente de levar a uma interpretação restritiva do preceito".[373]

Desta forma, de acordo com esta interpretação, o art. 391.º do CPC é inaplicável às obrigações pecuniárias, salvo quando a infracção destas integre uma norma penal específica, como acontece no âmbito dos alimentos provisórios (cfr. art. 250.º do Código Penal). De igual modo, o preceito não deve ter-se como aplicável relativamente a comportamentos de carácter antecipatório, com conteúdo "idêntico àquele que, no caso de procedência de acção, constituirá objecto de condenação",[374] excepto se existirem normas penais que punam tais comportamentos.

9.10 Alteração ou cessação da prestação

O art. 401.º, n.º 2, do CPC, regulado no âmbito da providência dos alimentos provisórios, estabelece a possibilidade de se alterar ou fazer cessar a prestação de alimentos, após a mesma ter sido fixada.

A questão que se coloca é a de saber se para a providência de arbitramento de reparação provisória pode a renda fixada a título provisório ser alterada, ou até cessar a sua atribuição, no decurso de tempo que decorra entre a sua atribuição e a decisão final proferida na acção principal.

A remissão feita pelo art. 404.º do CPC é muito geral, visto que admite a aplicabilidade ao processamento da providência do disposto

---

[372] Defendendo esta posição, Abrantes Geraldes, *Temas da Reforma do Processo Civil*, III Volume, *cit.*, pág. 304, IV Volume, *cit.*, pág. 161, e Figueiredo Dias, *Comentário do Código Penal*, III, Coimbra, 2001, págs. 355 e 356.

[373] Lebre de Freitas, *Código de Processo Civil Anotado*, Volume 2.º, *cit.*, pág. 64. No mesmo sentido, Giuseppe Tarzia, *Providências Cautelares Atípicas*, RFDUL, 1999, págs. 249 e 250.

acerca dos alimentos provisórios, não especificando quais os artigos concretos que se devem considerar aplicáveis. Se dúvidas não existem quanto à aplicabilidade do art. 400.º do CPC à providência de arbitramento de reparação provisória, o mesmo pode não acontecer relativamente ao art. 401.º do mesmo Código.

Em termos gerais, afigura-se-nos que a quantia arbitrada a título de reparação provisória está sujeita à ancestral cláusula *"rebus sic stannibus"*. De acordo com esta cláusula, as obrigações que se prolonguem no tempo só valem enquanto se mantiver o estado de coisas em que foram estipuladas. Assim, por poder haver uma mudança significativa na situação de facto que esteve na base do decretamento da providência em apreço, é possível que tal circunstância importe a alteração do decidido.

Atendendo às razões que estão na base da criação da providência em apreço e aos requisitos de procedência da mesma, mormente a situação de necessidade decorrente dos danos sofridos, parece-nos justo que se conceda ao requerido, uma vez que é sobre ele que recai a obrigação de pagamento das rendas mensais ao requerente, a possibilidade de fazer cessar a prestação fixada através da apresentação de um requerimento destinado a esse fim.

O mesmo motivo serve igualmente de fundamento à possibilidade de qualquer uma das partes requerer a alteração da prestação fixada, desde que fundamente devidamente a sua pretensão. Esta circunstância resulta do facto de tanto o requerente como o requerido poderem ter interesse na alteração da prestação fixada. Ou seja, se em princípio o requerido está interessado em alterar a prestação para um quantitativo inferior ao arbitrado, também o requerente pode ter interesse em requerer a sua alteração quando haja um agravamento da sua situação de necessidade que justifique a alteração da prestação para uma quantia superior à arbitrada inicialmente.

Deste modo, se deixarem de existir, ou se houver uma atenuação, das condições que determinaram a tutela antecipada do direito do requerente, não vemos razões para que se continue a proteger uma situação que já não carece totalmente da tutela atribuída ou até mesmo de nenhuma e, consequentemente, não se conceda ao requerido a possibilidade de fazer cessar a prestação fixada ou alterá-la para um valor inferior ao arbitrado. Pelo contrário, se tiver havido um agravamento das condições que estiveram na base do decretamento da providência, e se tal agravamento justificar o aumento da renda fixada pelo tribunal como reparação provisória dos danos, também estamos perante uma situação que merece uma maior tutela e que justifica o requerimento do requerente no sentido de o juiz proceder à alteração da prestação, arbitrando um quantitativo superior ao anteriormente fixado.

Pelo que, desde que a parte que tenha interesse na alteração ou cessação da prestação requeira e comprove devidamente os factos que justificam a mesma, consideramos viável a aplicação do disposto no art. 401º, n.º 2, do CPC, à providência de arbitramento.[375]

Além do mais, sempre se refira que as razões que estão na base da medida excepcional[376] prevista no referido artigo podem ser invocadas em defesa da sua aplicabilidade à providência de arbitramento de reparação provisória, uma vez que, em ambas as providências cautelares, a natureza e finalidade do direito são praticamente as mesmas.

O legislador, ao admitir a modificação do conteúdo da decisão proferida em sede de alimentos provisórios, "atenuou a rigidez respeitante ao valor e à durabilidade da decisão",[377] tendo-o feito atendendo às carências efectivas do lesado.

Também no âmbito da providência de arbitramento de reparação provisória é a grave situação económica de necessidade em que o lesado foi colocado, em consequência dos danos sofridos, que deve justificar a analogia destas situações.

No entanto, deve referir-se que não é qualquer alteração da matéria de facto que pode levar à alteração da prestação. De acordo com o art. 2012.º do CC, aplicável aos alimentos provisórios, apenas a modificação de "circunstâncias determinantes" para a fixação e determinação da prestação devem ser atendidas. Só desta forma é possível assegurar uma certa estabilidade da decisão inicialmente tomada.

---

[374] Lebre de Freitas, *Código de Processo Civil Anotado*, Volume 2.º, *cit.*, pág. 64.

[375] No mesmo sentido Abrantes Geraldes, *Temas da Reforma do Processo Civil*, IV Volume, *cit.*, págs. 162 e 163, Lebre de Freitas, *Código de Processo Civil Anotado*, Volume 2.º, *cit.*, pág. 114, e Acórdão da Relação de Lisboa, de 23/11/99, CJ, Ano XXIV, Tomo V, pág. 103. A mesma doutrina encontra-se estatuída no art. 671.º, n.º 2, do CPC.

[376] Como regra, uma decisão torna-se definitiva, e consequentemente insusceptível de ser modificada, quando transita em julgado (cfr. art. 677.º do CPC). A excepcionalidade do disposto no art. 401.º, n.º 2, do CPC reside no facto de ser possível, no âmbito da providência dos alimentos, modificar uma sentença já transitada em julgado.

[377] Abrantes Geraldes, *Temas da Reforma do Processo Civil*, IV Volume, *cit.*, pág. 124.

Por último, resta referir que não é apenas a situação de necessidade que está na base do decretamento da providência de arbitramento de reparação provisória que pode determinar a modificação ou alteração da decisão. Tal como acontece com qualquer outra providência cautelar, a alteração substancial da probabilidade de procedência da acção principal, traduzida na providência em apreço nos indícios da obrigação de indemnizar pelo requerido, também é requisito de procedência e pode levar à modificação ou cessação da decisão inicialmente tomada.

Desta forma, e em conformidade com o disposto no art. 2012.º do CPC, a redução dessa probabilidade é susceptível de influir na decisão final a proferir na acção principal e, consequentemente, deve considerar-se uma circunstância determinante para permitir o reajustamento da medida cautelar às novas circunstâncias.[378]

Nos casos em que haja fundamento para se proceder à alteração ou cessação da prestação, o respectivo pedido deve ser formulado no mesmo processo, correndo nos próprios autos, devendo observar-se os mesmos termos dos arts. 399.º e segts. do CPC (cfr. arts. 401.º, n.º 2, e 1121.º e segts., todos do CPC).

Outro argumento a favor da aplicabilidade do art. 401.º, n.º 2, do CPC à providência cautelar de arbitramento é o facto de a norma em questão dizer respeito aos trâmites que devem ser seguidos quando se pretende alterar ou fazer cessar a prestação. Nesta medida deve considerar-se a remissão do art. 404.º, n.º 1, do CPC como abrangendo esta situação processual.

Concluindo, embora não haja uma remissão expressa para o art. 401.º, n.º 2, do CPC, este preceito deve ser aplicável analogicamente à providência de arbitramento de reparação provisória, tendo em conta a semelhança das suas finalidades com a providência dos alimentos provisórios e atendendo ao facto de se estar perante uma norma que se reporta ao processamento da mesma.[379]

---

[378] Cfr. Abrantes Geraldes, *Temas da Reforma do Processo Civil*, IV Volume, *cit.*, págs. 125, 162 e 163.

[379] Cfr. Lebre de Freitas, *Código de Processo Civil Anotado*, Volume 2.º, *cit.*, pág. 114.

9.11 Caução

Para concluir a matéria relativa à tramitação da providência de arbitramento de reparação provisória, importa referir se a lei processual admite ou não a possibilidade de a providência em apreço ser substituída por caução a pedido do requerido, ou ser imposta pelo juiz ao requerente.

Tem sido com fundamento na interpretação dos arts. 387.º, n.º 3, 390.º, n.º 2, e 392.º, n.ºs 1 e 2, todos do CPC,[380] que tanto a doutrina[381] como a jurisprudência[382] têm tomado posição acerca desta questão.

No âmbito do procedimento cautelar comum, o art. 387.º, n.º 3, do CPC prevê a possibilidade de substituição da providência decretada, a pedido do requerido, por caução adequada, sempre que esta se mostre suficiente para prevenir a lesão ou repará-la integramente. No mesmo sentido dispõe o art. 390.º, n.º 2, do CPC, ao permitir que o juiz torne a concessão da providência dependente da prestação de caução adequada pelo requerente.

Por sua vez, o art. 392.º, n.º 1, permite a aplicação subsidiária aos procedimentos cautelares nominados da norma prevista no art. 387.º, n.º 2, ambos do CPC. No entanto, o n.º 2 daquele artigo refere que a norma constante do 390.º, n.º 2, do CPC, apenas é aplicável ao arresto e ao embargo de obra nova.

A propósito da providência de arbitramento de reparação provisória, consideramos que a melhor interpretação a dar aos artigos em referência se traduz na impossibilidade, de ambas as partes prestarem caução. Quanto ao requerente, tal possibilidade é-lhe vedada expressa-

---

[380] Os artigos citados inserem-se na secção relativa ao procedimento cautelar comum, reportando-se o último deles à aplicação subsidiária das normas constantes desta secção aos procedimentos nominados.

[381] Ver, entre outros, Abrantes Geraldes, *Temas da Reforma do Processo Civil*, III Volume, *cit.*, pág. 307, IV Volume, *cit.*, pág. 162, Lebre de Freitas, *Código de Processo Civil Anotado*, Volume 2.º, *cit.*, págs. 66 e 114, e Lopes do Rego, *Comentários ao Código de Processo Civil*, *ob. cit.*, pág. 287.

[382] Ver, entre outros, Acórdão da Relação de Lisboa, de 02/11/00, CJ, Ano XXV, Tomo V, págs. 81 e segts, Acórdão da Relação de Évora, de 25/02/99, CJ, Ano XXIV, Tomo I, págs. 278 e segts, Acórdão da Relação de Évora, de 30/11/00, CJ, Ano XXV, Tomo V, págs. 273 e segts, Acórdão do STJ, de 18/05/99, CJSTJ, Ano VII, Tomo II, págs. 97 e segts, e Acórdão do STJ, de 25/05/00, CJ, Ano VIII, Tomo II, págs. 95 e segts..

mente através da previsão constante do n.º 2 do art. 392.º do CPC. Quanto ao requerido a existência dessa possibilidade seria completamente antagónica à finalidade que a providência de arbitramento visa prosseguir.[383]

Segundo a linha argumentativa do Acórdão do STJ, de 18/05/99, "as providências cautelares destinam-se a acautelar um direito em perigo, o que significa que, em princípio, uma providência cautelar decretada não deve nem pode ser substituída por um sucedâneo. Em boa verdade, se a providência se destina a salvaguardar um direito, isso significa que ela é o meio processual mais adequado a obter esse objectivo o que exclui, em regra, meios processuais alternativos ou sucedâneos".[384]

Significa isto que, no caso da providência de arbitramento de reparação provisória, a própria natureza e finalidade deste procedimento são impeditivas da substituibilidade do seu decretamento pela prestação de caução. Com efeito, se tal acontecesse, a caução não iria satisfazer imediatamente as necessidades daquele que carece de uma reparação provisória dos danos sofridos. Como refere o Acórdão da Relação de Évora, de 25/02/99, "a componente da necessidade actual do recebimento dos alimentos provisórios ou da reparação provisória não é suprida ou eliminada pela prestação de uma caução, ainda que avultada, só actuável em momento ulterior".[385]

---

[383] Cfr. Abrantes Geraldes, *Temas da Reforma do Processo Civil*, IV Volume, *cit.*, pág. 162, Lebre de Freitas, *Código de Processo Civil Anotado*, Volume 2.º, *cit.*, pág. 114, e Acórdão do STJ, de 18/05/99, CJSTJ, Ano VII, Tomo II, pág. 97.

[384] CJSTJ, Ano VII, Tomo II, pág. 99. Segundo o entendimento sufragado neste Acórdão, apenas as providências cautelares inominadas admitem a sua substituição por caução. Quanto às nominadas, tal substituição não é viável uma vez que nelas "estão em jogo direitos basilares do requerente com consagração constitucional para cuja defesa a prestação de caução é letra morta". No entanto, há que excepcionar o arresto de navios e o embargo de obra nova, dado que nestas providências os interesses a salvaguardar são meramente patrimoniais e, como tal, facilmente sustentáveis com uma caução prestada.

[385] CJ, Ano XXIV, Tomo I, pág. 280. De acordo com a argumentação deste Acórdão, referente à restituição provisória da posse, a substituição por caução de uma providência cautelar especificada decretada tem de resultar necessariamente de uma ponderação dos valores e interesses subjacentes à sua previsão legal.

No mesmo sentido argumentou o Acórdão da Relação de Lisboa, de 02/11/00, CJ, Ano XXV, Tomo V, pág. 82, ao considerar que "relativamente às providências deste tipo só excepcionalmente estão verificados os requisitos da sua substituição por caução, *maxime*, quando estejam verificados ponderosos e aceitáveis interesses e razões do requerente da caução, susceptíveis de superar os interesses a salvaguardar com a providência decretada".

Parece-nos muito evidente que, tanto no caso de ser possível ao requerido caucionar o valor peticionado pelo requerente a título de reparação provisória, como no caso de o juiz impor ao requerente o caucionamento das prestações recebidas, os interesses do requerente não seriam satisfeitos de nenhuma forma. A inutilidade de tal substituição é notória se atendermos a que a providência de arbitramento se baseia, entre outros requisitos, na situação de carência actual do requerente.

Se o requerido prestasse caução, o requerente não iria conseguir reparar provisoriamente os danos sofridos, na medida em que, através da caução, não conseguiria ter acesso ao dinheiro arbitrado. Além do mais, a intenção do requerente ao recorrer à providência em apreço não é garantir que o requerido lhe pague a indemnização, quando for proferida a sentença condenatória, mas antes antecipar os efeitos da sentença final a ser proferida na acção principal. Desta forma, a admissibilidade de tal substituição iria contra a utilidade e finalidade prática que a providência visa alcançar.

Ainda que o art. 392.º, n.º 2, do CPC não considerasse apenas aplicável o n.º 2 do art. 390.º do mesmo Código ao arresto e embargo de obra nova, não poderíamos aceitar que o requerente da providência de arbitramento de prestação provisória pudesse estar sujeito à prestação de caução, uma vez que a razão pela qual o requerente recorre à providência em apreço é não ter dinheiro que lhe permita suportar os danos sofridos em consequência da lesão. Com efeito, parece-nos evidente que, se o requerente não tem possibilidade de se sustentar, com toda a certeza também não terá meios económicos para caucionar.

É tendo em conta estas considerações que a prestação de caução, tanto pelo requerente como pelo requerido, não faz sentido no âmbito da providência de arbitramento de reparação provisória.

10. CADUCIDADE DA PROVIDÊNCIA

Como já referimos anteriormente,[386] o facto de as medidas cautelares terem carácter provisório e instrumental determinou a fixação de um regime especial de caducidade das mesmas, o qual está previsto no art. 389.º do CPC, na secção relativa ao procedimento cautelar comum.[387]

---

[386] Ver *supra* Capítulo I – 7. Caducidade das providências cautelares, págs. 55 e segts..

[387] O mesmo regime é aplicável aos procedimentos cautelares especificados por força da norma constante do art. 392.º, n.º 1, do CPC, a qual determina a sua aplicação subsidiária.

Através do decretamento da providência cautelar de arbitramento de reparação provisória o requerente obtém uma tutela provisória[388] do direito de que se arroga titular, traduzindo-se esta na atribuição de uma quantia mensal destinada a reparar os danos sofridos. No entanto, tal como acontece com os restantes procedimentos cautelares, a sua duração está limitada no tempo, uma vez que ela apenas se manterá enquanto não se verificar uma das situações previstas no art. 389.º, n.º 1, do CPC, determinantes da sua caducidade.

Relativamente aos casos de caducidade constantes do citado artigo a lei, ao regular a providência em apreço, não introduziu na sua previsão qualquer novidade, sendo-lhe, por esse motivo, aplicável na íntegra o seu conteúdo.

Desta forma, em termos gerais, a caducidade da providência de arbitramento de reparação provisória, já decretada, poderá ocorrer perante situações de inércia do requerente (cfr. alíneas a), b) e d) do n.º 1 do art. 389.º do CPC), no caso de a acção principal, da qual depende, ser julgada improcedente por decisão transitada em julgado (cfr. alínea c) do mesmo artigo), ou no caso de o direito que o requerente pretende acautelar se extinguir (cfr. alínea e) do mesmo artigo).[389]

Para além do facto de a caducidade da providência acarretar a extinção do respectivo procedimento cautelar, o legislador considerou justo, em certos casos, responsabilizar o requerente pelos prejuízos causados ao requerido em consequência do decretamento da providência. Nesta medida, estabeleceu expressamente no art. 390.º, n.º 1, do CPC, na secção relativa ao procedimento cautelar comum,[390] que se a provi-

---

[388] A provisoriedade da tutela é comum a todas as providências cautelares. Isto porque, qualquer medida cautelar, pelo facto de se basear em juízos de verosimilhança, não concede ao requerente a mesma segurança que é proporcionada pela decisão definitiva, proferida na respectiva acção principal, não garantindo, por isso, que o resultado a obter nesta coincida com o teor da medida decretada no seu âmbito.

A este propósito ver *supra* Capítulo I – 6.3 Provisoriedade das medidas cautelares, págs. 53 e 54.

[389] Acerca das especificidades concretas de cada um dos casos de caducidade, previstos nas diversas alíneas do n.º 1 do art. 389.º do CPC, ver Capítulo I – 7. Caducidade das providências cautelares, págs. 45 e segts..

[390] Por força da aplicação do art. 392.º, n.º 1, do CPC, o regime previsto no art. 390.º, do mesmo Código, é aplicável subsidiariamente aos procedimentos cautelares especificados, com excepção da providência dos alimentos provisórios. Para esta providência o art. 402.º do CPC prevê um regime especial de responsabilidade do requerente,

dência for considerada injustificada,[391] ou vier a caducar por facto imputável ao requerente, este responde pelos danos culposamente causados ao requerido, quando não tenha agido com a prudência normal.[392]

Assim, de acordo com este preceito, as consequências do decretamento de uma medida cautelar, posteriormente considerada injustificada ou que caduque em face de algumas das circunstâncias previstas no art. 389.º, n.º 1, do CPC, podem ser atenuadas pelo regime da responsabilidade civil quando tenha existido dolo ou negligência por parte do requerente. É neste sentido que deve ser interpretada a expressão "não tenha agido com a prudência normal".[393]

Neste contexto, nos casos previstos nas alíneas a), b), d) e e) do n.º 1 do art. 389.º do CPC, por regra, o requerente é responsabilizado civilmente pelos prejuízos que causou ao requerido, uma vez que, ao não cumprir os deveres de diligência que lhe são impostos por lei, a caducidade da providência é-lhe imputável.

Diferentemente, nos casos em que a providência decretada caduca pelo facto de ter sido julgada improcedente a acção principal nem sempre tal circunstância determina a responsabilidade do requerente. Isto porque o requerente não pode ser responsabilizado pelo facto de as medidas cautelares se basearem apenas em juízos de verosimilhança, o que equivale a dizer que não pode ser imputável ao requerente o facto de a decisão da acção principal ser contrária à proferida no âmbito do

---

no caso de improceder ou caducar a providência, o que torna inaplicável a esta o regime previsto no art. 390.º, n.º 1, do CPC.

[391] Esta situação ocorre geralmente nos casos em que o requerente ocultou intencionalmente factos ou os deturpou intencionalmente, bem como nas situações em que tenha apresentado uma situação factual completamente falsa, acompanhada ou não de meios probatórios forjados (Cfr. Abrantes Geraldes, *Temas da Reforma do Processo Civil*, III Volume, cit., pág. 297, Alberto dos Reis, *A figura do processo cautelar*, BMJ, n.º 3, pág. 88, e Lebre de Freitas, *Código de Processo Civil Anotado*, Volume 2.º, cit., pág. 60). No entanto, como refere Lebre de Freitas, não é da responsabilidade do requerente o decretamento da providência devido à má interpretação ou aplicação do direito (*Código de Processo Civil Anotado*, Volume 2.º, cit., pág. 60).

[392] A propósito da evolução legislativa quanto à responsabilidade do requerente nos procedimentos cautelares ver Lebre de Freitas, *Código de Processo Civil Anotado*, Volume 2.º, cit., págs. 58 e segts..

[393] De acordo com o art. 402.º do CPC, aplicável à providência dos alimentos provisórios, a responsabilidade do requerente está dependente da existência de má-fé na sua actuação, nos termos do art. 456.º do mesmo Código.

procedimento cautelar, quando a sua actuação em nada tenha obstado à descoberta da verdade material. Seria injusto que o requerente suportasse os riscos da própria actividade jurisdicional, quando age com a diligência de um bom pai de família.[394] Assim, no caso previsto no art. 389.º, n.º 1, alínea c), do CPC o requerente apenas pode ser responsabilizado pelos danos culposamente causados ao requerido se não tiver agido com a prudência normal.

Relativamente ao art. 390.º, n.º 1, do CPC resta apenas referir que o mesmo não prevê o modo através do qual deve ser exercido o direito de crédito do requerido.

Segundo cremos, esta ausência de referência está relacionada com o facto de esta norma dever ser encarada como norma de direito substantivo, uma vez que contém uma das formas de responsabilidade civil extracontratual.[395] Nesta medida, o conteúdo dessa obrigação de indemnização deve ser apurado nos termos do disposto nos arts. 563.º e segts. do CC, obedecendo ao critério da teoria da diferença com vista à reparação integral dos danos sofridos pelo requerido.

Desta forma, na eventualidade de esta norma ser aplicável à providência em apreço, por aplicação das regras gerais da responsabilidade civil quanto à obrigação de indemnizar, mormente o art. 566.º do CC, esta obrigação terá por objecto o valor integral das prestações recebidas, independentemente de o requerente já as ter consumido, bem como outros prejuízos que, em consequência desse pagamento, tenha causado ao requerido.

A aplicabilidade do art. 390.º, n.º 1, do CPC à providência de arbitramento de reparação provisória torna-se possível por força da aplicação subsidiária, aos procedimentos nominados das normas previstas na secção relativa ao procedimento cautelar comum. No entanto, de acordo com o disposto no n.º 1 do art. 392.º do mesmo Código, tal só ocorrerá se a lei, ao regular especificamente esta providência, não tiver especialmente prevenido este tipo de situação. Desta forma, importa verificar se o legislador, ao regular especificamente a caducidade da

---

[394] Como refere Alberto dos Reis, "se o tribunal, em face da instrução e discussão produzidas no processo principal, apura que o autor não tem o direito de que se arrogava e julga a acção improcedente, isso não significa que a providência foi decretada indevidamente ou sem fundamento" (*A figura do processo cautelar*, BMJ, n.º 3, pág. 81).

[395] Cfr. Abrantes Geraldes, *Temas da Reforma do Processo Civil*, III Volume, *cit.*, pág. 298.

providência de arbitramento, previu expressamente consequências distintas das que resultam da aplicação do art. 390.º, n.º 1, do CPC e, caso o tenha feito, se as mesmas determinam a inaplicabilidade do regime de responsabilidade civil previsto nesse artigo.

Neste contexto, temos de ter em atenção a norma constante do n.º 1 do art. 405.º do CPC, a qual estabelece expressamente que, no caso de a providência decretada caducar, o requerente tem o dever de restituir ao requerido todas as prestações recebidas, nos termos do enriquecimento sem causa. De acordo com a previsão literal desta norma, o legislador estabeleceu o dever de restituição nos termos do enriquecimento sem causa, independentemente da causa que esteve na origem da caducidade da providência.

Antes de analisarmos os termos concretos em que o art. 405.º, n.º 1, do CPC impõe este dever, é de todo conveniente fazer uma breve alusão ao regime jurídico previsto para o enriquecimento sem causa.[396]

O enriquecimento sem causa está previsto nos arts. 473.º e segts do CC.

Conforme decorre do princípio geral constante da norma prevista no art. 473.º, n.º 1, do CC "aquele que, sem causa justificativa, enriquecer à custa de outrem, é obrigado a restituir aquilo com que injustamente se locupletou".[397] Pelo que a aplicação do regime previsto para

---

[396] Acerca do instituto do enriquecimento sem causa ver, entre outros, Almeida Costa, *Direito das Obrigações*, *ob. cit.*, págs. 447 e segts, Antunes Varela, *Das Obrigações em Geral*, *cit.*, págs. 470 e segts, Diogo Leite de Campos, *A subsidiariedade da obrigação de restituir o enriquecimento*, Coimbra, 1974, Júlio Gomes, *O conceito de enriquecimento, o enriquecimento forçado e os vários paradigmas do enriquecimento sem causa*, Porto, 1998, Luís Menezes Leitão, *O enriquecimento sem causa no Direito Civil (Estudo dogmático sobre a viabilidade da configuração unitária do instituto face à contraposição entre as diferentes categorias de enriquecimento sem causa)*, Cadernos de Ciência e Técnica Fiscal (176), Lisboa, 1996, Manuel Pereira Coelho, *O enriquecimento e o dano*, Coimbra, 1999, e Moitinho de Almeida, *Enriquecimento sem causa*, Coimbra, 1996.

[397] Embora no princípio geral constante do art. 473.º, n.º 1, do CC caibam as chamadas situações de enriquecimento por prestação, por intervenção, resultantes de despesas efectuadas por outrem, e por desconsideração de um património do alienante em caso de transmissão de bens para terceiro (Cfr., entre nós, Luís Menezes Leitão, *O enriquecimento sem causa no Direito Civil*, *cit.*, págs. 457 e segts), face à redacção do n.º 2 do mesmo preceito conclui-se que a nossa lei se ocupa do enriquecimento por prestação. Acerca da configuração dogmática do instituto ver posições controversas da doutrina, detalhadamente analisadas por Luís Menezes Leitão (Cfr. *O enriquecimento sem causa no Direito Civil*, *cit.*, págs. 57 e segts).

este instituto está dependente da verificação cumulativa de três requisitos ou pressupostos fundamentais: a existência de um enriquecimento, a obtenção desse enriquecimento à custa de outrem e a ausência de causa justificativa para esse enriquecimento.[398]

A existência do enriquecimento[399] traduz-se numa melhoria da situação patrimonial da pessoa enriquecida, a qual pode derivar de diversas circunstâncias, mas devendo todas elas causar um aumento do activo patrimonial ou uma diminuição do passivo patrimonial do enriquecido.[400]

Por regra, este enriquecimento tem de ter sido obtido à custa do empobrecimento de outrem, não relevando, para efeitos do instituto, os casos em que o enriquecido tenha obtido uma vantagem patrimonial às suas próprias custas. No entanto, o facto de devermos estar perante um enriquecimento à custa do empobrecimento não significa necessariamente que a diminuição patrimonial suportada pelo empobrecido seja equivalente à vantagem obtida pelo enriquecido. Daí que o requisito para a verificação do enriquecimento sem causa seja apenas o da obtenção desse enriquecimento à custa de outrem, sem se atender ao quantitativo do enriquecimento ou do empobrecimento.

Finalmente, para que se constitua a obrigação de restituir, é ainda necessário que inexista uma causa justificativa para o enriquecimento.[401]

---

[398] Sobre os pressupostos do enriquecimento sem causa, embora versando igualmente sobre outros aspectos, consultar, entre outros, o Acórdão do STJ, de 08/05/97, CJSTJ, Ano V, Tomo II, págs. 81 e segts., e o Acórdão da Relação de Lisboa, de 21/01/99, CJ, Ano XXIV, Tomo I, págs. 83 e segts..

[399] O enriquecimento pode ser encarado em duas perspectivas: o do enriquecimento real e o do enriquecimento patrimonial. O primeiro traduz-se no valor objectivo da vantagem adquirida, enquanto o segundo corresponde à vantagem efectiva ocorrida na esfera jurídica do enriquecido (Cfr. Almeida Costa, *Direito das* Obrigações, *ob. cit.*, págs. 450 e segts.). A distinção é relevante para efeitos de fixação do valor da restituição, na medida em que a aferição desta, segundo as referidas perspectivas pode levar ao apuramento de valores muito diversos.

[400] Júlio Gomes e Luís Menezes Leitão não consideram adequada a definição, em termos patrimoniais, do enriquecimento como pressuposto da obrigação de restituição, atendendo à circunstância de a lei se referir a uma aquisição especificada e não a um incremento patrimonial (Cfr. *O conceito de enriquecimento, ob. cit.*, págs. 109 e segts., e *O enriquecimento sem causa no Direito Civil, cit.*, págs. 857 e segts, e 903 e segts, respectivamente).

[401] Este requisito está directamente relacionado com o disposto no art. 474.º do CC, o qual prevê a natureza subsidiária da obrigação de restituição. A este propósito ver

Em razão da previsão de uma norma tão ampla e genérica, susceptível de ser aplicada a um número indeterminável de situações jurídicas, o legislador considerou essencial "fornecer alguma linha de rumo ao intérprete"[402] e, neste sentido, além de ter enumerado, exemplificativamente, no n.º 2 do art. 473.º do CC o objecto de três situações especiais de enriquecimento, ao estabelecer que a obrigação de restituir pode ter por objecto "o que for indevidamente recebido, ou o que for recebido por virtude de uma causa que deixou de existir ou em vista de um efeito que não se verificou",[403] considerou a aplicação do instituto do enriquecimento sem causa subsidiária, ao prever a inexistência da obrigação de restituição nos casos em que a lei negue esse direito,[404] faculte ao empobrecido outro meio de ser indemnizado,[405] ou atribua outros efeitos ao enriquecimento.[406]

Concluindo esta análise muito geral do instituto do enriquecimento sem causa, resta apenas aludir ao objecto da obrigação de restituição.

Acerca desta questão, o art. 479.º, n.º 1, do CC, salienta que esta obrigação "compreende tudo quanto se tenha obtido à custa do empobrecimento, ou, se a restituição em espécie não for possível, o valor correspondente". Por sua vez, o n.º 2 da mesma disposição legal, conjugadamente com a previsão do art. 480.º do mesmo Código, acrescenta que a mesma "não pode exceder a medida do locupletamento" existente à data da citação para a acção de restituição, ou no momento em que o enriquecido tem "conhecimento da falta de causa do seu enriquecimento ou da falta do efeito que se pretendia obter com a prestação".

A interpretação deste preceito tem assentado na teoria do duplo limite, segundo a qual a obrigação de restituição se encontra duplamente limitada pelo enriquecimento e pelo empobrecimento, sendo ambos

---

Diogo Leite de Campos, *A subsidiariedade da obrigação de restituir o enriquecimento*, ob. cit..

[402] Almeida Costa, *Direito das* Obrigações, ob. cit., pág. 463.

[403] Estamos perante, respectivamente, a verificação da *condictio indebiti*, *condictio ob causa finitam* e *condictio ob rem*.

[404] A título de exemplo refiram-se as situações previstas nos arts. 1270.º, 1287.º, 1323.º, n.º 2, e 2007.º, todos do CC.

[405] Desde que a tutela jurídica possa operar, entre outras, através de uma acção de cumprimento, de resolução ou de indemnização, não há lugar à restituição por enriquecimento.

[406] Entre outras situações, a lei atribui ao enriquecimento outros efeitos nos casos previstos nos arts. 437.º, 1273.º, n.º 1 e 1337.º, todos do CC.

apreciados em termos patrimoniais. No entanto, tal teoria não tem sido aplicada em termos puros.[407] Desta forma, a doutrina maioritária[408] tem considerado que, embora o limite do enriquecimento deva ser apreciado concretamente, em termos patrimoniais, o limite do empobrecimento não deve corresponder à perda patrimonial sofrida pelo empobrecido, devendo antes abranger antes todos os proventos conseguidos à custa do titular da coisa, mediante o uso, fruição e consumo indevidos delas, podendo, por esse motivo, não coincidir com o seu valor objectivo. Nestes casos, deverá ser ainda descontado ao enriquecimento tudo o que resultou do emprego de factores meritórios do próprio enriquecido.[409]

A explicação que se tem encontrado para este regime está relacionada com o facto de o enriquecido desconhecer, em regra, a inexistência da causa do seu enriquecimento, acreditando na razão de ser do mesmo. Daí que o legislador não lhe tenha atribuído qualquer penalização pelo facto de ele se ir desfazendo do seu enriquecimento, salvo nos casos em que o enriquecido aja de má-fé (cfr. art. 480.º do CC).[410]

Aplicando concretamente o regime previsto no art. 479.º do CC à providência de arbitramento de reparação provisória, tendo em conta a situação de necessidade em que o requerente tem de se encontrar para que a mesma seja deferida, facilmente se conclui que as prestações auferidas são imediatamente consumidas para fazer face às necessidades que estiveram na origem do seu decretamento. Nesta medida, a possibilidade de o enriquecimento ser superior ao empobrecimento é diminuta

---

[407] A teoria do duplo limite tradicional foi entre nós defendida por Galvão Telles (*Direito das Obrigações, cit.*, págs. 202 e segts.) e, em termos puros, não permite que o empobrecido receba mais que a valorização do património do enriquecido, nem mais que a desvalorização do seu próprio património.

[408] Dentro da doutrina dominante incluem-se, entre outras, as posições defendidas por Almeida Costa, *Direito das Obrigações, ob. cit.*, págs. 468 e segts, e Antunes Varela, *Das Obrigações em Geral, cit.*, págs. 510 e segts.. Sobre as várias doutrinas respeitantes à obrigação de restituir ver Luís Menezes Leitão, *O enriquecimento sem causa no Direito Civil, cit.*, págs. 897 e segts..

[409] Diferentemente, Júlio Gomes e Luís Menezes Leitão não consideram que a restituição do lucro obtido por intervenção do enriquecido se deva operar nos termos do enriquecimento sem causa. Ambos defendem que a referida restituição se baseia na gestão imprópria de negócios (Cfr. *O conceito de enriquecimento, ob. cit.*, págs. 429 e segts., e 801 e segts., e *O enriquecimento sem causa no Direito Civil, cit.*, págs. 707 e segts., respectivamente).

[410] Cfr. Luís Menezes Leitão, *O enriquecimento sem causa no Direito Civil, cit.*, pág. 898.

ou, até mesmo, nula. Pelo que, tendo em conta a medida da obrigação de restituição, dificilmente a mesma se traduzirá numa restituição integral, salvo nos casos em que os factos que estiveram na base da verificação do requisito da necessidade não sejam verdadeiros.[411]

Assim, atendendo a que por aplicação do regime previsto no art. 479.º do CC a obrigação de restituição terá de coincidir com a medida do locupletamento, nos termos do enriquecimento sem causa, não é imposta ao requerente a obrigação de restituir as quantias recebidas, mas já consumidas, mas apenas o dever de devolver o valor das prestações que ainda não foram utilizadas.

Uma vez que as prestações recebidas pelo requerente a título de arbitramento de reparação provisória pelos danos sofridos se consubstanciam, por regra, em prestações pecuniárias, a restituição das mesmas deve traduzir-se igualmente em dinheiro. No caso de as partes terem acordado num pagamento em espécie, nomeadamente o pagamento directo pelo requerido de serviços ou tratamentos hospitalares ao requerente, a restituição dever-se-á traduzir no valor correspondente ao pagamento dos mesmos.

A diferença resultante da aplicação do regime da responsabilidade civil e do enriquecimento sem causa é notória.

Vista isoladamente a norma do n.º 1 do art. 405.º do CPC, nos casos em que a providência de arbitramento de reparação provisória venha a caducar, a lei parece impor sempre ao requerente a obrigação de restituir todas as prestações recebidas, independentemente de se averiguar se o requerente agiu ou não culposamente, prevendo que o faça nos termos do enriquecimento sem causa, ou seja, devendo a obrigação de restituição coincidir com a medida do locupletamento à data em que o pagamento se torna indevido.

Diferentemente, para os restantes procedimentos cautelares, com excepção da providência dos alimentos provisórios em que a lei previu um regime especial de responsabilidade, apenas nos casos em que a providência venha a caducar por facto imputável ao próprio requerente, e este não tenha agido com a prudência normal, o art. 390.º, n.º 1, do CPC prevê a sua responsabilização, nos termos gerais da responsabilidade civil, ou seja, é a título de indemnização que o requerido é ressar-

---

[411] No caso de o requerente não se encontrar numa situação de necessidade, é provável que o mesmo não tenha consumido as prestações recebidas, podendo tornar-se viável a restituição integral das mesmas.

cido dos prejuízos sofridos, tendo direito ao pagamento integral das prestações pagas ao requerente por aplicação das normas constantes nos arts. 563.º e segts. do CC.[412]

É indiscutível que o n.º 1 do art. 405.º do CPC contem uma norma especial no que respeita à caducidade da providência de arbitramento, traduzindo-se essa especificidade no dever de restituição das quantias recebidas pelo requerente, nos termos do enriquecimento sem causa. No entanto, importa verificar se esta especificidade afasta determinantemente a aplicação do regime previsto no art. 390.º, n.º 1, do CPC, ou se é possível, através de uma interpretação conjunta das normas em referência, aplicar as mesmas em situações distintas.

Tomando posição acerca desta questão Lebre de Freitas defende que a norma prevista no art. 405.º, n.º 1, do CPC não afasta a aplicação do regime de responsabilidade previsto no art. 390.º, n.º 1, do mesmo Código, à providência cautelar de arbitramento, uma vez que a mesma deve ser interpretada restritivamente[413]

A sua tomada de posição baseia-se essencialmente na natureza subsidiária da obrigação de restituição prevista nos arts. 473.º e segts. do CC, devendo apenas ser aplicável o regime previsto para o enriquecimento sem causa nos casos em que não é imputável ao requerente a verificação da caducidade da providência de arbitramento.[414] Isto porque, considera que nos casos em que o facto gerador da caducidade for imputável ao requerente, a lei processual, através da previsão do n.º 1 do art. 390.º, do CPC, conferiu ao requerido o direito a ser indemnizado pelos prejuízos sofridos, cabendo nesta indemnização não apenas o valor integral das prestações pagas ao requerente, independentemente de este as ter ou não consumido, bem como outros danos que tenham resultado do facto de o requerido estar vinculado a tal pagamento.

É nestes termos que Lebre de Freitas, interpretando restritivamente o âmbito de previsão do art. 405.º, n.º 1, do CPC, considera aplicável o regime do enriquecimento sem causa apenas aos fundamentos de caducidade da providência de arbitramento de reparação provisória que não sejam imputáveis ao requerente.

---

[412] Ver *supra* Capítulo II – 5.2 Fundamentos da acção de indemnização, págs. 104 e segts..

[413] *Código de Processo Civil Anotado*, Volume 2.º, *cit.*, pág. 115.

[414] Neste sentido cfr. Lebre de Freitas, *Código de Processo Civil Anotado*, Volume 2.º, *cit.*, pág. 115.

Assim, de acordo com a interpretação conjugada dos citados artigos, nos casos em que o requerente deixe caducar a providência por se verificar alguma das situações previstas nas alíneas a), b) e d) do n.º 1 do art. 389.º do CPC, as quais estão relacionadas com a inércia do próprio requerente, tem-se por aplicável o regime previsto no art. 390.º, n.º 1, do mesmo Código, daqui resultando que o requerido tem direito à indemnização aí prevista, a qual acarreta a restituição na íntegra das quantias pagas mensalmente.

Diferentemente, nos casos das alíneas c) e e) do n.º 1 do art. 389.º do CPC, ou seja, quando a acção principal seja julgada improcedente ou quando o direito que o requerente pretende acautelar se extinga, a restituição das prestações deve obedecer ao regime previsto para o enriquecimento sem causa, desde que aquele tenha agido com a prudência normal. Assim, no caso de ter agido com a diligência de um bom pai de família, apenas deverá restituir ao requerido as prestações que não se encontrarem consumidas à data em que o direito se extinga ou em que tiver conhecimento da sentença que determina a absolvição do seu pedido. No entanto, caso a sua actuação não se tenha pautado por estes parâmetros, a lei penaliza o requerente, obrigando-o a indemnizar o requerido nos termos previstos no art. 390.º, n.º 1, do CPC.

Também nos casos em que haja improcedência parcial da acção de indemnização, e, consequentemente, a sentença proferida neste âmbito atribua uma indemnização ao requerente inferior à quantia já recebida a título de reparação provisória, Lebre de Freitas considera que a obrigação de restituição deve ter como limite a medida do locupletamento, uma vez que, na parte em que absolve, a sentença faz caducar a providência nos termos do art. 389.º, n.º 1, alínea c), do CPC. Isto porque "não faria sentido que o regime da restituição fosse menos generoso para o requerente no caso em que ele obtivesse ganho parcial do que é no caso, claramente abrangido pelo n.º 1, em que perde integralmente a acção".[415]

Tal como Lebre de Freitas, consideramos ser esta a melhor interpretação a ser dada aos preceitos em análise. O facto de a lei ter especialmente previsto as consequências resultantes da caducidade da providência de arbitramento de reparação provisória não é determinante para

---

[415] Cfr. Lebre de Freitas, *Código de Processo Civil Anotado*, Volume 2.º, cit., pág. 116.

a defesa da inaplicabilidade do art. 390.º, n.º 1, do CPC à providência em apreço, ainda mais se considerarmos que essa previsão especial tem um âmbito de aplicação compatível com aquela norma.

Se analisarmos todos os artigos relativos aos diferentes procedimentos cautelares especificados verificamos que apenas em dois deles se encontra prevista uma norma cujo conteúdo previne especialmente a mesma situação jurídica que a norma constante do art. 390.º, n.º 1, do CPC visa tutelar. No âmbito da providência dos alimentos provisórios essa norma é a que consta do art. 402.º do CPC, ao passo que no âmbito da providência de arbitramento de reparação provisória essa norma foi regulada no art. 405.º do mesmo Código.

Poder-se-á, no entanto, questionar se o legislador, atendendo às similitudes existentes entre a providência dos alimentos provisórios e a do arbitramento de reparação provisória, não devia ter previsto para esta o mesmo regime especial de responsabilidade do requerente que adoptou para aquela.

De acordo com este regime especial, previsto no art. 402.º do CPC e baseado na norma constante do n.º 2 do art. 2007.º, do CC, no caso de caducidade da providência dos alimentos provisórios não há nunca lugar à restituição dos alimentos recebidos a este título, tendo apenas o requerido direito a uma indemnização a fixar de modo equitativo.

Este regime é claramente favorável ao requerente, na medida em que a indemnização a ser fixada, por regra, traduzir-se-á numa quantia inferior ao montante recebido ao abrigo da providência, dado que na fixação equitativa da indemnização ter-se-á em conta a situação económica do alimentado. No entanto, a razão essencial da sua previsão está relacionada com a relação familiar que se estabelece entre o alimentado e o obrigado a prestar alimentos. Pelo que, na medida em que no caso da providência cautelar de arbitramento de reparação provisória tal relação de familiaridade não se estabelece, temos por justificada a ausência de norma que determine a aplicabilidade do mesmo regime a ambas as providências.

Nos restantes procedimentos cautelares, a razão de ser da inexistência de uma norma especial está relacionada com o facto de, atento o teor das medidas decretadas, a única forma de tutelar o requerido dos danos sofridos ser através da aplicação do regime da responsabilidade civil.

Ou seja, por exemplo, no caso de ser decretada a suspensão de uma deliberação social o simples facto de cessar a suspensão, em consequência da caducidade da providência, não permite que a sociedade seja ressarcida dos prejuízos sofridos pela circunstância de não se ter podido executar essa deliberação. O mesmo se refira quanto ao embargo de obra nova, uma vez que a cessação da suspensão de uma obra não compensa de forma alguma o requerido dos prejuízos decorrentes da impossibilidade de continuação da mesma.

Desta forma, só através da aplicação do regime previsto no art. 390.º, n.º 1, do CPC podem os requeridos ver cabalmente tutelados os seus direitos, através da possibilidade de serem indemnizados civilmente pelos danos que sofreram.

No caso da providência de arbitramento de reparação provisória, por se tratar de uma medida cautelar antecipatória de conteúdo pecuniário, parece-nos claro que a melhor forma de tutelar o requerido dos danos sofridos em consequência do decretamento da providência é restituir-lhe as quantias prestadas, independentemente de a caducidade ser ou não imputável ao requerente. Daí que o legislador, através da aplicação do regime previsto para o enriquecimento sem causa, tenha atenuado as possíveis consequências nefastas, para o requerido, resultantes da aplicação do art. 390.º, n.º 1, do CPC, uma vez que, de acordo com este preceito, apenas haveria lugar à restituição integral das quantias prestadas no caso de o requerente não ter agido com a prudência normal, ficando o requerido sem tutela, no caso de a caducidade da providência não ser imputável ao requerente.

É precisamente no caso de a caducidade não ser imputável ao requerente que o art. 405.º, n.º 1, do CPC prevê um regime especial para a providência de arbitramento, consistindo este na restituição das prestações recebidas, nos termos do enriquecimento sem causa.

A razão de ser desta tutela especial reside no facto de a sua ausência de traduzir numa injustiça para o requerido, uma vez que não lhe era possível ver restituídas as quantias prestadas a título de reparação provisória, recaindo sobre si um encargo que, legalmente, não tinha de suportar.

Desta forma, consideramos que a solução defendida por Lebre de Freitas é a que melhor se ajusta aos diversos interesses em jogo e é, perfeitamente, defensável se tivermos em conta que o direito à indemnização, possibilitado através da aplicação da norma prevista no n.º 1 do art. 390.º do CPC, afasta o regime do enriquecimento sem causa, previsto no n.º 1 do art.º 405.º do CPC, dado o carácter subsidiário deste.[416]

---

[416] Cfr. o teor do art. 474.º do CC.

É incontestável que, através da aplicação do art. 390.º, n.º 1, do CPC, o requerido está melhor protegido, na medida em que lhe é reconhecido o direito a ser indemnizado da totalidade das mensalidades prestadas a título de reparação provisória. No entanto, esta norma não tutela o requerido nos casos em que é a inércia do próprio requerente que torna inviável o prosseguimento da acção principal.

Julgamos ser neste contexto que surge a previsão especial da norma do art. 405.º, n.º 1, do CPC, ao permitir que o requerido seja ressarcido das quantias pagas, embora nos termos do enriquecimento sem causa.

Sempre se ressalve que, no caso de o requerente não ter condições económicas nem ser titular de quaisquer bens que lhe permitam efectuar o pagamento das suas dívidas, independentemente da aplicação de qualquer um dos regimes jurídicos em referência, dificilmente o requerido conseguirá reaver as quantias prestadas. No entanto, no caso de o requerente não ter consumido as prestações recebidas, a solução que defendemos é a que melhor protege os interesses do requerido, porque nos parece justo que seja aplicável à obrigação de restituição um regime que lhe seja mais favorável quando a caducidade da providência ocorre por facto imputável ao próprio requerente.

Outra solução teoricamente possível para a conciliação da tutela das partes poder-se-ia traduzir na possibilidade de substituição por caução do valor da quantia mensal arbitrada a título de reparação provisória dos danos. No entanto, atenta a natureza e finalidade específica da providência de arbitramento, bem como a interpretação conjugada dos arts. 387.º, n.º 2, 390.º, n.º 2, e 392.º, n.º 1, todos do CPC, aquela perderia toda a sua utilidade prática e deixaria de fazer sentido a sua tutela através da existência de uma providência cautelar especificada.

Embora a prestação de caução por parte do requerido tutelasse melhor a sua posição, nos casos em que ocorresse a caducidade da providência, uma vez que, apesar de ser privado da quantia sujeita a caução não correria o risco de não a reaver, na prática, tal solução vai completamente contra as razões que estão na base da criação desta medida cautelar. Por este motivo estamos perante uma solução inviável.

A possibilidade de evitar a caducidade da providência de arbitramento de reparação provisória por improcedência da acção principal, e consequente dificuldade na restituição das quantias prestadas pelo requerido, podia ainda conseguir-se através de outra solução, também ela sem cabimento na letra da lei: a imposição de um maior grau de prova quanto à existência da obrigação de indemnizar.

Se o julgador apenas deferisse a providência quando verificasse que era quase certa a existência da obrigação de indemnizar, por parte do requerido, diminuiriam os casos em que a decisão final proferida na acção principal é contrária à medida decretada no âmbito da providência. No entanto, a lei é bastante clara ao referir no art. 403.º, n.º 2, do CPC que o juiz apenas se deve bastar com meros indícios da obrigação de indemnizar por parte do requerido para decretar a providência.

Além do mais, atendendo ao facto de a providência de arbitramento de reparação provisória ser muito utilizada nos casos de acções destinadas a exigir a responsabilidade civil emergente de acidentes de viação, facilmente se conclui que, nestas situações, a existência de meros indícios pode levar a que o requisito de procedência em análise se encontre sempre preenchido, salvo nos casos em que seja flagrante a culpa do próprio requerente na produção do acidente. Isto porque, ainda que não haja indícios de culpa do requerido, podem existir indícios da sua obrigação de indemnizar em virtude da existência da responsabilidade pelo risco.

Apesar de ser uma solução teoricamente viável, a lei não deixa margem para se exigir um maior grau de exigência probatória. Nesta medida, a solução por nós defendida, e que encontra o seu fundamento na subsidiariedade do regime do enriquecimento sem causa, é aquela que melhor tem em atenção as razões que estiveram na base da criação da providência, bem como a sua finalidade social.

Outra das especialidades do art. 405.º do CPC vem prevista no seu n.º 2 e diz igualmente respeito à obrigação de restituição.

De acordo com este preceito, se o lesado tiver obtido, em sede de procedimento cautelar de arbitramento de reparação provisória, a atribuição de uma quantia certa sob a forma de renda mensal, e se mais tarde, na acção definitiva, o pedido indemnizatório for julgado improcedente, ou for julgado procedente em medida inferior ao que ele vinha recebendo a título provisório, o tribunal deve oficiosamente condenar o lesado a restituir o que for devido, nos termos do enriquecimento sem causa.

A especificidade desta norma traduz-se num desvio ao princípio do dispositivo, uma vez que dispensa a formulação do correspondente pedido de restituição das quantias prestadas, e tem-se por justificada por razões de justiça e celeridade processual.[417]

---

[417] Cfr. Abrantes Geraldes, *Temas da Reforma do Processo Civil*, IV Volume, *cit.*, pág. 165, e Lebre de Freitas, *Código de Processo Civil Anotado*, Volume 2.º, *cit.*, pág. 116.

Quando a decisão final proferida na acção principal não dê razão ao requerente da providência, ou atribuir uma indemnização consubstanciada numa quantia inferior àquela que foi arbitrada a título de reparação provisória, será o juiz que, oficiosamente, na própria sentença, mesmo se o réu na acção principal não tiver pedido a condenação do autor na restituição das quantias já pagas, condenará o requerente da providência cautelar na restituição dessas mesmas quantias.

Neste caso, será a própria sentença condenatória que, nos termos do art. 46.º, n.º 1, alínea c), do CPC, servirá de título executivo se o requerente da providência cautelar não proceder voluntariamente ao cumprimento da sentença condenatória, ou melhor, ao pagamento das prestações indevidamente recebidas.

Julgamos ser totalmente coerente que, quando não seja procedente, ou totalmente procedente, o pedido do autor na acção principal seja a própria sentença que "remedeie" a situação criada pela decisão proferida na providência de arbitramento de reparação provisória, condenando o lesado na restituição das quantias recebidas indevidamente. Em termos de celeridade processual e, essencialmente, de justiça não faria qualquer sentido que no caso de o requerido ter direito à restituição das prestações pagas, por ter sido julgada improcedente ou parcialmente improcedente a acção principal, ainda tivesse que propor nova acção para se ver ressarcido do dinheiro pago indevidamente. Esta situação, a verificar-se, seria penalizante para o requerido, se tivermos em conta o período de tempo em que este pagou indevidamente rendas mensais ao requerente e se viu impossibilitado de satisfazer necessidades próprias.

Embora a maioria das vezes os requerentes da providência de arbitramento sejam pessoas muito carenciadas, o que lhes permite ver deferida a providência requerida, também, os requeridos podem ser pessoas que se encontram em igual situação económica.[418] Pelo que há que precaver estas situações e, ainda que nem sempre seja possível a restituição integral das quantias prestadas, ao requerido deve ser atribuído o direito de reaver o que é seu.

Para total esclarecimento do disposto no art. 405.º, n.º 2, do CPC, deve-se ainda esclarecer que o citado artigo, ao referir-se à "decisão

---

[418] Nem sempre o requerido é uma Companhia de Seguro, especialmente nos casos abrangidos pelo n.º 4 do art. 403.º do CPC, em que a pretensão indemnizatória se funde em responsabilidade civil contratual.

final, proferida na acção de indemnização", o faz no sentido de decisão de mérito. Para o tribunal decidir não atribuir qualquer indemnização, ou arbitrar reparação inferior à provisoriamente estabelecida em sede de providência cautelar, é porque o juiz teve necessariamente de proceder ao julgamento de mérito da causa e, consequentemente ter verificado a inexistência ou a existência parcial de condições de procedência da acção definitiva. Desta forma, atendendo a que o juiz procedeu à apreciação da relação substantiva subjacente à acção principal de indemnização fundada em morte ou em lesão corporal ou em dano susceptível de pôr seriamente em causa o sustento ou a habitação do lesado, a decisão final a que se refere o art. 405º, n.º 2. do C.P.C. tem de ser necessariamente formadora de caso julgado material.[419]

Concluindo, nos casos de improcedência total ou parcial da acção, o que pressupõe a verificação da caducidade prevista na alínea c) do n.º 1 do art. 389.º do CPC, o direito do requerido à restituição das prestações que tiver pago, nos termos do enriquecimento sem causa, deve ser reconhecido na própria sentença de absolvição do pedido ou de procedência parcial do mesmo, obviando-se à posterior instauração da respectiva acção de restituição, nos termos previstos no art. 482.º do CC.[420]

Diferentemente, nos restantes casos de caducidade previstos nas restantes alíneas do art. 389.º, n.º 1, do CPC, o disposto no art. 405.º, n.º 2, do mesmo Código não se tem por aplicável,[421] devendo o requerido intentar a respectiva acção de restituição nos termos do enriquecimento sem causa, por forma a ser ressarcido dos danos sofridos com o pagamento antecipado das prestações mensais.

Desta forma, apenas nos casos de caducidade por improcedência da acção principal será o lesado condenado oficiosamente a restituir as prestações recebidas, ainda não consumidas. Nas restantes situações de caducidade previstas no art. 389.º, n.º 1, do CPC, uma vez que não há proferimento de uma decisão final na acção principal, esta condenação

---

[419] Cfr. Fernando Salgado, *Arbitramento de Reparação Provisória*, ob. cit., pág. 543.

[420] De acordo com o prescrito no art. 482.º do CC o direito à restituição prescreve no prazo de três anos, a contar da data em que o credor teve conhecimento do direito que lhe compete e da pessoa do responsável, sem prejuízo da prescrição ordinária, se esse prazo tiver decorrido a contar do enriquecimento.

[421] Cfr. Lebre de Freitas, *Código de Processo Civil Anotado*, Volume 2.º, cit., pág. 116.

nunca poderia ocorrer, daí que o requerido tenha de propor a respectiva acção de restituição.[422]

Por último, refira-se que nem sempre poderá ser possível ao juiz da acção principal cumprir o disposto no art. 405.º, n.º 2, do CPC.[423] Pelo que, neste caso, torna-se legítima a questão acerca da possibilidade de o tribunal poder vir a condenar no que se liquidar em execução de sentença (cfr. art. 661.º, n.º 2, do CPC e art. 565.º do CC). Acerca desta questão, parece-nos que estamos perante uma solução viável, uma vez que o legislador, embora não tenha tomado posição expressa acerca dessa possibilidade, não a excluiu. Nesta medida, atendendo a que nem sempre se torna possível o apuramento definitivo dos danos na acção declarativa, não vemos inconvenientes para que apenas na sentença em que proceda à liquidação definitiva dos danos, o juiz condene o lesado a restituir o que for devido.

11. DISCUSSÃO ACERCA DA CONSTITUCIONALIDADE DO REGIME JURÍDICO

A providência cautelar de arbitramento de reparação provisória revelou-se uma das inovações mais significativas, introduzida pelo Decreto-Lei n.º 329-A/95, de 12 de Dezembro, e pelo Decreto-Lei n.º 180/96, de 25 de Setembro, na área dos procedimentos cautelares.

O facto de tratar-se de uma providência de conteúdo antecipatório, na medida em que proporciona aos interessados a antecipação dos efeitos da sentença, faz dela uma medida jurídica célere e eficaz na salvaguarda da efectivação dos direitos dos interessados.

Atentos os efeitos antecipatórios desta providência, tem vindo a ser suscitado pelos requeridos desta providência a questão da inconstitucionalidade do regime previsto nos arts. 403.º a 405.º do CPC, por pretensa violação dos princípios da igualdade e da proporcionalidade.

No entanto, as decisões proferidas nos tribunais superiores[424] acerca desta questão têm afastado este entendimento, existindo até mesmo uma

---

[422] No mesmo sentido cfr. Abrantes Geraldes, *Temas da Reforma do Processo Civil*, IV Volume, *cit.*, pág. 165.

[423] Quando por exemplo não tiver sido possível reunir elementos para, no processo declarativo, fixar a quantidade da indemnização.

[424] Cfr. o Acórdão do STJ, de 14/04/99, CJSTJ, Tomo II, pág. 47, e cfr. o Acórdão do STJ, de 05/05/2000, Boletim n.º 41 de Sumários do STJ.

decisão do Tribunal Constitucional, datada de 29 de Maio de 2001,[425] que não julga inconstitucional, designadamente por violação do art. 20.°, n.° 4, da CRP, o disposto nos arts. 403.° a 405.° do CPC.

Alegam os defensores da inconstitucionalidade que o regime jurídico da providência cautelar de arbitramento de reparação provisória, tal como está previsto nos arts. 403.° a 405.° do CPC, contraria princípios gerais de processo civil, bem como normas e princípios de natureza constitucional, nomeadamente os arts. 2.°, n.° 2, 3.°, n.° 1, e n.° 3, e 3.°-A, do CPC e os arts. 13.°, 20.°, 205.°, n.° 2, e 207.° da CRP.

A pretensa violação desses princípios tem tido por base alguns dos seguintes argumentos:

a) As garantias de defesa do requerido não se encontram devidamente acauteladas por o juiz se bastar com meros indícios para que a providência seja decretada;[426]

b) Ausência de igualdade de oportunidades probatórias, a qual se manifesta no facto de apenas na audiência de julgamento o requerido ter a possibilidade de apresentar a sua defesa,[427] nomeadamente a versão dos factos, bem como a prova, ao contrário do requerente que o faz logo no momento que requer a providência;[428]

c) O facto de a prova do requerido ser apresentada no dia da audiência de julgamento não permite que as testemunhas indicadas pelo requerido sejam notificadas pelo tribunal, mas apresentadas pela parte, ao contrário do que sucede com as testemunhas do requerente, as quais são arroladas juntamente com a petição e notificadas pelo tribunal para estarem presentes no dia da audiência;[429]

d) Atendendo a que a atribuição da reparação provisória visa colmatar um estado de carência económica do requerido, nada

---

[425] Cfr. o Acórdão n.° 255/2001/T.Const., DR, de 18 de Julho de 2001 – II Série, n.° 165, págs. 11997 e 11998.

[426] Neste sentido, cfr. o Acórdão do STJ, de 14/04/99, CJSTJ, Tomo II, pág. 47.

[427] Neste sentido, cfr. o Acórdão do STJ, de 14/04/99, CJSTJ, Tomo II, pág. 47.

[428] De acordo com o art. 384.°, n.°s 1 e 3, do CPC, por remissão do art. 392.°, n.° 1, do CPC, é com a petição que o requerente oferece a prova sumária do direito ameaçado e justifica o receio da lesão, para além de dever oferecer a sua prova. O requerido, de acordo com o art. 400.°, n.° 2, do CPC, por remissão do art. 404.°, n.° 1, do CPC, apresenta a sua contestação na própria audiência.

[429] Neste sentido, cfr. o Acórdão do STJ, de 14/04/99, CJSTJ, Tomo II, pág. 47.

restará dela se na decisão da acção principal se vier a considerar que inexiste a obrigação de indemnizar por parte do requerido;[430]

e) Não está previsto qualquer mecanismo que acautele as consequências da impossibilidade de recuperação das quantias prestadas;[431]

f) O arbitramento de uma renda provisória ao requerido traduz-se num sacrifício excessivo imposto ao requerido, nomeadamente nos casos em que, posteriormente, a acção principal não atribui ao lesado qualquer indemnização;[432]

g) O prazo conferido ao requerido para apresentar a sua defesa é manifestamente reduzido, se se tiver em conta que o requerente não dispõe de qualquer limite de prazo para intentar a acção.[433]

Esta alegada ausência de protecção por parte do requerido é considerada pelos defensores da tese da inconstitucionalidade como atentatória do princípio da igualdade, do acesso do direito e aos tribunais, e do princípio da equidade, nas suas vertentes do contraditório e da igualdade de armas.

No entanto, a jurisprudência não tem aderido à tese da pretensa inconstitucionalidade, contra-argumentando com base nos fundamentos seguintes:

a) A providência de arbitramento de reparação provisória foi introduzida no CPC com vista a protecção de situações de extrema necessidade, essencialmente de carência económica, por parte dos titulares do direito a uma indemnização;[434]

b) Tal como as restantes providências cautelares especificadas, o seu regime obedece às normas dos arts. 381.º e segts. do CPC, atento o disposto no art. 392.º do mesmo Código;[435]

---

[430] Neste sentido, cfr. o Acórdão do STJ, de 14/04/99, CJSTJ, Tomo II, pág. 47, cfr. o Acórdão do STJ, de 05/05/2000, Boletim n.º 41 de Sumários do STJ, e cfr. o Acórdão n.º 255/2001/T.Const., DR, de 18 de Julho de 2001 – II Série, n.º 165, págs. 11997 e 11998.

[431] Neste sentido, cfr. o Acórdão do STJ, de 14/04/99, CJSTJ, Tomo II, pág. 47.

[432] Neste sentido, cfr. o Acórdão n.º 255/2001/T.Const., DR, de 18 de Julho de 2001, – II Série, n.º 165, págs. 11997 e 11998.

[433] Neste sentido, cfr. o Acórdão do STJ, de 05/05/2000, Boletim n.º 41 de Sumários do STJ, e cfr. o Acórdão n.º 255/2001/T.Const., DR, de 18 de Julho de 2001 – II Série, n.º 165, págs. 11997 e 11998.

[434] Neste sentido, cfr. o Acórdão do STJ, de 14/04/99, CJSTJ, Tomo II, pág. 47.

[435] Neste sentido, cfr. o Acórdão do STJ, de 14/04/99, CJSTJ, Tomo II, pág. 47.

c) Pelo facto de se estar perante uma providência cautelar, caracterizada pelo carácter célere, sumário e provisório da decisão, é razoável que se seja menos exigente quanto aos requisitos exigíveis para o seu deferimento, bastando por esse motivo a prova da aparência da existência da obrigação de indemnizar;[436]

d) A garantia de acesso aos tribunais, conferida pela redacção do art. 2.º, n.º 2, do CPC, não é violada pela providência em apreço, uma vez que ela representa um procedimento necessário e eficaz *para acautelar o efeito útil da acção*[437] principal, tal como consta da parte final do citado n.º 2;[438]

e) A providência cautelar só é decidida após a oposição do requerido,[439] ainda que desta apenas se tenha conhecimento na audiência de julgamento que julga a providência, não ocorrendo por esse motivo qualquer violação do princípio do contraditório consagrado no art. 3.º, n.º s 1 e 3, do CPC;[440]

f) O facto de as testemunhas arroladas pelos requerentes poderem ser notificadas pelo tribunal, contrariamente ao que acontece com as testemunhas indicadas pelos requeridos que têm de ser apresentadas por estes na audiência para poderem ser ouvidas, não é violador do princípio da igualdade das partes, consagrado no art. 3.º-A do CPC,[441] uma vez que a nenhuma das partes é retirado o direito de apresentarem prova testemunhal.[442] A dife-

---

[436] Neste sentido, cfr. o Acórdão do STJ, de 14/04/99, CJSTJ, Tomo II, pág. 47.
[437] Cfr. art. 2.º do CPC.
[438] Neste sentido, cfr. o Acórdão do STJ, de 14/04/99, CJSTJ, Tomo II, pág. 47.
[439] Neste sentido, cfr. o Acórdão do STJ, de 14/04/99, CJSTJ, Tomo II, pág. 47.
[440] O princípio do contraditório está devidamente consagrado no art. 3.º, n.º 1 do CPC quando se veda ao tribunal a possibilidade de resolução do litígio sem que a parte contra qual é pedida a resolução seja chamada para deduzir oposição. Com a entrada em vigor das alterações introduzidas no CPC, pelo Decreto-Lei n.º 329-A/95, de 12 de Dezembro, e pelo Decreto-Lei n.º 180/96, de 25 de Setembro, houve um reforço deste princípio ao se dispôr, no art. 3.º do CPC, que não é lícito ao juiz decidir questões de direito ou de facto sem que previamente haja sido facultada às partes a possibilidade de sobre elas se pronunciarem.
[441] O art. 3.º-A do CPC foi introduzido no CPC pela reforma de 1995/96, com a finalidade do princípio da igualdade das partes, juntamente com o princípio do contraditório e da cooperação, se afirmar como princípio fundamental, estruturante de todo o processo civil.
[442] Neste sentido, Acórdão do STJ, de 14/04/99, CJSTJ, Tomo II, pág. 47.

rença reside apenas no meio através do qual as testemunhas são trazidas a julgamento;

g) O art. 405.º do CPC ao impor o dever de restituição das prestações recebidas, nos termos previstos para o enriquecimento sem causa, no caso de caducidade da providência decretada, e ao condenar o lesado na restituição das prestações recebidas, caso na acção principal se considere que inexiste a obrigação de indemnizar por parte do requerido, funciona como o mecanismo previsto pela lei para acautelar as consequências de impossibilidade de recuperação das prestações pagas;[443]

h) Quando se arbitra uma renda provisória ao requerente, o alegado sacrifício imposto ao requerido é justificado pela comprovada situação de carência económica em que este foi colocado em consequência dos danos sofridos;[444]

i) Para qualquer acção o réu tem sempre um prazo para contestar, sendo este prazo necessariamente mais reduzido do que o prazo que o autor dispõe para propor a respectiva acção.[445]

Há inúmeros processos cujo julgamento e decisão parecem eternizar-se. Estando nesses processos em causa o reconhecimento e efectivação de direitos das partes, o legislador não foi alheio ao facto de que uma justiça tardia pode deixar de ser justa, por se tornar inútil,[446] essencialmente nos casos em que esteja iminente o perigo de grave e difícil reparação do direito e cuja morosidade do processo retire efeito prático à decisão.

---

[443] Neste sentido, Acórdão do STJ, de 14/04/99, CJSTJ, Tomo II, pág. 47, cfr. o Acórdão do STJ, de 05/05/2000, Boletim n.º 41 de Sumários do STJ, e Acórdão n.º 255/ /2001/T.Const., DR, de 18 de Julho de 2001 – II Série, n.º 165, págs. 11997 e 11998.

[444] Neste sentido, cfr. o Acórdão n.º 255/2001/T.Const., DR, de 18 de Julho de 2001, II Série, n.º 165, págs. 11997 e 11998.

[445] Neste sentido, o Acórdão do STJ, de 05/05/2000, Boletim n.º 41 de Sumários do STJ, e cfr. o Acórdão n.º 255/2001/T.Const.,DR, de 18 de Julho de 2001 – II Série, n.º 165, págs.. 11997 e 11998.

[446] Neste sentido Alberto dos Reis, *Código de Processo Civil Anotado,* Volume I, *cit.*, pág. 625, quando refere que pode formar-se uma sentença justa, mas inútil, se o autor tiver de esperar pela decisão final para receber alimentos, pois pode suceder que quando a obtenha esteja já num estado de miséria orgânica tal que já de nada lhe vale o benefício concedido por essa sentença.

Foi neste contexto de prevenção que se criaram as providências cautelares, as quais constituem mecanismos jurisdicionalizados com a "específica função de evitar actos que impeçam ou dificultem a satisfação da pretensão ou de antecipar desde logo alguns efeitos mediante uma incidência na esfera jurídica do demandado".[447]

Inserida nesta função cautelar merece especial referência a providência cautelar de arbitramento de reparação provisória, a qual foi regulada especificamente com o objectivo de proteger situações de manifesta necessidade dos titulares do direito a uma indemnização decorrentes da demora na obtenção de uma sentença condenatória do lesante.

Trata-se de uma providência com conteúdo antecipatório e, como tal, mais susceptível de se questionar a constitucionalidade do seu regime. No entanto, a maioria dos argumentos invocados pelos defensores da tese da inconstitucionalidade baseia-se nas características gerais das providências cautelares e não nas especificidades de regime da providência em apreço.

Como acontece nas restantes providências cautelares, a decisão proferida neste âmbito assume uma força precária, uma vez que, nos casos em que o juiz se basta com a verificação da provável existência do direito, está a colocar o factor da eficácia jurídica acima da plena segurança e certeza jurídica. Daí que, atendendo a este facto, bem como à relativa simplicidade de tramitação dos procedimentos cautelares, o art. 383.º, n.º 4, do CPC, aplicável à providência em apreço por remissão do art. 392.º, n.º 1, do CPC, disponha que "nem o julgamento da matéria de facto, nem a decisão final proferida no procedimento cautelar, têm qualquer influência no julgamento da acção principal".

É precisamente nas situações em que a decisão final proferida na acção principal seja contrária àquela que foi proferida no âmbito da providência cautelar respectiva que a parte afectada com a decretação da medida se considera injustiçada, dado que suportou um sacrifício que, afinal, não se revelou consentâneo com a decisão final proferida.

No caso concreto da providência de arbitramento, a lei preveniu devidamente a possibilidade de ocorrência deste tipo de situações, tendo regulado no art. 405.º do CPC a forma através da qual o requerido pode reaver as prestações pagas ao requerente a título de reparação provisória do dano.

---

[447] *Temas da Reforma do Processo Civil,* III Volume, *cit.*, pág. 43.

No entanto, apesar de, teoricamente, através dos mecanismos previstos no art. 405.º do CPC, se encontrar devidamente salvaguardado o direito de o requerido reaver o dinheiro dispendido, na prática este pode não ver a sua pretensão satisfeita. Isto porque a razão principal que está subjacente ao deferimento desta providência é o facto de o lesado se encontrar numa situação de comprovada necessidade e carência económica em consequência dos danos sofridos.

Logo, sendo esta providência justificada por razões económicas, as quantias auferidas pelo requerente a título de reparação provisória dos danos sofridos são imediatamente gastas para prover às suas necessidades básicas, nomeadamente ao seu sustento e habitação. Pelo que é muito provável que o lesado, quando seja condenado a restituir as quantias recebidas, não esteja em condições de o fazer, uma vez que para além de não dispor de meios económicos que lhe permitam efectuar o pagamento devido, também já não possui o dinheiro recebido a título de reparação provisória dos danos.

Perante este tipo de situações, os defensores da tese da inconstitucionalidade argumentam que os interesses do requerido não foram devidamente acautelados pelo legislador, contrariamente ao que sucede com a tutela dos interesses do requerente, ocorrendo por isso violação dos princípios da igualdade e da proporcionalidade.

Face a todos os interesses que estão na base do regime das providências cautelares em geral, e atendendo à finalidade específica da providência de arbitramento de reparação provisória, consideramos que inexiste qualquer violação dos princípios supra referidos.

De facto, pode suceder que o requerido não consiga reaver a quantia dispendida. No entanto, o sacrifício do pagamento pelo requerido de uma pensão provisória justifica-se perfeitamente, se atendermos a que estão em causa valores relacionados com a subsistência das pessoas.[448] Esse sacrifício também não deve ser considerado desproporcionado ou excessivo, se se tiver em consideração as finalidades que o deferimento da providência de arbitramento visa satisfazer.

Além disso, o legislador acautelou, tanto quanto julgou possível os interesses do requerido, através do regime jurídico previsto no art. 405.º do CPC, não devendo valer o argumento de que não se criou qualquer

---

[448] Neste sentido cfr. o Acórdão do STJ, de 14/04/99, CJSTJ, Tomo II, pág. 47.

mecanismo que acautele as consequências de impossibilidade de recuperação das prestações recebidas.[449]

Como refere o Acórdão do STJ, de 14/04/99,[450] "a situação dos requeridos, nos casos em que a acção principal não atribua qualquer indemnização ao requerente, é idêntica à de qualquer pessoa que tenha a seu favor uma sentença, mas eventualmente, por qualquer razão, não a pode executar".

Nesta medida temos por completamente válidos e aceitáveis os argumentos de defesa da constitucionalidade do regime jurídico da providência de arbitramento.

Quanto aos argumentos invocados que baseiam a pretensa violação do princípio da equidade, na sua vertente do contraditório e da igualdade de armas, também os consideramos insuficientes para consubstanciar a inconstitucionalidade do regime jurídico previsto nos arts. 403.º a 405.º do CPC.

A tramitação processual prevista para o procedimento cautelar comum aplica-se subsidiariamente aos procedimentos cautelares especificados, nos termos do art. 392.º, n.º 1, do CPC, em tudo quanto nestes não se encontre especialmente previsto.

Nas providências cautelares, o princípio do contraditório está expressamente consagrado e assegurado através do disposto no art. 385.º do CPC, excepto nos casos em que "a audiência do requerido puser em risco sério o fim ou a eficácia da providência".

Nesta medida, no âmbito de qualquer providência, por regra, antes de ser proferida qualquer decisão, o requerido tem a possibilidade de contestar a pretensão do requerente, apresentando a sua prova em julgamento.[451]

Não estamos perante uma característica específica das providências cautelares. Esta característica resulta do trâmite normal de uma qualquer acção. Em qualquer acção o réu dispõe de um prazo para contestar, sendo este prazo mais curto relativamente ao prazo que o autor dispõe para propor a respectiva acção.

Tratando-se de uma providência cautelar, atenta as finalidades que esta medida visa prosseguir, a decisão seja proferida no menor tempo

---

[449] Neste sentido, cfr. o Acórdão do STJ, de 14/04/99, CJSTJ, Tomo II, pág. 47.
[450] CJSTJ, Tomo II, pág. 47.
[451] Para a providência de arbitramento esta matéria vem disposta no art. 400.º, n.º 2, do CPC, por remissão do art. 404.º, n.º 1, do CPC.

possível, por forma a acautelar-se os interesses do requerente, no tempo devido. Logo, impunha-se necessariamente que o prazo para o requerido contestar fosse inferior àquele que é concedido no processo comum.[452] Pelo que não se deve considerar o argumento do diminuto prazo para contestar a providência de arbitramento como válido para a defesa da tese da inconstitucionalidade, nomeadamente por retirar equidade ao processo.[453]

Além do mais, o prazo para contestar a providência de arbitramento de reparação provisória poderá ser muito variável, se atendermos a que a contestação é apresentada no dia de julgamento e que este é marcado de acordo com a disponibilidade de agenda do juiz da causa. Nesta medida, uma vez que tanto pode acontecer que o requerido tenha dez dias para organizar a sua defesa como lhe seja concedido um prazo bastante superior a este, o argumento do reduzido prazo para contestar nem sequer deve ser invocado perante os casos em que estejamos perante a providência em apreço.

Quando muito, o que hipoteticamente se pode revelar discutível é se o prazo de dez para contestar, aplicável às providências cautelares em geral, por aplicação do art. 303.º, n.º 2, do CPC, *ex vi* art. 384.º, n.º 3, do mesmo Código, é ou não suficiente para garantir ao requerido uma defesa eficaz. No entanto, como no caso da providência em apreço o prazo fixado por lei para apresentação da contestação vai depender da data marcada para julgamento tal regra é inaplicável, embora deva ser respeitada tanto quanto possível.

Concluindo, tendo em vista as razões que estão na base do decretamento das providências cautelares, nunca o prazo para contestar poderia ser mais alargado do que aquele que é fixado para o comum das acções. Nesta medida não consideramos os argumentos invocados violadores do princípio do contraditório e da igualdade de armas.

Relativamente à pretensa violação do princípio da igualdade de armas das partes, o facto de as testemunhas do requerido não serem notificadas pelo tribunal não se revela violador do princípio em causa,

---

[452] De acordo com o disposto nos arts. 486.º, n.º 1, 783.º e 794., n.º 1, todos do CPC, para contestar uma acção, o réu dispõe, respectivamente, do prazo de 30 dias se a acção seguir a forma do processo ordinária, do prazo de 20 dias se seguir a forma sumária e do prazo de 15 dias se seguir a forma sumaríssima.

[453] Neste sentido, cfr. o Acórdão n.º 255/2001/T.Const., DR, de 18 de Julho de 2001, II Série, n.º 165, págs. 11997 e 11998.

se tivermos em conta que não é retirado ao requerido a faculdade de fazer uso em julgamento de prova testemunhal. Para isso basta apresentar as testemunhas que pretende que sejam ouvidas no tribunal, no dia e hora do julgamento.

Mais uma vez a celeridade na tomada de decisão, quando estão em causa valores relacionados com a subsistência das pessoas, justifica que se prescinda da notificação das testemunhas pelo tribunal. Não se visiona através desta medida qualquer violação do princípio da igualdade de armas.

Nestes termos consideramos fundadas as decisões jurisprudenciais que têm defendido a constitucionalidade do regime jurídico da providência cautelar de arbitramento de reparação provisória.

CONCLUSÃO

I. As providências cautelares pretendem acautelar de imediato o direito presumivelmente ofendido, privilegiando a celeridade em prejuízo de uma maior certeza na definição do direito. Por esse motivo, estas medidas surgem como excepcionais no quadro do nosso direito processual, só podendo ser utilizadas nos termos estritamente definidos na lei, não sendo possível, quanto às normas que as estatuem, qualquer tipo de interpretação extensiva.

A natureza célere e urgente da providência cautelar e o próprio facto de a providência cautelar não ter por objectivo dar realização imediata ao direito invocado – sendo antes um instrumento provisório e interino de tutela[454] – impõem que o exame da existência do direito invocado seja sumário, perfunctório (*summaria cognitio*), sem pretensões de descoberta da verdade absoluta e da certeza inelutável.

II. A providência cautelar de arbitramento de reparação provisória encontra-se prevista no arts. 403.º a 405.º do Código de Processo Civil e representa uma inovação introduzida pelos Decreto-Lei n.º 329-A/95, de 12 de Dezembro, e pelo Decreto-Lei n.º 180/96, de 25 de Setembro.

Através desta medida cautelar o legislador visou atribuir ao lesado, por conta da indemnização final, uma determinada quantia mensal, quando a indemnização derive de morte ou de lesão corporal, ou quando esteja em causa um evento que tenha afectado o sustento ou a habitação, antecipando, desta forma, a tutela requerida ou pretendida, até se averiguar, através de uma decisão definitiva, a verdadeira situação jurídica.

De facto, "há situações humanas pontuais de necessidade, que foram criadas ou que se foram agravando com a produção do evento e que merecem provisoriamente uma tutela imediata, na medida do mínimo (pelo menos) que é provável que venha a ser fixado definitiva e

---

[454] Cfr. Alberto dos Reis, *Código de Processo Civil Anotado, cit.*, pág. 626.

ulteriormente".[455] Para fazer face a tais situações, o legislador procurou, através desta providência, assegurar ao lesado a sua subsistência, enquanto não seja decidido, em termos definitivos, o quantitativo da indemnização.

III. Nem toda e qualquer situação geradora da obrigação de indemnizar permite o recurso à providência de arbitramento de reparação provisória, uma vez que o legislador restringiu a aplicação desta providência aos casos em que o direito de indemnização do requerente se funde em morte ou lesão corporal, ou em qualquer outro tipo de dano susceptível de pôr seriamente em causa o sustento ou a habitação do lesado.

A lei ao fixar, no n.º 1 do art. 403.º do CPC, como danos que o lesado sofreu a morte ou qualquer lesão corporal, acabou por restringir o âmbito de aplicação da providência às situações emergentes de responsabilidade civil extracontratual, uma vez que os eventos que estão na origem da responsabilidade civil contratual não provocam no credor este tipo de danos. No entanto, ao alargar o âmbito de aplicação da providência a outras situações, através do n.º 4 do mesmo artigo, o legislador já não fez alusão aos danos concretos que devem estar na origem do direito à indemnização do lesado, apenas referindo que este só pode recorrer à providência se o dano por si sofrido for susceptível de pôr seriamente em causa o seu sustento ou habitação.

Desta forma, nos casos em que a acção de indemnização se funde em dano susceptível de pôr seriamente em causa o sustento ou a habitação do lesado, estes danos podem igualmente resultar de situações emergentes de responsabilidade civil contratual, atenta a possibilidade de danos emergentes deste tipo de responsabilidade serem susceptíveis de colocar em perigo valores fundamentais relacionados com a situação económica do lesado, como sejam o sustento ou a habitação.

IV. Para que a providência de arbitramento de reparação provisória seja deferida torna-se necessário que esteja indiciada a existência da obrigação de indemnizar a cargo do requerido, ou seja, que o julgador se convença da aparência do direito de crédito alegado pelo requerente e da consequente obrigação a cargo do requerido – é o chamado *fumus*

---

[455] Cfr. Acórdão da Relação de Coimbra, de 18/11/97, CJ, Ano XXII, 1997, Tomo V, pág. 19.

boni iuris. Por outro lado, exige o legislador que se comprove a existência de uma situação de necessidade para o lesado em consequência dos danos sofridos, em termos de a não atribuição urgente de uma indemnização provisória pôr em risco o seu sustento, ou habitação (*periculum in mora*). Tal necessidade, em nosso entender, e atenta a *ratio* dos procedimentos cautelares, deve pautar-se pela actualidade e pela premência.

V. Estando a providência em apreço dependente da propositura de uma acção de indemnização, os requerentes serão os titulares do direito de indemnização. Além destes, a lei permite ainda que aqueles que podiam exigir alimentos ao lesado, ou aqueles a quem o lesado os prestava no cumprimento de uma obrigação natural, possam recorrer à providência.

Por sua vez, o requerido será aquele que legalmente se encontra obrigado a indemnizar os danos causados ao lesado, podendo a providência ser requerida contra uma ou mais pessoas. Nos casos de responsabilidade civil emergente de acidentes de viação, por força da existência de um seguro obrigatório, na maioria dos casos é a Companhia de Seguros que figura como requerida.

VI. O juiz na fixação da indemnização provisória em forma de renda deve atender à equidade, contrariamente ao que sucede na fixação da indemnização definitiva. Só desta forma é possível adaptar a renda a fixar às necessidades concretas do requerente.

No caso de a providência de arbitramento de reparação provisória ser deferida, as quantias recebidas antecipadamente a título provisório serão imputadas na indemnização definitiva a ser fixada em sede de acção principal. Ou seja, o valor das rendas mensais recebidas pelo requerente até ao trânsito em julgado da sentença que fixa a indemnização devida, em consequência dos danos sofridos pelo lesado, é imputada ao valor fixado a título de indemnização final, devendo o requerente receber a diferença entre o valor total da indemnização e o valor já pago a título de reparação provisória.

VII. No essencial, são aplicáveis à providência de arbitramento, com as necessárias adaptações, as normas especiais de regulação do procedimento de alimentos provisórios.

A ideia de paralelismo entre as duas situações fica bem patente ao nível do processado, nomeadamente com a marcação imediata de julgamento e a contestação apresentada no decurso da mesma, o que é excepção no regime das providências cautelares.

A providência de arbitramento apresenta ainda similitudes com figuras pertencentes a outros ramos do direito. No entanto, essas parecenças são meramente superficiais, acabando por facilmente se distinguir o âmbito de aplicação de cada uma delas.

VIII. No caso de caducidade da providência de arbitramento de reparação provisória, o legislador introduziu algumas especificidades relativamente à obrigação de restituição das prestações recebidas a título de renda mensal.

Embora a previsão literal do n.º 1 do art. 405.º do CPC pareça excluir a aplicabilidade do regime de responsabilidade civil previsto no art. 390.º, n.º 1, do CPC, por não distinguir os casos em que a providência de arbitramento de reparação provisória caduque por facto imputável ou não imputável ao requerente, não podemos deixar de considerar que o requerido se pode sentir injustiçado por não ter direito à restituição integral das quantias prestadas ao requerente, nomeadamente nos casos em que essas quantias foram gastas para fazer face à situação de necessidade em que o requerente efectivamente se encontra em consequência dos danos sofridos.

Neste contexto, e tendo em conta a subsidiariedade do regime do enriquecimento sem causa face ao direito de indemnização, consideramos que se deve interpretar restritivamente o n.º 1 do art.º 405.º do CPC. Desta forma, de acordo com a interpretação conjugada dos citados artigos, nos casos em que o requerente deixe caducar a providência por se verificar alguma das situações previstas nas alíneas a), b) e d) do n.º 1 do art. 389.º do CPC, as quais estão relacionadas com a inércia do próprio requerente, tem-se por aplicável o regime previsto no art. 390.º, n.º 1, do mesmo Código, daqui resultando que o requerido tem direito à indemnização aí prevista, a qual acarreta a restituição na íntegra das quantias pagas mensalmente.

Diferentemente, nos casos das alíneas c) e e) do n.º 1 do art. 389.º do CPC, ou seja, quando a acção principal seja julgada improcedente ou quando o direito que o requerente pretende acautelar se extinga, a restituição das prestações deve obedecer ao regime previsto para o enriquecimento sem causa, desde que aquele tenha agido com a prudência normal. Assim, no caso de ter agido com a diligência de um bom pai de família, apenas deverá restituir ao requerido as prestações que não se encontrarem consumidas à data em que o direito se extinga ou em que tiver conhecimento da sentença que determina a absolvição do seu pedido. No entanto, caso a sua actuação não se tenha pautado por estes parâmetros, a lei penaliza o requerente, obrigando-o a indemnizar o requerido nos termos previstos no art. 390.º, n.º 1, do CPC.

Consideramos que o legislador, através da norma constante no art. 405.º, n.º 1, do CPC, não afastou a aplicabilidade do regime de responsabilidade previsto no art. 390.º, n.º 1, do CPC. Ele apenas conferiu uma protecção especial ao requerido, ao permitir que, nos casos de caducidade da providência de arbitramento de reparação provisória por facto não imputável ao requerente, o requerido tenha direito à restituição das quantias prestadas na medida do locupletamento, à data em que o pagamento se torna indevido. Se assim não fosse, através da aplicação do regime previsto no art. 390.º, n.º 1, do CPC, o requerido ficaria completamente desprotegido de tutela, uma vez que não teria direito a qualquer indemnização pelos prejuízos sofridos por a caducidade não lhe poder ser imputável.

Outra das especialidades do art. 405.º do CPC vem prevista no seu n.º 2 e diz igualmente respeito à obrigação de restituição.

De acordo com este preceito, se o lesado tiver obtido, em sede de procedimento cautelar de arbitramento de reparação provisória, a atribuição de uma quantia certa sob a forma de renda mensal, e se mais tarde, na acção definitiva, o pedido indemnizatório for julgado improcedente, ou for julgado procedente em medida inferior ao que ele vinha recebendo a título provisório, o tribunal deve oficiosamente condenar o lesado a restituir o que for devido, nos termos do enriquecimento sem causa.

A especificidade desta norma traduz-se num desvio ao princípio do dispositivo, uma vez que dispensa a formulação do correspondente pedido de restituição das quantias prestadas.

Para o tribunal decidir não atribuir qualquer indemnização, ou arbitrar reparação inferior à provisoriamente estabelecida em sede de providência cautelar, é porque o juiz teve necessariamente de proceder ao julgamento de mérito da causa e, consequentemente ter verificado a inexistência ou a existência parcial de condições de procedência da acção definitiva, o que pressupõe a verificação da caducidade prevista na alínea c) do n.º 1 do art. 389.º do CPC, o direito do requerido à restituição.

Desta forma, apenas nos casos de caducidade por improcedência da acção principal será o lesado condenado oficiosamente a restituir as prestações recebidas, ainda não consumidas. Nas restantes situações de caducidade previstas no art. 389.º, n.º 1, do CPC, uma vez que não há proferimento de uma decisão final na acção principal, esta condenação nunca poderia ocorrer, daí que o requerido tenha de propor a respectiva acção de restituição.

BIBLIOGRAFIA

ABREU, Eridano de, *Das Providências Cautelares Não Especificadas*, O Direito, Ano 94, 1962, págs. 110 a 119;

ALBUQUERQUE, Pedro de, *A aplicação do prazo prescricional do n.º 1 do art. 498.º do CC à responsabilidade civil contratual*, Revista da Ordem dos Advogados, n.º 49, 1989, págs. 793 a 837;

ALMEIDA, L. P. Moitinho de, *Providências Cautelares Não Especificadas*, Coimbra, 1981; *Enriquecimento sem causa*, Coimbra, 1996, *Código Processo de Trabalho Anotado*, 5ª Edição, Coimbra, 2001;

ANDRADE, Manuel de, *Noções Elementares de Processo* Civil, Coimbra,1979;

ARIETA, G., *I provvedimenti d'urgenza*, 2ª edição, Padova, 1985;

BAPTISTA, Albino Mendes, *Código Processo de Trabalho Anotado*, reimpressão, Lisboa, 2000;

BAPTISTA, José João, *Processo Civil I – Parte Geral e Processo Declarativo*, 5ª Edição, Lisboa, 1998;

BAPTISTA, Ovídio, *As Acções Cautelares e o novo Processo Civil Forense*, 1980, n.º 3, págs. 20 e segts.;

BAPTISTA, Jacinto Fernando Rodrigues, *Notas ao Código de Processo Civil*, Vol. I, 3ª Edição, Lisboa, 1999;

BELEZA, Maria dos Prazeres Pizarro, *Procedimentos Cautelares*, Pólis, Enciclopédia Verbo da Sociedade e do Estado, Antropologia do Direito, Economia, Ciência Política, Vol. IV, Coluna 1502.

CALAMANDREI, Piero, *Introduzioni allo studio sistematico dei provvedimenti cautelari*, Padova,1936;

CAMPOS, Diogo José Paredes Leite de, *A subsidiariedade da obrigação de restituir o enriquecimento*, Coimbra, 1974; *A indemnização do dano da morte*, separata do vol. L do Boletim da Faculdade de Direito de Coimbra, págs. 247-297;

CARLOS, Adelino da Palma, *Procedimentos cautelares antecipadores*, O Direito, Ano 105, 1973, págs. 236 a 251; BMJ, n.º 102, págs. 5 e segts.;

CARNELUTTI, Francesco, *Sistema de Diritto Processual Civile*, Volume 1º, Padova, 1952;

CASTRO, Artur Anselmo de, *Direito Processual Civil Declaratório*, Vol. I, Coimbra, 1981;

COELHO, Francisco Manuel Pereira, *O problema da causa virtual na responsabilidade civil,* Coimbra, 1955; *O enriquecimento e o dano,* Coimbra, 1999;

CORDEIRO, António Menezes, *Tratado de Direito Civil Português,* I – Parte Geral, Tomo I, 2ª Edição, Coimbra, 2000; *A decisão judicial segundo o juízo de equidade,* O Direito, 1990, págs. 261 e segts;

COSTA, Mário Júlio de Almeida, *Direito das Obrigações,* 9ª Edição, Coimbra, 2001;

CHORÃO, Mário Bigotte, *Temas Fundamentais de Direito,* reimpressão, Coimbra, 1991;

DANTAS, Francisco Wildo Lacerda, *Jurisdição, Ação (Defesa) e Processo,* São Paulo, 1997;

DIAS, Figueiredo, *Comentário do Código Penal,* III, Coimbra, 2001;

FRADA, Manuel A. Carneiro da, *Contrato e Deveres de Protecção,* Coimbra, 1994;

FREITAS, José Lebre de, *Revisão do Processo Civil,* Revista da Ordem dos Advogados, Lisboa, Ano 55, n.º 2 (Julho 1995), pág. 417-518; *Introdução ao Processo Civil,* Coimbra, 1996;

FREITAS, José Lebre de, A. Montalvão MACHADO e Rui PINTO, *Código de Processo Civil Anotado,* Volume 2º, Coimbra, 2001;

GERALDES, António Santos Abrantes, *Temas da Reforma do Processo Civil,* 5. *Procedimento Cautelar Comum,* III Volume, 2ª Edição, Coimbra, 2000; 6. *Procedimentos Cautelares Especificados,* IV Volume, 2ª Edição, Coimbra, 2003; *Reforma do Código de Processo Civil – Procedimentos Cautelares,* CEJ, 1997;

GOMES, Júlio Manuel Vieira, *O conceito de enriquecimento, o enriquecimento forçado e os vários paradigmas do enriquecimento sem causa,* Porto, 1998;

GONÇALVES, M. Maia, *Código de Processo Penal Anotado,* 10ª Edição, Coimbra, 1999;

HENRIQUES, M. Leal, M. Simas SANTOS, D. Borges de PINHO, *Código de Processo Penal,* I Volume, Lisboa, 1996;

JORGE, Fernando Pessoa, *Ensaio sobre os pressupostos da responsabilidade civil,* reimpressão, Coimbra, 1995;

LEITÃO, Hélder Martins, *Dos Procedimentos Cautelares,* 8ª Edição, ELCLA, Porto, 2001;

LEITÃO, Luís Manuel Teles de Menezes, *Direito das Obrigações, Introdução. Da Constituição das Obrigações,* Vol. I, 2ª Edição, Coimbra, 2002; *O enriquecimento sem causa no Direito Civil (Estudo dogmático sobre a viabilidade da configuração unitária do instituto, face à contraposição entre as diferentes categorias de enriquecimento sem causa),* Cadernos de Ciência e Técnica Fiscal (176), Lisboa, 1996;

LIMA, Pires de e Antunes VARELA, *Código Civil Anotado*, Volume I, 4ª Edição, Coimbra, 1987;

MARCELINO, Américo, *Acidentes de Viação e Responsabilidade Civil*, 5ª Edição, Lisboa, 2001;

MARINONI, Luiz Guilherme, *Tutela cautelar e tutela antecipatória*, São Paulo, 1992; *Tutela antecipatória, julgamento antecipado e execução imediata da sentença*, 2ª Edição, São Paulo, 1998;

MARTINEZ, Pedro Romano, *Cumprimento defeituoso. Em especial na compra e venda e empreitada*, Coimbra, 1994;

MENDES, João de Castro, *Direito Processual Civil*, I Volume, Edição da Associação Académica, 1994;

MONTEIRO, Jorge Sinde, *Estudos sobre a responsabilidade civil*, Coimbra, 1983;

NETO, Abílio, *Código de Processo Civil Anotado*, 16ª Edição, Coimbra, 2001;

PISANI, Proto, *Commentario Breve al Codice di Procedura Civile*, 1988; *La Nuova Disciplina del Processo Civile*, Napoli, 1991;

PICANÇO, Melchiades, *A Força Eterna do Direito*, Rio de Janeiro, 1996;

REGO, Carlos Francisco de Oliveira Lopes do, *Comentários ao Código de Processo Civil*, Coimbra, 1999;

REIS, Alberto dos, *Código de Processo Civil Anotado*, Vol. I, 3ª Edição, Coimbra, 1948; *A figura do processo cautelar*, BMJ, n.º 3, 1947, págs. 27 e segts.;

RIBEIRO, Darci, *Aspectos relevantes da teoria geral da acção cautelar inominada*, acedida em *www.genedit.com*;

RICCI, Edoardo F., *A tutela antecipatória no direito italiano*, Genesis – Revista de Direito Processual Civil, vol. 4, pág. 125 e segts.; *Possíveis novidades sobre a tutela antecipada em Itália*, acedida em *www.genedit.com;*

SALGADO, Fernando, *Arbitramento de Reparação Provisória*, Lusíada-Revista de Ciência e Cultura, Série de Direito, N.ºs 1 e 2, Separata, págs. 537 a 543, Coimbra, 1999;

SALVADOR, Manuel, *Pedidos Genéricos*, Revista Tribunais, Ano 88.º, págs. 5 e segts.;

SATTA, Salvatore e Carmine PUNZI, *Diritto Processuale Civili*, 12ª Edição, Padova, 1996;

SERRA, Adriano Vaz, *Obrigação de indemnização (Colocação. Fontes. Conceito e espécies de dano. Nexo causal. Extensão do dever de indemnizar. Espécies de indemnização). Direito de abstenção e de remoção*, BMJ, n.º 84, págs. 5 e seguintes;

SILVA, João Calvão da, *Responsabilidade Civil do Produtor*, reimpressão, Coimbra, 1999;

SILVA, Manuel Gomes da, *O dever de prestar e o dever de indemnizar*, Lisboa, 1944;

SILVA, Ovídio Baptista da, *Do Processo Cautelar*, Rio de Janeiro, 1996;

SOARES, Fernando Luso, *Processo Civil de Declaração*, Coimbra, 1985;
SOARES, Fernando Luso, Duarte Romeira MESQUITA e Wanda Ferraz de BRITO, *Código de Processo Civil Anotado*, 12ª Edição, Coimbra, 2001;
SOUSA, António Pais de e J. O. Cardona FERREIRA, *Processo Civil: aspectos controversos da actual reforma, linha geral dos princípios, intervenções de terceiros e cautelares, tramitação em especial dos recursos, sugestões para o futuro*, Porto, 1997;
SOUSA, Miguel Teixeira de, *Apreciação de alguns aspectos da revisão do processo civil – projecto*, Revista da Ordem dos Advogados, Lisboa, Ano 55, n.º 2 (Julho 1995), págs. 353-416; *Estudos sobre o Novo Processo Civil*, 2ª Edição, Lisboa, 1997;
SOUSA, Rabindranath Valentino Aleixo Capelo de, *O direito geral de personalidade*, Coimbra, 1995;
STORME, Marcel, *Rapprochement du droit judiciaire de l'Union européenne*, Dordrecht, Kluwer, 1994;
TARZIA, Giuseppe, *Les mesures provisoires en procédure civile*, Milano, 1985; *Providências Cautelares Atípicas* (Uma Análise Comparativa), RFDUL, 1999, págs. 241 a 260;
TELLES, Inocêncio Galvão, *Introdução ao Estudo do Direito*, Lisboa, 2001; *Direito das Obrigações*, 7ª Edição, Coimbra, 1997;
VARELA, Antunes, J. Miguel BEZERRA e Sampaio e NORA, *Manual de Processo Civil*, 2ª Edição, Coimbra, 1985;
VARELA, João de Matos Antunes, *Das Obrigações em Geral*, Vol. I, 10ª Edição, Coimbra, 2000; RLJ, Ano 122.º, págs 320 e segts..

ÍNDICE

PREFÁCIO 7

NOTA PRÉVIA 9

INTRODUÇÃO 11

CAPÍTULO I

DOS PROCEDIMENTOS CAUTELARES EM GERAL

1. Procedimentos cautelares e providências cautelares 15
2. Enquadramento sistemático dos procedimentos cautelares 17
3. Tipos de providências cautelares 21
4. Função dos procedimentos cautelares 28
5. Requisitos legais das providências cautelares não especificadas 31
   5.1 *"Fumus boni iuris"* 33
   5.2 *"Periculum in mora"* 34
   5.3 Adequação da medida 38
   5.4 Subsidiariedade 39
   5.5 Proporcionalidade 41
6. Características gerais dos procedimentos cautelares 42
   6.1 Celeridade e urgência 43
   6.2 *Instrumentalidade* e dependência 51
   6.3 Provisoriedade das medidas cautelares 53
7. Caducidade das providências cautelares 55
8. Direito comparado: Tutela antecipada 61
9. Natureza dos procedimentos cautelares 66

CAPÍTULO II

ARBITRAMENTO DE REPARAÇÃO PROVISÓRIA

1. Surgimento da providência no ordenamento jurídico português e seu enquadramento sistemático 71

2. Razões que determinaram a sua criação como procedimento cautelar especificado 73
3. Confronto com a providência cautelar dos alimentos provisórios 80
4. Confronto com outros institutos 85
5. Âmbito de aplicação 93
   5.1 Acção de indemnização 93
   5.2 Fundamentos da acção de indemnização 104
      5.2.1 Morte e lesão corporal 105
      5.2.2 Outros danos 109
      5.2.3 Discussão: Aplicabilidade às situações emergentes de responsabilidade civil contratual 113
6. Requisitos de procedência da providência 124
   6.1 Situação de necessidade 125
   6.2 Nexo causal entre os danos sofridos e a situação de necessidade 130
   6.3 Indícios da obrigação de indemnizar por parte do requerido 134
7. Legitimidade activa e passiva 137
8. O juízo de deferimento da providência 142
   8.1 Juízo de apreciação da matéria de facto 142
   8.2 Juízo de equidade 145
9. Tramitação da providência 149
   9.1 Considerações gerais 149
   9.2 Tribunal competente 150
   9.3 Pedido 152
   9.4 Adiamento da audiência de julgamento 153
   9.5 Contestação 158
   9.6 Prova 160
   9.7 Audiência de julgamento 161
   9.8 Renda 163
   9.9 Falta de cumprimento da decisão proferida 165
   9.10 Alteração ou cessação da prestação 169
   9.11 Caução 173
10. Caducidade da providência 175
11. Discussão acerca da constitucionalidade do regime jurídico 192

CONCLUSÃO 203

BIBLIOGRAFIA 211

ÍNDICE 213